서양중세문화 비밀캐기 ④

성사와 문화

이 원 근

탑 북 스

필자 서문

이 책은 서양 중세세계 역사에서 성사가 전문 지식의 원형질임을 지적하고자 했다. 중세세계 인간이 성사를 활용하여 전문 지식의 전제인 가상의 신이라는 존재를 익히고, 가상의 신이라는 존재를 체험하는 방법을 터득했다는 점을 중세 저작자의 저작물에 근거하여 밝혀두고자 했다.

우선, 이 책에서 성사는 신비 사건이라는 점에 초점을 맞추고 있다. 성사의 신비 사건이란 십자가에 못박혀 죽었다가 다시 재생하신 크리스트 모습을 가상의 신이라는 존재로 회상하는 의례관습, 제사라는 존재관습인 것이다. 이런 맥락에서 성사는 성사관습, 성사 존재관습이라고 표현해야 여기서는 합당하리라는 판단이다.

다음으로 성사, 성사관습 또는 성사 존재관습은 가상의 신이라는 존재에 대한 근거이자, 모든 존재 논쟁의 출발점이었다는 점이다. 오늘날 우리 시각에서 서양 중세세계 저작자의 성사관습 논쟁을 들여다보면 애송이 중에 애송이지만 이 저작자들의 열정이 없었다면 현대인 우리가 어떻게 중세세계 인간의 삶을 다시 구성할 수 있을까를 고려해야 할 것이다. 이런 성사관습 논쟁은 서양 중세세계 인간에게 성서의 가르침을 실천해야 한다는 성서 인문주의 선전물이나 다름없었다.

셋째로 성사관습의 신비는 자연, 체험, 인간을 묶어주는 실천 대상이었다. 성사관습의 신비는 자연, 체험, 인간을 십자가에 못박혀 피를 흘리며 죽어 있던 크리스트 모습에서 3일만에 다시 살아난 크리스트로부터 터득한 그의 가르침을 실천하여 인간과 자연을 하나의 존재로 만들어주고 있다고 이 책에서는 언급하고 있다.

넷째로 이 책에서는 성사관습이 가상의 신이라는 존재에 대한 근거라고 지적했다. 즉 성사관습은 글자의 상징물과 독생자 크리스트와 그 사건을 회상하여 숭배하는 의례관습임을 지적했다.

마지막으로 누구보다 어려운 출판환경에 출판하겠다고 결정한 탑북스 김광식 사장님과 이신정 주간님, 그리고 직원 제위 분께 꼭 감사드리고 싶다.

다음으로 경상대학교 해외지역 연구센타 강길중 교수님과 경상대학교 교직원 여러분께도 감사드리고 싶다.

학문이라는 직업의 준비과정을 회고하면 찾아뵙고 감사드려야 할 고마운 분이 너무 많았는데도 따뜻한 말씀조차 드리지 못했다. 이제 거의 모두 다 고인이 되었으니, 이분들을 회고하며 정말 애통한 마음으로 그리워하고 있다.

2016년 5월

타이완 이란시 불광대학교 연구실에서

차 례

제 1 장

머리말 : 성사와 문화

제 1 장
머리말 : 성사와 문화

서양 중세 유럽세계 인간에게 체험은 관습의 출발점이었다. 성사 역시 가상의 신이 있다는 체험에서 유래했던 관습이었다. 이런 성사 관습은 라틴어 성서에서 발원하여 교회조직 개혁과 같은 외부 충격을 수용하는 데서도 완충제 역할을 담당했다. 특히 11~12세기 유럽세계의 반항자 역시 자기네 성사관습이 표준이라고 설교하거나 주장하며 기존 성사관습 지지자를 융합해 나갔다. 이런 맥락에서 성사관습은 세상 변화를 수용했던 그릇이 되어 끊임없이 변화하지 않을 수 없었다. 서양 중세세계를 크리스트교 교회국가의 보편주의가 지배했다는 시각에서 바라보면 크리스트교 교회국가의 보편주의를 거부했던 반항자는 정통론자를 이탈했던 분리자요 서양 중세세계 문화 다원화 주창자였다. 정통론자 교회조직의 성사관습 역시 반항자의 주장을 수용하는 과정에서 새로운 성사관습으로 변화해 갔다.

새로운 반항자 성사관습은 자기네 성사관습을 표준이라고 내세운 다음 기존 성사관습에 대하여 적법함과 타당함 문제를 제기했다. 반항자는 성직 매매나 성직자 혼인 문제까지도 성사에 관련 지워 성사의 적법함과 타당함 여부를 규명해야 한다는 취지에서 정통론자 교회조직의 성사관습에 접근해갔다. 따라서 성사관습은 교회조직 개혁을 주창했던 반항자의 전문 개념 원리, 즉 전문 지식 원리의 발원지였던 것이다.

서양 중세 유럽세계의 성사관습 변화나 교회조직 개혁도 처음에는 소수 수도자 학문동아리의 주장에 불과했다. 물론 수도자 학문동아리 역시 전체 성사관습 문제를 라틴어 성서에 근거하여 제기했다. 이 책에서는 9-11세기 수도자 학문동아리라면 거의 빠짐없이 검토했던 성사관습 타당함과 적법함 문제를 라틴어 해독력과 관련 지워 검토코자 한다. 수도자 학문동아리는 성사관습이 라틴어 해독력과 연관되면서 성사관습의 타당함과 적법함 문제를 제기했다. 성사관습의 타당함과 적법함 문제는 곧 성사관습 논쟁을 유발했다. 성사관습 타당함과 적법함 문제를 전제했던 성사관습 논쟁은 대략 두 방향으로 전개되었다. 첫째 방향은 라틴어 해독자인 수도자 학문동아리 입장에서 기존 성사관습의 빵과 포도주라는 상징물을 크리스트의 살과 피라는 이론으로 확정하려는 것이었다. 둘째 방향은 성사관습의 빵과 포도주라는 상징물이 크리스트의 살과 피라는 이론을 자연 현상이나 기록물의 전거에 근거하여 실제 현상과 일치하는지 여부를 개인 체험에 근거하여 확정하려는 것이었다.

서양 중세세계의 최근세대 수도자 학문동아리는 성사관습의 빵과 포도주라는 상징물이 크리스트의 살과 피로 변화하여 존재한다는 이론을 전개했다. 수도자 학문동아리의 성사관습에서 찾아낸 신의 존재 이론은 성사관습을 기상의 신에 대한 존재 근거로서 뿐만 아니라 전문 지식 원리의 발원지이자 문화 발원지로 만들어갔다. 또 수도자 학문동아리가 신의 존재 자체와 그 존재에 대한 인식 현상에 접근하며 개인의 체험을 활용하기 시작했다. 즉 서양 중세세계 성사관습에서 신이 존재한다는 이론의 전달기능은 라틴어 해독력에서 발원하여 성사관습 자체를 문화 이동자 관례 발원지이자 문화 이동 매체로 만들었다. 이런 맥락에서 성사관습은 서양 중세세계 전문 지식 원리의 역사로서 문화사와 관련 지우는 것이 당연하다고 하겠다. 서양 중세세계 수도자 학문동아리의 이론, 즉 자연히 성사관습의 빵과 포도주라는 상징물이 크리스트의 살과 피로 변화된다는 이론은 성사 현상인 신의 의지와 신비에 일치한다는 전제를 가설처럼 주장하여 이미 성서 인문주의 운동을 이미 예시해 두었다. 성사 현상인 신의 의지와 신비 문제는 성사관습 논쟁점이었다. 성사관습 논쟁은 또한 서양 중세 유럽세계에다 라틴어 해독력 재생이라는 새로운 문화 씨앗까지 뿌렸던 것이다. 이런 성사관습 논쟁은 라드베르트(799~860?)와 라트람(844?~868)의 논쟁에서 시작됐다.

라드베르트와 라트람은 후기 카롤루스 막뉴스 이후의 유럽세계를 풍미하던 수도자 신학동아리 이론가였다. 이 두 수도자 신학동아리 교사는 타당한 성사관습을 서로 다르게 주장했다. 라드베르트와 라트람은 초대 교부시대 성사관습이 과연 교회 법률에서도 적법하고 타당했다고 인정해야 하느냐의 논쟁점을 제기했다. 이 두 수도자 신학동아리 교사의 타당한 성사관습에 대한 논쟁점은 그 계승자에게서도 초대 교부시대 성사관습에 대한 검증 문제를 제기하며 이어졌다. 라드베르트계 수도자 학문동아리와 라트람계 수도자 학문동아리는 성사관습의 상징물인 빵과 포도주보다는 오히려 라드베르트나 라트람이 인용했던 초대 교부시대의 성사관습에 대한 전거에 초점을 맞추어 서로의 성사관습을 인정할 수 있느냐 문제를 제기했던 것이다.

타당하고 적법한 성사관습에 대한 논쟁 참가자는 초대 교부시대의 성사관습 논쟁점을 전문 지식 원리로 간주하고 일반 신앙인의 동의를 얻고자 했다. 타당하고 적법한 성사관습에 대한 논쟁 참가자의 이런 시도는 일반 신앙인과 성직자의 공감대 영역을 넓혀가려는 취지 때문이었을 것이다. 이런 분위기 탓인지는 밝히진 못했으나 11~12세기 유럽세계 성사관습에 나타났던 정통론자 교회조직에 대한 대개의 반항자 역시 성사관습 자체는 물론 미사관습이나 기도관습에 대해서까지도 초대 교부시대 성사관습으로 거슬러 올라가서 교회조직 법률이나 전거에 근거하여 당시의 성사관습이 타당한지 여부를 확인코자 했다.

거기다 수도자 학문동아리는 타당하고 적법한 성사관습을 추구한다는 명분으로 초대 교부시대 성사관습에 대한 전거를 전문 지식으로 인식하여 최근세대 성사관습도 달라져야 한다고 주장했다. 또한 교부시대 성사관습을 새로운 표준 성사관습으로 제시했다. 교회조직 구성원의 관심사 역시 타당한 성사관습이 새로운 성사관습인지 여부를 확인하려는 방향으로 옮겨갔다. 여기서부터 수도자 학문동아리의 새로운 성사관습이 타당하고 적법한 성사관습인가를 두고 성사관습에 대한 비판 논쟁은 출발했다. 수도자 학문동아리는 새로운 성사관습을 주장하던 논쟁자로서 더 이상 성사관습의 오류 문제를 제기하지 않고 성사관습을 신의 존재와 그 존재 현상에 논쟁 초점을 맞추었다.

그런데도 최근세대 수도자 학문동아리의 성사관습 논쟁은 성사와 신앙 방식까지를 변화시켰다는 것이다. 최근세대 수도자 학문동아리의 성사관습 논쟁은 라틴어 성서에 근거한 성사관습을 기본 골격으로 기존 성사와 새로운 성사 차이를 뚜렷하게 제시했다. 여기서는 기존 성사와 새로운 성사를 일단 구분하고 새로운 성사와 기존 성사가 일치되어 근대 초기 인간의 행동양식을 유발할 문화를 출현케 했다는 전제를 염두에 두고 있다. 이외에도 미무식자사회 구성원인 성사관습 논쟁자에게 상징물은 종교 현상을 고전시대와 최근세대의 사건에까지 연계시키는 매체였고, 그 상징물로부터 체험의 산물인 절차와 형식 문제에 접근했다는 시각인 것이다. 물론 성사 형식과 절차 문제는 당대 인간이 자연과 대화 과정에서 찾아낸 체험의 산물인 신비에서 제기되었다.

성사관습 논쟁에서 신비는 성사관습의 상징물인 빵과 포도주라는 단순한 물질을 '불가사의한 물질'로 만들며 수도자 학문동아리의 논쟁점이 되었다. 즉 수도자 학문동아리의 논쟁점은 고전시대 성사관습의 적법함과 타당함을 신비의 전거로 확증하려는 것이었다. 신은 성사관습의 빵과 포도주를 크리스트의 몸과 피로 변화시킨다는 것이 신비의 핵심이었다. 특히 성사관습의 빵과 포도주가 크리스트의 몸과 피로 변화시키는 신비사건이 바로 신의 존재에서 발원한다는 것이다. 거기다 이런 성사관습의 신비사건은 인간의 두 눈으로 확인하기 이전부터 신으로 이미 존재했다는 것이다. 따라서 인간의 두 눈에 보이는 자연계의 빵과 포도주 역시 적법하고 타당한 성사관습에서 신이 개재하면 당연히 신비를 발현하게 되어 크리스트의 살과 피로 변화한다는 것이다. 이렇게 수도자 학문동아리는 성사관습의 빵과 포도주를 신의 의지로 크리스트의 몸과 피를 인간의 두 눈으로 바라보게 하는 성사관습의 상징물로 설정한 다음 이 성사관습의 상징물을 자연에 일치하여 고전시대 학문동아리의 성사관습을 탈피하는 보조수단으로 활용했다. 이런 맥락에서 중세 수도자 학문동아리의 성사관습 논쟁에서도 성사관습은 고전시대 학문동아리의 성사관습을 계승했다는 증거인 것이다.

중세 수도자 학문동아리의 성사관습 논쟁 역시 고전시대 학문동아리의 성사관습 근거에 대한 평가에서 출발했다. 즉 중세 수도자 학문동아리의 성사관습 논쟁에서 고전시대 학문동아리의 성사관습 역시 이런 맥락에서 특정한 위치를 지니게 되며 성사관습 논쟁 자체도 고전시대 학문동아리의 성사관습 검토로부터 출발할 수밖에 없게 되는 것이다. 즉 중세 수도자 학문동아리의 성사관습 논쟁은 그 출발점에서부터 고전시대 학문동아리의 성사관습에 대한 중세 주석가나 주해자를 포함한 중세 세계의 거의 모든 수도자 학문동아리가 고전시대 학문동아리의 성사관습에 주안점을 두었고 성사관습을 개인의 체험에 일치하여 전체의 동의를 얻고자 했다는 특징을 갖고 있다.

여기서부터 고전시대 학문동아리와 최근세대 수도자 학문동아리의 성사관습은 개인의 체험 때문에 차이를 드러냈음에도 교부시대 성사관습 자체가 최근세대 수도자 학문동아리의 성사관습에서도 생명력을 발휘했다는 점을 간과할 수 없게 되는 것이다. 종말론이 지배하던 유럽문화 생성시대 세계, 즉 중세초기 시대에서 성사관습에 대한 수도자 학문동아리 주석자나 주해자까지도 교부시대 성사관습을 활용하여 상대자의 성사관습에 접근했고, 자기네 성사관습을 확증하기 위하여 교부시대 성사관습을 그 증거로 제시했다. 교부시대 성사관습을 최초로 비판했던 주해자는 아프리카 히포의 주교 아우구스티누스(+430)였다. 아우구스티누스는 교부시대 성사관습을 비판하고 『성사론』을 저술했다. 아우구스티누스의 『성사론』에서 신의 존재 근거는 바로 성사관습이었다. 여기서 필자는 신의 존재 근거가 바로 언어 존재관습이었으리라고 가정하고 있다.

아우구스티누스는 『성사론』에서 성사관습에 근거하여 신의 존재를 해석했다. 그렇다고 아우구스티누스의 『성사론』이 완벽한 체제를 갖출 수는 없었다. 중세 유럽세계의 성사관습 논쟁 역시 아우구스티누스의 『성사론』이 완벽한 체제를 갖추지 못했기 때문에 일어났던 신의 존재 문제인 것이다. 기상의 신에 대한 성사라는 존재관습 논쟁은 11세기에야 가열되기 시작했다. 성사관습 논쟁 참가자는 자연계의 빵과 포도주가 과연 크리스트의 몸과 피로 어떻게 될 수 있느냐는 문제 제기에서 출발하여 신이 개재되어 두 눈과 상상력을 거쳐 크리스트의 살과 피가 된다는 이론을 주창했던 것이다. 이렇게 성사관습에서 발원했던 신학동아리의 존재 이론은 특정한 자연계 주제로서 스콜라 철학, 문학, 신학, 역사학, 사이언스 등의 학문동아리에서 전문 지식원리나 전문 개념 원리의 기본 골격을 이뤘다. 11세기 후반과 12세기 초반 성사관습 논쟁은 표면화하여 다양한 분야에까지 영향을 미쳤다.

성사관습 논쟁은 개인의 체험 현상을 자연계에 개재하여 상대자인 비판자의 성사관습에 대한 체험 현상처럼 신의 존재이론을 시각의 타협논리로 파악할 수 있는 확실한 근거인 글자나 부호로 표현토록 보조했다. 성사관습 논쟁의 성과인 개인의 체험 현상과 자연계의 일치로부터 소위 사이언스 영역의 학문동아리 역시 확실성을 추구하기 시작했다. 한편 수도자 학문동아리의 성사관습 논쟁은 자연계와 개인 체험 현상의 일치에서 상대자의 체험 현상을 타협논리에 묶어 확실함을 추구하기 시작했던 사이어스영역처럼 상대자의 확실한 논거를 수용하며 현대 학문동아리의 전문 지식 관행과 같은 학문동아리의 세속인 전문 지식 관행을 만들어내는 근거를 제공했다.

즉 성사관습 논쟁 영향으로 수사학, 문법학, 논리학 등의 '세 가지 전문 지식 원리로서 학문'과 음악, 수학, 기하학, 천문학 등의 '네 전문 지식 원리로서 학문'은 전문 지식을 분류하는 관행으로 정착했다. 성사관습 논쟁은 성사관습에 신의 존재를 개재하여 창안했던 신의 존재 이론과 개인의 자연계 체험현상을 시각으로 파악할 수 있는 글자나 부호의 타협논리로 표현하는 과정에서 정지 상태의 신 존재와 운동 상태의 신 존재에 대한 문제를 제기하여 실제로 정지 상태의 사물과 운동 상태의 사물에 접근토록 보조했다. 즉 성사관습 논쟁에서 제기된 정지 상태인 신의 존재와 운동 상태인 신의 존재에 대한 문제는 자연계의 빵과 포도주가 성사에서 크리스트의 살과 피가 된다는 라틴어 표현관습을 글자나 부호의 타협논리에 부착하는 과정에 자연계의 개인 체험 현상에 대한 상징물로 활용토록 보조했던 것이다. 여기서부터 성사의 라틴어 표현관습은 개인 체험이라는 공통분모를 활용하여 자연계의 개인 체험영역에 대한 상징물과 일치했다. 두 눈으로 파악할 수 있는 대상과 두 눈으로 파악할 수 없는 대상의 구분은 나타나기 시작했다. 이렇게 성사관습 논쟁은 소위 시각으로 드러나는 인간의 존재 원리나 존재 이론에다 사이언스라는 전문 지식 명칭을 부여했던 것이다.

성사관습 논쟁에서 개인 체험으로 터득해 냈다는 성사의 상징물은 신의 존재나 그 존재 현상의 공통분모가 되었다. 12세기 초엽 성사관습 논쟁도 개인 체험으로 성사의 상징물을 터득해냈다는 성사관습 현상에 접근하며 인간의 행위에 관련 지우며 정지상태인 신의 존재와 운동 상태인 신의 존재에 대한 문제를 제기했다. 성사관습 논쟁은 여기서 개인의 자연계 체험현상 산물인 성사의 상징물을 성사관습 근거로 활용하며 개인 체험 현상의 근거인 징표와 표상을 내세우기 시작했다.

성사관습 논쟁에서 개인 체험현상인 징표와 표상은 명칭을 표지할 수 있는 신의 존재에 대하여 근거가 되었다. 당시 대개의 수도자는 무식자여서 고전시대 성사관습의 체험 현상인 징표와 표상을 지닐 수 없었다. 곧 성사관습 논쟁에서 성사관습에 대한 체험 현상은 무식자임을 증명하는 증거였다. 또한 중세 유럽세계 수도자에게 고전시대 학문동아리가 성사관습을 활용토록 동기를 부여했던 것도 성사관습에 대한 체험 현상인 징표와 표상을 제공했기 때문일 것이다.

성사관습 논쟁에서 문법은 성사관습에 대한 체험 현상인 징표와 표상을 전달하는 상상력의 궤도 역할을 담당했다. 그런데도 문법은 라틴어 해독력의 산물이었다. 문법은 성사관습에 대한 체험 현상인 징표와 표상을 자연계의 신비로 표현하여 미무식자 세계에 무식자가 출현토록 징표와 표상의 신비를 전달했다. 11~12세기 유럽세계의 성사관습 논쟁에서 문법은 징표와 표상의 신비 전달 수단이 되어 성사관습 자체가 신비를 상징토록 보완했다. 성사의 상징물인 징표와 표상의 신비는 라틴어 문법관습을 프로이트의 체험 세계 이론처럼 세속인의 종족언어 표현관습에 장기간 침잠하여 세속인의 성사관습을 라틴어 해독력에 동화토록 보조했다. 11~12세기 유럽세계 성사관습 논쟁은 성서 인문주의 발원지였고 성서 인문주의는 11~12세기 유럽세계에서 전문가사회를 창출하여 근대 초기 인간의 행동모형인 합리주의와 근대 초기 인간의 사고모형인 개인주의를 드러냈다. 또한 개인동아리 시스템을 운용하며 공동 이익의 전제로서 새로운 결속력을 내세워 로마인 성문 법률이 필요하다고 인식하기 시작했다.

제 2 장

구이베르의 『성자 징표론』 분석

제 2 장
구이베르의 『성자 징표론』 분석

중세 유럽세계는 10세기까지만 하더라도 미무식자 세계였다. 그러나 11세기 초엽부터 중세 유럽세계에서도 무식자관습이 발아하기 시작했다. 여기서는 무식자관습의 발아 요인을 수도자 신학동아리가 성사관습에서 탐구해 냈던 신의 존재 원리나 존재 이론이 성사관습 논쟁과 함께 중세 대중세계로 이동했고 문화가 되어 대중세계에 전문지식을 만들어내기 시작한 나머지 라틴어 해독력이 필요해지기 시작했기 때문이라는 전제를 설정했다. 이런 맥락에서 여기서는 무식자관습 출현을 성사관습 논쟁 영향으로 성사관습 자체와 라틴어 해독력이 일치하여 미무식자에게 성사관습을 전달하려는 수단인 성사의 상징물이 라틴어 해독력으로 변해갔고 그 근거로서 새로운 라틴어 성사관습이 출현했다는 점에 초점을 맞추어 분석코자 한다.

성사관습 논쟁에서 구이베르는 무식자관습과 성사관습의 관계를 예리하게 분석했던 주해자였다. 구이베르는 『성자 징표론』을 1125년 저작하여 기존 성사관습을 비판했다. 구이베르는 『성자 징표론』에서 성자유골숭배관습을 예리하게 비판하고 성자유골숭배관습의 주제를 라틴어 해독력에 관련 지우고 있다. 구이베르는 또한 성자가 성사관습의 징표가 되고 있다는 가설을 일단 제시한 다음, 그 가설 명제를 라틴어 해독력으로 증명코자 시도했다.

구이베르는 『성자 징표론』에서 성자숭배관습을 증명하겠다는 취지에서 성자유골숭배관습을 예리하게 비판했다. 『성자 징표론』에서는 성자유골숭배관습에 대하여 일단 문제를 제기한 다음 성자유골숭배관습이 성사관습에도 합당하지 않다는 것을 라틴어 해독력을 활용하여 제시하고 있다. 구이베르는 성자유골숭배관습으로 인하여 합당한 성사관습이 라틴어 해독력과 분리되면 불안정한 심리상태를 초래하게 되나 오히려 라틴어 해독력은 더욱 필요해지게 되어 있다는 것이다. 여기서 구이베르는 불안정한 심리상태 요인을 성사관습에는 징표가 있으나 성자유골숭배관습에는 징표가 없기 때문이라고 지적하며 성자를 설명하고 있는 성사관습의 라틴어 서술 기능을 강조했다. 구이베르는 『성자 징표론』에서 성사관습과 아무런 관계도 없는 성자유골숭배관습 사례를 크리스트의 치아라고 밝히고 스와송의 쌩 메르다 수도자동아리가 숭배하고 있는 유골이 과연 크리스트의 치아임을 확증해 보라고 주장했다.

구이베르는 성자유골의 진위 문제를 수도자 에우데스에게 보낸 편지글에서 처음으로 언급했다. 쌩 심보리엥 수도자동아리 구성원인 에우데스는 당대 인물 중에서도 박식한 인물이었다. 구이베르는 수도자 에우데스가 자기 요구에 대하여 그 치아가 크리스트를 상징하기 때문에 당연히 성자유골로서 존경받아야 한다고 일러주었다는 것이다. 구이베르는 동시에 하필이면 수도자까지도 왜 크리스트의 치아가 진짜

인지 문제를 생각해보지 않았을 까 문제에 착안하여 『성자 징표론』의 주제를 다루며 지방세속인이 수도자의 성자유골숭배관습 때문에 이런 치아숭배관습을 지니게 되었다고 가상하고 있다. 지방 세속인이라 하더라도 누구나 크리스트의 치아가 진짜일까 하고 수도자 경우처럼 의구심을 갖게 되어 있다는 것이다. 특히 『성자 징표론』 제 1책에서 구이베르는 '글자에 근거하여' 지방 세속인 자기가 숭배하고 있는 성자유골이 진짜 성자유골이라는 것을 '증명해 주는 것'이 당연하다고 판단했다는 것이다. 여기서 구이베르는 지방 세속인의 성자유골숭배관습에도 라틴어 해독력이 필요하다는 취지를 명백하게 드러내고 특히 지방 세속인에게 그 성자유골이 진짜 크리스트의 치아임을 글자에 근거하여 확인해주게 되면 성사관습 조차도 지방 세속인이 쉽게 받아들일 것이라고 지적했다. 이런 맥락에서 구이베르는 크리스트의 진짜 치아라는 전거가 성사관습에서도 대단히 중요하다는 것이다.

구이베르는 수도자동아리와 지방 세속인을 서로 이어주고 있는 라틴어 해독력과 성사관습에 대하여 언급하고 있다. 구이베르는 지방마다 교회 성사관습이 서로 다른 이유를 곧 성자유골숭배관습이 서로 다르기 때문이라고 지적하고 성자유골숭배관습의 전거를 라틴어 해독력으로 통일하게 되면 지방 교회의 성사관습도 서로 같게 된다고 강조하고 있다. 구이베르는 성자유골숭배관습의 전거가 서로 다르기 때문에 크리스트의 치아에 대해서도 당연히 확인 문제를 제기하게 된다고 주장하고 있다. 구이베르는 성체와 성자를 신앙의 전제라고 지적한 다음 성체와 성자를 부인한다면 크리스트의 치아 역시 부인하지 않을 수 없다는 것이다. 구이베르는 성자유골숭배관습으로 구원을 받을 수 있다는 뜻이 아니나 당대에는 구원을 받으려면 성자유골을 숭배해야 한다는 풍조가 팽배해 있었다고 지적하고 있다.

구이베르는 성자유골숭배관습 문제를 당시 사회와 비교하여 특이하게 결론지우고 있다. 구이베르는 성자유골숭배관습이 교회의 기도관습이나 교리 전수과정과 전혀 달라서 성자유골의 진위 문제가 제기되긴 하나 성자유골숭배관습까지 라틴어 해독력에 근거하여 교회 성사관습으로 파악해야 한다는 것이다. 여기서 구이베르는 교회 성사관습 전수과정을 성자유골숭배관습과 라틴어 해독력의 일치과정으로 파악했다. 성자유골숭배관습과 라틴어 해독력이 일치해야만 교회 의례관습과 성사관습이 조화를 이룰 수 있으되 교회조직 개혁가나 이단자처럼 교회조직으로부터 분리하려는 반항자 출현 사건의 요인도 사라지게 되리라는 것이다. 구이베르는 교회조직의 분열이 곧 성직자사회의 분열이기 때문에 어떻든 교회조직 분열만은 없어야 한다는 것이다. 구이베르는 몇 가지 유형의 성자유골숭배관습을 언급한 다음 그대로 유지해야 된다는 취지로 성자유골숭배관습 자체가 가르침 대상이 아니라는 점을 지적했다.

구이베르는 찬미가를 부를 때에도 금식이 필요하다는 '교회조직의 의례관습 모음집'의 사례를 성자유골숭배관습과 다를 바 없다는 것이다. 구이베르는 성자유골숭배관습 실행과 신의 존재에 대한 믿음이 엄연히 다른데 이 두 가지를 서로 같게 생각해버리기 때문에 찬미가 역시 성자유골숭배관습에 해당된다는 것이다. 구이베르는 기도관습이나 찬미가를 유사한 성사유골숭배관습으로 인식하고 있다. 성자유골숭배관습에서도 기도를 영성체와 설교에 일치되게 본래 성사관습을 전달한다는 것이다. 이런 맥락에서 성자유골숭배관습 역시 라틴어 해독력에서 얻어낸 설교로서 세속인이 교리를 쉽게 알게 한다는 것이다. 성자유골숭배관습이 고유한 교회 임무나 목적이 아니나 신앙에 이르는 수단이라는 것이다.

그밖에도 성자유골숭배관습의 기도나 라틴어 해독력에서 얻어낸 설교 역시 영성체 취지는 물론 본래 성사관습 기능에 어긋나지 않는다는 것이다. 특히 영성체와 설교의 전달 의미가 라틴어 해독력에 침잠해 있으므로 영성체와 설교 역시 라틴어로 전달하는 것이 마땅하다는 것이다. 구이베르는 순교자와 성자가 성자유골숭배관습 징표라는 주장에서 고전시대 수도자 신학동아리 교사도 설교를 성자와 순교자의 징표로서 깨달아왔고 근본 교리취지에도 어긋나지 않는다는 점을 사례로 제시했다. 성자유골숭배관습의 징표인 순교자와 성자의 업적이 라틴어 해독력에 침잠해 있다는 증거 때문에라도 '여러 파리 교회의 성사관습 역시 서로 같아야 한다는 것이다. 만약 성자유골숭배관습 징표인 순교자와 성자의 업적이 서로 다르게 전달되면, 여러 파리 교회의 성사관습마저 달라야 하고 또 성서에서 언급하는 구원도 신앙심으로 신의 존재를 인식하지 못하게 되어 성서의 구원까지 가공하는 모양새가 되고 만다는 것이다. 사람이면 누구나 신의 존재를 인식하고 신의 구원을 원하고 있다는 것이다. 사람이 그렇게 원하고 있는 신의 구원은 곧 사람이 신의 존재를 인식함으로써 가능한 것이기 때문에 라틴어 성사관습과 전혀 다른 성사관습으로는 신의 존재를 인식하지 못하게 되어 사람까지 신의 구원에 이르지 못하게 된다고 강조하고 있다. 즉, 성자유골숭배관습이 성사관습에 역행하지 않도록 성자유골숭배관습을 유지하는 것이 중요하다는 것이다.

그러나 성자유골숭배관습이 성사관습에 역행하는 경우, 성자유골숭배관습 자체는 중대한 과오가 된다는 것이다. 교회에서 성자유골숭배관습이 성사관습에 역행토록 하는 설교, 즉 신의 구원에만 초점을 맞춘 설교 역시 라틴어 해독력으로 전달되기 때문에 성자유골숭배관습이라는 교회 목적을 이탈하게 된다는 것이다. 성자유골숭배관습도 신의 구원을 목적으로 행해지기 때문에 성서나 근본 설교 취지를 벗어나서는 안 되나 신의 구원이라는 문제가 성서에도 없는 성자유골숭배관습까지 생겨나게 했다는 것이다. 그렇다면, 이제 성자유골숭배관습이 타당한가 문제를 제기하고 있다. 구이베르는 성자유골숭배관습이 과연 타당한지 여부를 따지려면 판단기준에 맡길 수밖에 없다는 것이다. 사람의 판단기준은 성사관습의 체험 현상에도 필요하며 '성자유골숭배관습의 근거 검증도 가능하다는 것이다.

성자유골숭배관습의 체험 현상에 대한 판단기준은 라틴어 해독력의 함축의미처럼 떠돌아다니는 풍문에 근거하기보다 고전시대 수도자 신학동아리 교사의 전거에 근거해야 한다고 강조하고 있다. 구이베르는 특정한 개인의 주장이 성자유골숭배관습의 근거가 아니라 글자가 성자유골숭배관습의 신비에 대한 판단기준의 근거가 되어야 한다는 것이다. 아울러 구이베르는 성자유골숭배관습의 근거를 확보하지 못한 어떤 기적 사건도 옹호될 수 없으며 글자에 근거하여 확인하고 판단해야 한다는 것이다. 여기서 구이베르는 성자 전기도 성자유골숭배관습의 기적 사건에 대한 증거이긴 하나 성자 전기 자체가 검증된 전거가 아님에도 불구하고 오히려 수도자 신학동아리 교사 의도와 다르게 성자숭배관습의 기적 사건에 대한 근거가 되고 있다는 것이다. 구이베르는 성자 전기가 아무른 근거도 없이 성자의 실제 모습과 전혀 다르게 과장하여 기술하게 되면 오히려 사람의 신앙심에 방해물이 된다는 것이다. 성자 전기에서 언급하는 기적 사건의 출처가 명확하지 못하면 신비를 상실하게 되고 본래 성자 전기의 취지인 사람의 신앙심 고무라는 취지까지 망각하게 된다는 것이다. 즉 성자 전기의 기적 사건에 대한 근거가 분명하지 못하면 오히려 사람의 신앙심에 실제로 방해물이 되기 때문에 있으나 마나한 저작물이라는 것이다.

구이베르는 『라틴어 성사관습에 대한 주지사항』에 근거하여 성사관습의 기적 사건 증거를 『복음서』의 성자 표상으로 대비하며 성자 전기의 기적 사건이 기록물이나 저작물에 근거하지 않는 경우, 성자 전기의 기적 사건을 신비라고 할 수 없게 된다는 것이다. 그렇다고 소문으로 떠돌아다니던 성자 전기의 기적 사건을 성자 전기 자체의 기록 만으로서는 신비라고 더욱 인정할 수 없다는 것이다. 이런 성자 전기는 성자의 기적 사건을 신비로 증명하기보다는 오히려 애매하게 만들어 기적 사건이 어떻게 시작하여 진행되다가 어떻게 신비가 일어났는지를 짐작조차 할 수 없게 만든다는 것이다. 구이베르는 어떤 저작물이든 저작물이라면 정확한 근거가 있어야 한다는 취지에서 신에 대한 성자의 회개관습까지도 검증해야 한다고 주장하고 있다. 저작물의 오류란 자료에 대한 검증 없이 자료를 선택했기 때문에 저질러지는 것임으로 성자전기의 오류를 방지하기 위해서는 신에 대한 성자의 회개관습까지 반드시 자료 검증을 거쳐야 한다는 것이다.

구이베르는 성자 전기 사례로서 「성자 피론의 전기」를 지적하고 성자 피론의 이름에 대한 프랑스어와 잉글랜드어 경칭이 라틴어 경칭과 맞지 않는 모순을 찾아내어 강조하고 있다. 즉 성자 피론이라는 인물이 자기 경칭에 맞지 않게도 술주정뱅이를 우물 속에 빠뜨린 살인자인데다 자기도 하느님의 계율을 어기고 자살한 파산자인데 프랑스인과 잉글랜드인이 성자라는 경칭을 사용하고 있다는 것은 실제 인물과 모순을 드러내고 있다는 것이다. 여기서 구이베르의 결론은 성자 전기가 라틴어 해독력으로 성자유골숭배관습의 기적 사건을 검증하지 않아서 성사관습까지 오류에 빠졌다는 것이다. 구이베르는 성자라는 인물의 생존시대를 아무도 살아보지도 않고 그 인물과 관련된 사건을 기적 사건으로 대비하거나 행적이 불확실한 성자를 무턱대고 숭배하는 것은 오히려 진정한 성자 가치를 떨어뜨릴 여지가 있다는 것이다. 구이베르는 대개의 성자 전기가 그 성자의 출생 연대와 날짜, 출생지, 성장 과정과 행적, 죽음 경위 등을 기록하지 않고 있는 사례에 근거하여 이런 성자 전기라면 아마 지방 세속인 사이에 떠돌아다니던 소문에서 찾아냈을 것이라고 가상하고 있다.

구이베르는 이런 입 소문을 듣고 저작한 성자 전기라면 성자 유골이 아닌 송장 주변을 빙글빙글 돌면서 터무니없는 사람을 성자로 경배하는 것과 다를 바 없다는 것이다. 그러기에 성자 전기를 근거도 확증하지 않고 성자 유골을 경솔하게 숭배하는 것은 성자 일생을 거짓과 과장으로 포장하는 것이나 다름없다는 것이다. 성직자는 본래 신의 백성에 대한 보호자임으로 지혜를 더욱 짜내어 아무리 탁월한 필치의 성자 전기라 하더라도 성자 인물에 연루된 사건을 정확하게 찾아내어 실제 행적에 부합되게 판단토록 해야 한다는 것이다. 성자 전기가 뛰어난 필치로 성자를 묘사하여 제대로 설득력을 지니려면 성자로서 행적이 확실해야하고 그래야만 성자유골숭배관습이 신의 구원에 도움이 될 수 있다는 것이다. 성자 전기가 확실한 근거도 갖추지 못하여 구원을 받은 성자 행적을 증명할 수 없는데 그런 성자 전기를 읽고 어떻게 구원에 이른단 말인가 하고 성자유골숭배관습에 대하여 문제를 제기하고 있다. 구이베르는 성자유골숭배관습은 그 성자 행적에 대한 증거가 저작물에 근거하여 확증할 수 있을 경우 진정한 구원을 전달하기 때문에 성자 전기일수록 사건의 확증에 기초해야 된다는 것이다. 이렇게까지 구이베르는 성자 전기의 근거가 중요하다는 점을 거듭 강조하고 있다. 여기서는 구이베르의 이런 취지를 불안정한 심리상태 때문인 것으로 파악했다.

구이베르의 불안정한 심리상태는 구이베르가 성자 전기 외부, 즉 성자 전기 표지에까지 관심을 갖는 데서도 입증되고 있다. 그러나 구이베르는 성자 전기 표지가 성자에 대하여 어떤 효과를 반영하는 지에 관해서는 문제를 제기하지 않았다. 구이베르는 성자 전기 필자의 필치에 관해서도 관심을 가졌던 것 같다. 이것은 루이 6세(1081~1137)의 필치가 신비스럽다고 감탄하는 부분에서 입증되고 있다. 구이베르의 입장에서 개인 필치 또한 업적임으로 성자 행적 확인에 필요한 근거라는 것이다. 또한 구이베르의 입장에서는 특정한 성자 개인의 업적이 구원 사례라기보다는 신비와 성자의 정신으로 구성되어 있다는 취지에서 신비 사례로 파악하고 있다. 이 경우 성자 개인 업적은 신의 구원에 대한 근거이자 신비의 근거까지 된다는 것이다. 이런 맥락에서 성자 개인의 업적은 신의 활동 사례이자 신비 증거임으로 구원 수단이 된다는 것이다. 더욱이 신비는 신의 존재와 신의 구원이라는 두 가지 현상을 체험케 한다는 것이다. 신의 존재와 신의 구원이라는 성사관습의 두 가지 체험 현상은 신이 존재한다는 것을 확인하면서 앞으로 언젠가 가야할 저세상을 미래상으로 머릿속에 두면서 살아가는 사람 모습이라든가 혜성 출현을 사람에 대한 불길한 징후 예언을 연계하는 모습에서도 확인되고 있다는 것이다. 구이베르는 수도자가 신의 존재가 살아 있다는 증거라고 믿고 있는 성자유골숭배관습의 신비 사례를 성사관습의 체험사례 라는 것이다. 여기서 구이베르가 신비와 성자 개인의 체험 현상을 열거하고 있는 것은 신이 신비의 근거여서가 아니라, 신의 다른 구원 사례를 예시하는 판단근거가 되기 때문인 것이다.

구이베르는 신비 사례가 라틴어 해독력으로 성자 전기에 담겨 전달되면 신비 증거가 되어 목격자에게 판단근거로서 효력을 지니게 된다고 단정했다. 신비의 증거가 성사관습이라면, 성사관습에서도 신비근거를 배제해서는 안 되며 입 소문이나 말만으로 떠돌아다니는 신비사례를 믿을 수도 없다는 것이다. 구이베르는 입소문이나 말만 믿고 성자라고 숭배했던 신비 사례를 다음 단계에서 지적하고 있다. 지나가는 어떤 길손이 소문으로 듣게 된 죽은 사내아이 사례를 지적하고 있다. 그 사내아이는 문벌 기사가문에서 출생했다. 다음으로 그 사내아이는 성 금요일에 죽었다. 그 아이가 문벌 기사 가문에서 출생하여 성 금요일에 죽었다는 입소문은 삽시간에 사방으로 퍼져 나갔다. 사람들이 이 소문을 듣고 양초와 봉납 물을 가지고 죽은 사내아이 무덤으로 떼를 지워 몰려들었고 그 사내아이의 무덤은 삽시간에 기념물이 되어버린 나머지 그 사내아이 역시 유아성자가 되고 말았다. 그 유아성자 소문은 수많은 순례자를 더욱 끌어들였고 그 순례자의 공납물 때문에 방랑객의 입김은 사내아이 죽음 소문을 더욱 부풀려 결국 순례자의 관심을 자극하기에 충분했다. 구이베르는 아무런 의미도 없이 죽은 사내아이가 증거도 없는 소문으로 유아성자로 되기까지의 경위를 설명하면서, 타당한 판단기준의 중요함을 더욱 강조하고 있다.

구이베르는 방랑객의 뜬소문을 신랄하게 비판하고 있다. 거기다 순례자가 사내아이의 무덤에 갖다 바친 빵 조각을 방랑객은 그 사내아이 무덤에서 크리스트가 최후 저녁식사 때 먹던 빵 조각까지 나왔다고 터무니없이 떠들어대는 소문 사례까지 지적하고 있다. 실제로 크리스트가 씹고 다니던 빵 조각을 방랑객이 소지했다는 사실에 대한 근거를 과연 저작물에서 어떻게 찾을 수 있었겠는가라고 신랄하게 비판함과 동시에 성자라는 인물의 행적을 입증하는 데는 상당한 문제가 있음을 시인하고 있다. 성자라는 인물의 행적을 입증하려면 12 사도와 순교자 행적이 성자 행적의 표준 증거가 되어야 한다는 것이다. 구이베르는 성자로서 12 사도와 순교자 행적을 표준으로 성사관습의 크리스트 피라는 신비를 찾아내고 있다. 구이베르는 어떤 교회가 성자 마르티누스(+397)를 숭배하기 시작하여 수많은 교회가 성자 마르티누스(+397)를 숭배하고 있다고 해서 마르티누스와 같은 성자 숭배관습을 성자 행적의 표준 사례로 제시하고 있다. 성자 마르티누스 숭배관습의 경우에도 성자 마르티누스를 어떤 교회가 숭배한다는 소문이 마을에서 도시로 퍼져나갔을 것이고 성자 마르티누스라는 명성과 함께 교회 명성도 널리 알려지게 되면서 마르티누스라는 성자 숭배관습이 정착했을 것이라고 지적하고 있다.

이 경우 성자 마르티누스를 숭배한다는 소문이 교회 명성을 더하게 되어, 정작 성자는 아무런 의미도 지닐 수 없음을 지적하고 있다. 구이베르는 사내아이 죽음에 대하여 허위 기적 소문을 퍼뜨리고 다녔다는 방랑객 역시 성자 전기 필자가 아무런 근거도 없이 가공했을 것이라고 추측하고 성자 전기에서 남아 있을 수도 없는 방랑객 이름을 열거하고 있는 사례를 허위 소문 근거로 지적하고 있다. 특히 구이베르는 성자 전기의 주인공 어린 사내아이 이름만은 남아 있을 수 있으나 성자 전기에 등장하는 방랑객은 가공한 인물일 것이며 거기다 어린 사내아이가 유아성자라 하더라도 성자 위치에 오를 만한 행적에 대한 기록물이 남아있지 않다는 점도 아울러 지적하고 있다. 아무런 근거도 없는 죽은 어린 사내아이의 행적에 대하여 성직자조차도 입을 다물고 있다면 속 좁은 아낙네들이 내뱉는 터무니없는 업적의 내력을 장황하게 늘어놓은 데 불과하며 소견머리 없는 아낙네가 찧어대는 입방아가 오히려 성자 인물을 매도할 가능성도 있기 때문에 근거가 확실하지 않은 업적에 관한 소문은 아무런 가치도 없다는 것이다. 특히 누구든 기도는 틀림없이 결백한 성자에게 올리는 성사관습임으로 업적이 분명하지 않은 성자, 즉 다른 인물에게는 기도를 드리지 않아야 한다는 것이다.

구이베르는 여기서 성자에게 올리는 일정한 기도관습의 형식과 성자 전기의 근거 전달자인 수도자 신학동아리 교사나 해석자의 중요함에 대하여 언급하고 있다. 크리스트 역시 사실에 근거하지 않는 성사관습이 틀림없이 없어지게 될 것임을 예언했다는 것이다. 크리스트가 동정녀 몸에서 태어난 것을 타당한 판단기준으로도 인식할 수 있다는 것이다. 그래서 크리스트가 동정녀 몸에서 태어났다는 것은 성사관습 근거도 되지만, 신앙 근거가 될 수 있다는 것이다. 거기다 크리스트의 부활은 틀림없이 특정한 기적 사건이다. 크리스트의 부활은 물론 과거의 기적 사건이다. 그래서 크리스트의 부활을 확증할 수는 없으나 크리스트의 부활을 두고 논쟁할 수는 없게 되는데 그 이유는 크리스트의 부활을 성서에 근하여 타당하게 판단하기 때문이라는 것이다. 여기서 구이베르는 성서의 특이함에 대하여 그 사례로서 성모 마리아를 지적하고 있다. 성모 마리아는 분명히 동정녀였는데도 크리스트를 낳았다는 것이다. 하지만 마리아가 동정녀임을 확증할 수 없다는 것이다. 마리아가 동정녀였다는 것을 확증하려면 다시 검증해야 하나 증거로써 확증하기는 불가능하다는 것이다. 그런데도 구이베르는 마리아를 가치 있는 신앙 표지라고 강조하고 있다.

구이베르는 성모 마리아의 표지가 신앙심을 고취하는 성사관습의 토대이기 때문에 타당한 판단기준의 증거라고 단정할 수도 있다는 것이다. 마리아의 표지처럼 성자유골도 나약한 신앙심을 보완해주는 성사관습 토대라는 점에서 타당한 판단기준의 증거가 된다고 주장하고 있다. 여기서 성자유골은 당연히 나약한 신앙 토대를 견고하게 보완함과 동시에 타당한 판단기준의 증거가 되어 오히려 신앙을 보전해두게 된다는 것이다. 구이베르는 나약한 신앙이 성자유골숭배관습의 오류에서 비롯되기 때문에 성자 전기를 확실한 근거를 가지고 집필해야 한다는 것이다. 확실한 근거도 없이 성자 전기를 집필한다는 것 자체는 성자 인물에 대한 모욕일 뿐더러 성자 인물의 시대상황을 정확하게 파악하지도 못하고 전기를 집필한다는 것은 부질없는 가필에 지나지 않는다는 것이다. 구이베르는 부질없는 가필보다 '성사관습에 침잠해 해있는 존재의 증거'를 높이 평가하고 있다. 크리스트의 부활이나 성모 마리아가 동정녀인 경우처럼 증거가 없다고 해서 크리스트나 동정녀 마리아의 행적까지 부정할 수는 없다는 것이다. 구이베르는 증거가 실제로 남아 있지 않다고 해서 타당한 판단기준으로서도 성사관습에 침잠해 있는 증거가 신앙심을 나약하게 만들지도 않게 된다는 취지에서 드러나지 않고 침잠해 있는 성사관습이라는 증거를 오히려 중요하게 받아들이고 수도자 학문동아리의 부질없는 가필이 철부지인 지방 세속인이 가식에 차게 행동하는 것보다 더욱 나쁘다는 것이다. 여기서 구이베르는 성사관습이 기록물의 증거라는 맥락에서 성자 전기를 언급하고 있는 것이다.

구이베르는 고전시대 성사관습이 성자 전기의 증거가 될 수 있다고 판단하고 있다. 구이베르의 이런 판단 근거는 고전시대 성사관습 기록자를 과거세대 인간의 영웅다운 업적이라고 평가하는 데서도 입증되고 있다. 구이베르는 고전시대 성사관습이 신앙 표지가 된 근거로서 지방민의 종족 언어관습으로 기술된 세속인 전기를 지목하고 있다. 구이베르는 지방 세속인 전기가 전거가 되려면 그 인물 행적에 기초하여 그 인물의 전기를 기술해야 한다는 것이다. 구이베르는 어떤 사람이 전기를 써달라는 부탁을 받은 적이 있으나 거절했다고 밝히며 특히 항간의 소문을 듣고서 정확하게 알지도 못하는 인물을 성자라고 전기를 집필하는 경우를 가상하여 가공한 전기가 결국 허위사실을 유포토록 빌미를 제공하는 꼴이 된다는 것이다. 구이베르는 성사관습이 성자 전기나 기록물의 증거가 되기 때문에 성자 행적에 대한 신빙성 역시 중요하다는 것이다.

구이베르는 성사관습 오류도 증거의 신빙성에서 기인했고 심지어는 성사관습 논쟁까지도 증거의 신빙성 때문에 일어나게 된다고 부언하고 있다. 구이베르는 여기서 세례자 요한의 유골 논쟁도 증거의 신빙성 때문에 발생했다는 성사관습 논쟁 사례를 제시하고 있다. 즉, 성사관습이 증거를 확실히 갖췄다면 오류나 성사관습 논쟁은 일어날 수 없다는 것이다. 이런 맥락에서 구이베르는 성사관습이나 성자유골숭배관습도 타당한 증거를 갖추어야 한다고 주장하고 있다. 특히 성자유골숭배관습도 증거에 근거하여 확증함으로써 타당함을 인정받게 된다는 것이다. 구이베르는 성자유골숭배관습과 증거를 일치하여 성사관습의 신빙성 문제를 언급하고 성사관습이 증거에 대한 서술 토대임을 거듭 강조하고 있다. 구이베르의 이런 주장은 자연히 성자유골숭배관습의 증거와 성자전기의 신빙성 문제로 돌아가고 있다. 구이베르는 성자유골숭배관습의 증거가 성자 전기이며 성사관습이 성자 전기의 증거가 되어 과거세대 성자와 최근세대 인간의 성자를 이어주고 있다는 속내를 드러내고 있다.

구이베르는 성자 전기가 과거세대 성자의 행적과 최근세대 인간의 성자유골숭배관습을 이어주려면 성자유골중배관습을 만들어 주는 성자 업적에 대한 증거가 필요하다는 것이다. 물론 성자유골숭배관습 증거는 확증된 성자 업적이나 성자 업적에 대한 증거는 물론 그 성자 전기에 대한 확증으로부터 출발하고 있다. 성자 전기의 성자 모습은 시대에 따라서 달라질 수 있다. 따라서 성자 전기의 증거 확증은 정확한 성자숭배관습의 출발점이 될 수 있다는 것이다. 성자 전기는 물론 시대흐름을 성자숭배관습으로 반영하고 있다. 구이베르도 성자 전기가 성자숭배관습을 당연히 반영한다는 취지에서 성자 전기와 성자숭배관습이 일치해야 한다는 것이다. 이런 맥락에서 구이베르는 성자 전기의 성자라는 인물에 대한 행적 검증도 성자숭배관습의 근거 확인과 함께 성사관습을 보완하는데 필요하다는 것이다.

구이베르는 성자 전기의 성자 업적을 검증해야만 성자숭배관습을 그 참가자에게 정확하게 전달할 수 있다는 것이다. 구이베르도 루돌푸스 그라버(985?~1047?)나 앙그르의 베르나르드(1007~1029)의 경우처럼 성자 전기의 증거를 성자 인물의 업적이라고 제시했다. 구이베르가 이렇게 성자 전기를 보완했던 작업은 오히려 성자유골숭배관습이나 성자숭배관습으로 성사관습을 보완했으나 이런 관습과 라틴어 해독력의 일치로 기록물이나 저작물을 필요하게 만들면서 종교동아리 자체를 기념물로 바꾸어놓고 있었다. 구이베르는 11세기 이단자동아리의 교회조직 개혁운동에 관해서도 거의 빠짐없이 증거와 함께 기록해 두고 있다. 물론 구이베르 역시 실제로 목격했던 사건을 빠뜨리지 않고 기록해둘 수는 없었을 것이다. 어쨌든, 구이베르는 자기네 시대 역시 과거세대 인간의 성사관습을 이어가고 있다는 생각으로 자기네 시대인 최근세대 성사관습도 고전시대 수도자 신학동아리 교사의 성사관습처럼 기록해두어야 한다는 것이었다. 이런 맥락에서 구이베르는 자기네 시대의 성자유골숭배관습이나 성자숭배관습을 활용하고 있는 성사관습과 고전시대 수도자 신학동아리 교사가 명확하게 기록해둔 새로운 성사관습을 확연하게 구분코자 했다. 구이베르의 이런 구분 의도는 두 가지 성사관습이 서로 일치하지 않았고, 거기다 자기네 성사관습을 버리거나 새로운 성사관습을 행동으로 실천하는 것조차도 쉽지 않았기 때문일 것이다.

구이베르는 두 가지 성사관습을 행동으로 실천하지 않게 되는 요인을 상상력 때문이라고 지적하고 있다. 즉 구이베르는 상상력으로 두 가지 성사관습을 한 가지 성사관습으로 통일할 수도 있었고 어느 한 가지 성사관습을 선택할 수도 있었다는 것이다. 바로 여기서 구이베르는 두 가지 성사관습 분리가 성자전기 근거까지 가공하기 시작했다고 지적하며 이 두 가지 성사관습의 분리 기준이 기록물임을 강조하고 있다. 구이베르는 성자 전기의 성자 행적 역시 당시의 자기네 성사관습과 새로운 성사관습에 대한 구분 근거가 될 수 있다는 의도에서 성자 행적과 수양 정도에 대한 구분 방법까지 제시하고 있다. 구이베르는 성자 전기가 행적을 중시한 나머지 11세기 유럽세례관습에서 성자유골숭배관습은 물론 성자숭배관습이 지방 세속인 사이에서 생기게 되었다는 것이다. 성자유골숭배관습은 당대 자기네 성자숭배관습과 새로운 고전시대 성사관습을 일치하는 생생한 증거 역할을 담당했다. 성자유골숭배관습 기능은 자연히 지방 세속인의 성자숭배관습에 침잠하여 성사관습을 보완하며 성자 전기 형식에 대한 미묘한 인식 변화로 이어져 성자라는 인물의 업적에 대한 검증 문제를 제기했던 것이다.

구이베르는 성자 전기의 성자를 성자라는 인물의 행적과 수양 정도에 따라서 다르게 구분해야 한다는 취지에서 성자 전기의 성자라는 인물을 세대 차이의 표현을 활용하여 성숙한 성자와 미성숙한 성자로 구분했다. 구이베르는 성숙한 성자와 미성숙한 성자라는 표현을 활용하여 성숙한 성자를 수도자동아리 징표라고 지칭했고, 다시 미성숙한 성자를 무식자 징표라고 지칭하여 성자숭배관습까지 대비하고 있다. 구이베르는 수도자동아리와 무식자를 라틴어 해독력에 근거하여 구분하고 수도자동아리와 무식자의 논쟁을 피하기 위하여 무식자가 성자유골을 성자숭배관습의 증거로 활용하지 못하도록 세심한 주의를 기울이고 있다. 구이베르는 『성자 징표론』에서 새로운 고전시대 성사관습 발견을 신이 미리 예정해둔 사건으로 파악하고 있다.

구이베르는 일단 신의 예정 사건을 새로운 고전시대 성사관습 수용에 관련 지우며 물론 최근세대인 자기네의 성자유골숭배관습이나 성자숭배관습 역시 새로운 고전시대 성사관습과 이어져 있다는 것이다. 구이베르는 『성자 징표론』 제2권에서 신의 예정 사건과 새로운 성사관습 수용을 이어주는 것이 바로 다름 아닌 신비라는 것이다. 신의 예정 사건은 최근세대인 자기네의 성자유골숭배관습이나 성자숭배관습과 새로운 고전시대 성사관습을 이어주긴 하나 성사관습의 신비 결과라는 것이다. 따라서 신의 예정 사건 외형에는 이미 성사관습의 신비가 발현되고 있다는 것이다. 구이베르는 신의 예정 사건 외형을 신에 대한 정신 결과인 신비라고 지적하고 있다. 이런 맥락에서 구이베르는 신의 예정 사건과 같은 성사관습보다는 성자 유품이나 성자 유골과 같은 현물이 신의 존재에 대한 체험 징표를 더할 수 있다고 결론지우고 성자유골은 정신작용으로 신비를 발현하여 신의 존재 징표가 될 수 있다는 것이다. 성자유골은 신의 존재 징표이기 때문에 신의 계시를 담게 되어 신의 존재 표상이 된다는 것이다 성자유골은 신의 존재 표상을 신의 예정 사건이라는 새로운 고전시대 성사관습에 대한 체험 징표로서 함축하게 된다는 것이다.

신의 존재에 대한 체험 징표인 성자유골은 신의 대리자로 하여금 새로운 고전시대 성사관습을 수용토록 심경을 변화시키고 있다. 성자유골은 신의 존재에 대한 체험 징표라는 것이다. 따라서 성자유골은 정신 작용이 육체에서 사라진 이후에도 인간을 정신세계인 하늘나라에 들어가게 한다는 것이다. 구이베르는 성자를 신의 존재와 인간이 조합된 대상으로 설정하고 성자 유골이 신의 존재를 포함하게 되어 성자 정신까지 환생케 한다는 것이다. 이런 맥락에서 구이베르는 성자유골이 신의 현세 예정 사건인 고전시대 성사관습 수용이라는 신비를 가져오게 되어 고전시대 성사관습에 대한 역사 기록물이 다시 성자 인물의 행적 전거가 될 수 있다는 것이다. 구이베르는 세례관습의 물과 성사관습의 포도주도 성사관습의 상징물에 불과하나, 성자유골처럼 인간에게 신의 예정 사건에 대한 체험 징표가 된다는 것이다.

세례관습의 물과 성사관습의 포도주는 성자유골과 같은 성사관습의 상징물에 불과하나 현존 물질임으로 성자 유골처럼 성자 인물의 행적에 대하여 증거가 된다는 것이다. 구이베르는 성사관습에 근거하여 찾아낸 물과 포도주라는 상징물이 신의 존재에 대한 증거 기능을 담당하는 것처럼 당연히 최근세대 수도자동아리에도 『사도 바오로의 행적 모음집』과 같은 정전도 신의 존재에 대한 증거 기능에 필요하다는 것이다. 구이베르는 여기서 『사도 바오로의 행적 모음집』과 같은 정전 역시 성자숭배관습의 근거가 될 수 있다고 지적하며 당대 최근세대 수도자 학문동아리의 정신 작용으로 찾아낸 재능의 산물이 정전의 성자숭배관습이라고 강조하고 있다. 『사도 바오로의 행적 모음집』과 같은 정전의 성자숭배관습처럼 성자의 재능이나 정신작용은 글자처럼 형체를 지니지 못한 무형인 터라 성자숭배관습으로 파악할 수 없다는 것이다. 구이베르는 성자숭배관습 역시 성자 죽음 사건으로 구성된 것에 불과하다는 맥락에서 성자 죽음 사건을 기록물에 근거하여 확증해야 한다는 것이다.

물론 구이베르는 성자숭배관습이 성자 죽음 사건이라는 기록물의 글자보다 더욱 확실한 근거가 될 수도 있으나 성자 전기의 글자에 근거하여 성자 죽음 사건을 확증해야 한다는 취지에서 성자 죽음 사건 역시 최근세대 수도자 학문동아리의 탐구 주제가 되었을 것이고 수도자 학문동아리의 손길을 거치면서 성자라는 인물과 함께 변질되었을 가능성도 있다는 것이다. 그러나 세례관습의 물과 성사관습의 포도주는 분명하게 성자 죽음 사건과 관련된 성자숭배관습의 상징물이다. 성자숭배관습의 상징물인 물질은 성자 죽음 사건을 전달하고 있다. 성자숭배관습의 상징물인 물질로서 성자 죽음 사건을 회상하게 되는 성자 역시 성자유골의 상징물로서 회상될 수 있다는 것이나 다를 바 없다. 성자숭배관습의 상징물은 정신 작용으로 당연히 성자 죽음 사건을 회상케 하여 본래의 성자숭배관습 의도를 전혀 손상시키지 않게 된다는 것이다. 이와 마찬가지로 구이베르는 성자 죽음 사건이 성자 숭배관습에서 신의 존재에 대한 체험 징표로 인식된 다음 성자 죽음 사건에 대한 체험으로 성자에 대한 체험 현상으로 이어지게 된다는 맥락, 즉 성자 죽음 사건과 성자숭배관습의 체험 징표가 성자 죽음 사건에 대한 체험 현상과 일치한다는 맥락에서 신앙 역시 아주 미미하긴 하나 인간 죽음 사건과 외형상으로 관련되어 있을 가능성도 있다는 것이다. 따라서 구이베르는 성자 사건일수록 확증해야 한다고 주장하고 있다. 또한 명확한 근거가 없어 성자 관련 사건을 확증하지 못하고 있는 성자임에도 불구하고 성자숭배관습에서 성자로서 거의 숭배되고 있다고 지적하고 있다.

구이베르는 성자숭배관습을 마구잡이 형식보다는 확실한 전거에 근거하여 확증하게 되면 성자 죽음 사건이 성자 존재에 대한 현존 체험 징표가 되어 성자숭배관습 자체의 증거가 된다는 것이다. 구이베르는 성자숭배관습 절차와 형식 역시 성자 죽음 사건이 성자 존재에 대한 체험 징표가 되기 때문에 성자숭배관습 자체의 근거까지 된다는 것이다. 구이베르는 성자숭배관습과 성자 사건의 체험 징표 관계처럼 최근세대 수도자동아리의 성자 전기 글자와 성자유골 관계도 성자 존재의 정신작용에서 특정한 성자숭배관습 근거가 된다는 것이다. 이런 맥락에서 구이베르는 성자유골이 성자숭배관습의 라틴어 표현관습이라는 점을 부인하고 사도 성자 바오로가 아브라함의 기록물을 성자관습의 라틴어 대비관습으로 활용했다는 맥락에서 성자 사건을 활용하여 성자 존재 문제를 제기한 다음 성자 전기의 성자 사건이 명확하게 확증되지 않으면 성자숭배관습의 성자 사건 또한 성자 존재의 대비물이 될 수 없다는 것이다. 구이베르는 성자 전기의 성자 사건이 성자숭배관습의 대비물이 되려면 성자숭배관습의 증거가 기록물이어야 한다는 것이다. 여기서 구이베르는 성자 전기의 성자 죽음 사건이 성자 존재에 대한 체험 징표가 되는 것처럼 성자 전기의 성자 사건 역시 성자숭배관습에서 성자 존재의 대비물로서 체험 징표가 될 수 있다는 것이다. 구이베르는 성자 전기의 성자 사건이 성자숭배관습에 따라서 성자가 되고 있으나 라틴어 해독력과 성자 전기의 증거에 근거하여 확증되어야 한다는 취지를 언급하고 라틴어 해독력을 성자 사건 전달 도구로 파악했다.

구이베르는 성자숭배관습도 라틴어 해독력이라는 전달 도구를 활용하여 성자유골처럼 성자 존재의 체험 징표에 일치하게 된다는 것이다. 구이베르는 성자 사건이 성자 존재의 체험 징표가 된 사례를 에우데스에게 보낸 자기의 편지글이라고 확인해 주고 있다. 구이베르는 에우데스에게 보낸 편지글에서 성자유골이 회개관습의 징표라고 일깨워 주고 있다. 구이베르는 회개관습의 글자가 성자유골을 나타내게 되는 것으로 지적하고 있다. 구이베르는 '성자의 체험 징표', '성자유골' 그리고 '성사관습'을 어떤 인간이 양심을 버리고 '방랑자 같은 나그네'로서 고난을 겪다가 다시 인간으로 돌아와 회개하게 된다는 성사관습으로 부언하고 있다. 그래서 구이베르는 나그네의 회개관습을 불안정한 심리상태 징표라고 강조하고 있다.

인간의 불안정한 심리상태는 성자 사건 외형과 성자숭배관습이 서로 일치하지 않기 때문에 생기게 된다는 것이다. 하지만 성자숭배관습의 상징물인 물질과 성자 사건 외형의 일치는 회개관습의 표지를 활용하여 불안정한 심리상태를 해소하고 정상의 심리상태로 돌아와 물론 문화 발원으로 이어져 사회조직 단위로서 시스템을 만들게 된다는 것이다. 성자숭배관습의 상징물인 물질은 성사관습의 중간물이 되어 심리상태와 정신작용의 조화를 이뤄내고 있다. 수도자 신학동아리는 물론 성사관습을 이런 조화 증거로 제시하며 문화 창안자 위치에서 사회조직의 세포단위인 시스템 창안자 위치를 차지하게 되었다.

11세기 유럽세계 수도자 신학동아리의 성지 전기는 성자숭배관습에 대한 거부감보다는 오히려 성자 사건에 대한 동질감을 넓혀 나가며 사회조직 시스템을 다양하게 만들어 갔다. 구이베르도 성자 전기의 성자 사건을 성자숭배관습에서 성자 존재의 표지처럼 생각하는 한편 성자 전기의 성자 사건을 무식자관습에 관련 지워 무식자 역시 수도자 학문동아리의 성자 전기 없이는 성자 사건을 파악할 수 없다는 것이다. 구이베르는 무식자가 성자 전기의 성자 사건을 파악하려면 성자숭배관습과 함께 라틴어 해독력도 필요하며 바로 여기서 수도자 학문동아리의 라틴어 해독력으로 확증된 성자 전기의 성자 사건이 종족언어 관습으로 무식자에 전달된다는 것이다. 이런 맥락에서 성자숭배관습은 라틴어 해독력과 종족언어 표현관습이 일치해야 누구나 당연히 지켜야 하는 법률처럼 성자 전기의 성자 사건을 성자 존재에 대한 체험 표상으로 인식케 할 수 있다는 것이다.

수도자 학문동아리가 저술한 성자 전기의 성자 사건과 무식자가 수도자 학문동아리의 성자 전기에 담긴 성자 사건을 전문 지식으로 수용하는 경우 수도자 학문동아리와 무식자 모두에게 하나의 사회조직 시스템으로 묶는 문화가 되어 법률과 같은 표지를 성자숭배관습의 성자 사건이 부여하고 있다. 특히 누구나 법률처럼 당연히 성자숭배관습을 지켜야 한다는 생각의 공통분모는 그 증거 역시 성사관습이 된다는 것이다. 즉 성사관습은 증거를 제시할 수 없음에도 마리아가 동정녀였다는 신비에 초점을 맞추어 성모 마리아와 같은 특정한 성자 사건까지 법률처럼 당연히 지켜야 한다는 점에서 문화 원형질이며 성사관습에서 성자 존재의 대비물은 성모 마리아가 동정녀라는 주제인 것이다. 이런 문화이동 현상에서도 마리아가 동정녀라는 주제는 수도자 학문동아리의 라틴어 해독력으로 확인하여 무식자의 종족언어 입말관습으로 전달되는 성사관습의 대비물이 되었다. 여기서도 마리아가 동정녀라는 주제는 사건이 아니기 때문에 증거를 필요치 않게 되어 예외 사례를 만들어냈다. 구이베르는 『성자에 대한 체험 징표론』 제2권에서 성자숭배관습의 성자 사건이 성모 마리아의 경우처럼 성사관습에 포함되어 있으면 증거를 필요치 않으며 명칭이 없다 하더라도 성사관습에 침잠하고 있다는 것이다.

구이베르는 성사관습을 마리아와 같은 특정한 인물의 존재에게 적용하게 되는 경우, 성사관습 자체가 청취자의 심리상태를 변화시켜 성자 사건이 성자 존재에 대한 확실한 증거가 된다는 맥락에서 성사관습이 성자 전기의 성자 사건 즉, 저작물의 확실한 증거라는 것이다 바로 여기서 성자 전기의 성자 사건이 변질하지 않는 증거가 되려면 정신작용과 일치해야 하고, 성자숭배관습 역시 라틴어 해독력으로 확증한 성자 전기와 같게 된다는 것이다. 구이베르는 여기서 물론 성사관습을 수도자 학문동아리의 라틴어 해독력 일부로 파악했다. 11세기 유럽세계에서 성사관습은 수도자 학문동아리의 라틴어 해독력과 종족언어의 입말관습과 일치하며 문화 원형질로 등장했다.

11세기 유럽세계의 이단자 출현 사건은 수도자 학문동아리의 라틴어 해독력으로 성자숭배관습에서 성자 존재 증거인 성자 사건을 확증하려는 풍조로 발전했다. 즉, 수도자 학문동아리의 라틴어 해독력은 이단자 출현 사건의 발단인 성자숭배관습의 성자 존재 증거인 성자 사건을 사실로 인식시키며 문회이동 매체로 등장했다. 뿐만 아니라, 수도자 학문동아리는 성사관습을 성자 전기의 증거로 만들며, 성자 전기의 성자 사건을 일반 세속인에게 전달하며 문화 전달자 위치를 확보했다. 즉, 수도자 학문동아리는 성자 전기의 성자 사건과 관련된 이단자 출현 사건을 라틴어 해독력으로 확인하여 성직자의 설교에까지 풍부한 양과 일목요연한 질을 청중에게 전달토록 보완했다. 이런 설교자 사례는 엘렘발드의 설교에서도 입증되고 있다. 즉, 엘렘발드는 여러 세속인 청중 앞에서 성자 사건과 관련된 이단자동아리 출현 사건을 라틴어 해독력으로 확인하여 청중에게 설교하여 후기에 성자로 봉인까지 되었다. 엘렘발드는 설교 근거를 성자 전기와 같은 기록물로부터 발췌하고 있다. 물론 엘렘발드는 성자 사건과 관련된 이단자 출현 사건을 라틴어 해독력으로 확증한 것을 신의 의지에 따라서였다고 강조했다. 엘렘발드의 이런 설교는 종족언어의 입말관습으로 성자 사건에 대한 증거를 확보하는 것이 불가능했다는 것을 반증하고 있다.

'종족언어 입말관습'은 성자숭배관습의 성자 존재 증거인 성자 사건이 성자 전기의 글말 관습과 전혀 달랐다. 따라서 성자 전기 역시 이단자동아리 출현 사건에 대하여 믿을만한 증거를 제공할 수 없었다. 구이베르는 라틴어 해독력, 성자 전기, 성자숭배관습의 성자 사건이 서로 일치해야 믿을 만한 증거라고 지적하며 부베 영지의 기사 가문에서 일어난 기적 사건을 그 사례로 제시했다. 부베 영지 구성원이 익명의 기사 가문을 존경하게 됐던 근거 역시 이 기사 가문의 후손이 유아 성자처럼 사망했다는 소문 때문이었다는 것이다. 즉 이 기사 가문의 후손이 유아 성자처럼 사망했다는 소문이 삽시간에 영지 부베 전역으로 퍼져 나가 영지 부베 구성원 모두 이 기사 가문을 성자 가문이라고 더욱 공경하게 되었다는 것이다. 구이베르는 특정한 지방에서 전설처럼 떠돌아다니는 기적 사건에 관한 소문을 기적 사건의 증거라고 단정할 수 없다는 것이다. 구이베르는 이런 기적 사건에 관한 종족언어 입말관습의 소문을 성자숭배관습의 증거라고 할 수 없다는 것이다.

영지 부베 기사 가문의 기적 사건에 관한 소문 사례와 같은 성자 소문이 삽시간에 11세기 유럽세계 전역으로 퍼져나갔다는 것은 신비를 갈구하던 당시 유럽세계 분위기를 구이베르는 그대로 전해 주고 있다. 구이베르 역시 영지 부베의 성직자라고 해서 영지구성원인 세속인이 근거도 없는 허위 성자 소문을 퍼뜨렸다고 하더라도 처벌할 수는 없었을 것이라고 추측하고 있다. 당시 수도자동아리 좌장까지도 현학에 매료된 분위기에서 허위 기적 사건이나 잘못된 성지 순례자를 교정해야 하겠다는 생각은 더욱 없었을 것이다. 거기다 이교도의 라틴어 성사관습이 어떤 것인지를 찾아내려고 생각까지는 물론 아예 엄두조차 내지 않았다는 것이 당시 영지의 세속인사회 분위기였다고 피력하고 있다. 구이베르는 이런 영지의 세속인사회 분위기에서라면 수도자 학문동아리의 성자 전기를 증거도 없이 가공한 기록물이라고 취급해 버려도 괜찮았을 것이라는 판단에서 영지 부베의 성자 전기까지도 가공했을 것이라고 추정하고 있다. 필자는 이런 영지의 세속인사회 분위기를 두고 영지 세속인사회에도 라틴어 해독력 영향이 파급되기 시작했다는 증거로 판단했다. 구이베르는 성자 전기의 가공 사례로서 『성자 엑스페루스(St. Experus)의 전기』에 근거하여 영지의 어떤 세속인이 성자 엑스페루스 시체를 찾아냈다고는 하나 이는 성자 사건에 대한 증거가 될 수 없기 때문에 허위라는 것이다.

구이베르는 영지 부베 세속인사회의 성자 전기에 대하여 성자 전기로서 가치보다는, 기록물로서 가치를 지녔다는 것이다. 구이베르의 이런 지적에 근거하여 당시 세속인의 성자 전기 가공 사례처럼 '세속인의 유골 역시 성자 유골로 둔갑했다는 것이다. 가공 성자 전기는 물론 종족언어의 입말관습으로 기술되어 영지의 세속인 사회에도 다양한 업적 모음집이 쏟아져 나올 가능성을 예고했다. 세속인의 업적 모음집은 후기 고전시대 성자 전기를 모방했으나 가공 모형 때문에 증거가 될 수 없다는 것이었다. 그런데도 성자 전기는 신학동아리의 전문 지식 원리를 보급하는데 근간을 이루었다. 성자 전기의 회개관습과 성사관습은 물론 수도자 신학동아리의 주요 서술 골격을 이루었다. 성자 전기에서 마음속의 회개관습은 크리스트에게로 향하는 고백이었고, 성사관습은 시각으로 크리스트에게로 향하는 복종관습이었다.

크리스트에 대한 마음속의 회개관습과 시각의 성사관습은 순간으로 인식하거나 묵상하지 않고서도 체험과 자연스럽게 일치했다. 특히, 시각의 성사관습은 물론 성자 전기의 회개관습에 대하여도 증거 역할을 담당했다. 11세기 유럽세계에서 크리스트의 죽음 사건과 관련된 시각의 성사관습은 크리스트의 죽음에 대한 체험 표지였다. 시각의 성사관습은 크리스트의 죽음 사건을 회개관습에 일치시키는 교육 근거이기도 했다. 물론 시각의 이런 성사관습은 라틴어 해독력이라는 성사관습의 대비물을 활용하지 않고서도 회개관습에 일치했고, 회개관습에다 지상으로부터 하늘에까지 이르는 모든 동작과 운동, 즉 위치이동 현상을 모두 함축했다. 회개관습은 하늘의 크리스트를 지상의 크리스트로 전달하는 통로였으나 크리스트는 지상에 남아 있지 않았다. 11세기 유럽세계 인간에게 시각의 성사관습은 지상에 남아 있지 않은 크리스트가 하늘로부터 지상으로 내려왔다는 크리스트의 위치이동 근거였음은 물론 크리스트가 지상에 어떤 존재도 남겨 놓지 않았다는 근거였다. 크리스트가 지상으로 이동했다는 증거는 지상의 사도였고, 지상의 사도와 크리스트의 계약관습에 대한 증거는 성사관습이었다. 사도 바오로는 크리스트의 위치이동을 감각이 아닌 체험으로 습득한 사도와 크리스트 사이의 사건을 회상으로 설명하고 사도와 크리스트 사이의 사건 회상을 담은 전문 지식이 바로 성사관습이라는 것이다. 이런 맥락에서 성사관습은 인간이 지상에 태어난 다음 터득한 전문 지식인 것이다.

이런 성사관습에 따라서 크리스트를 파악하면, 크리스트의 몸은 지상의 몸과 하늘의 몸, 즉 두 몸인 것 같으나 하나인 것이다. 하나인 크리스트의 몸이 두 개라고 언급하는 것은 지상의 크리스트 존재와 관련되어 있고 여기서는 크리스트의 유골에 대한 존재 문제를 제기하게 되는 것이다. 구이베르는 크리스트의 유골을 크리스트의 존재로 판단하면, 어떤 특정인도 크리스트의 유골을 소유할 수 없으며 크리스트의 유골을 지니게 된다는 성사관습을 아예 부인하고 있다. 구이베르는 크리스트의 유골이 하늘이나 지상 모두에게 성사관습의 체험 표상된다고 지적하고 있다. 크리스트의 유골에서 발원하는 성사관습 함축의미가 성사관습의 크리스트 죽음이라는 사건이기 때문에 크리스트가 무식자인 부베 영지구성원에게 성자유골로서 전달된다는 것이다. 따라서 크리스트의 유골은 무식자에게 바로 신앙으로 전달되어 설교에서 신앙 표지를 만든다는 것이다. 즉, 무식자인 부베 영지구성원은 성자유골을 무분별하게 활용하고 있다는 것이다.

크리스트의 유골은 정신에서 크리스트 죽음 사건과 작용하여 세속인에게 신앙 징표가 되며 설교에서는 크리스트의 유골이 성사관습의 체험 징표라는 것이다. 따라서 성사관습의 빵과 포도주는 크리스트의 몸이라는 함축의미를 지니게 되는 것이다. 크리스트의 몸이라는 성사관습의 빵과 포도주는 정신작용으로 크리스트의 죽음 사건에 일치하여 크리스트의 살과 피라는 함축의미를 만든다는 것이다. 구이베르는 나(=크리스트의 몸과 피를 먹고 살아가는 사람)는 정신의 생명으로 살아가고 있다는 성사관습 함축의미를 지적하고 있다. 크리스트의 유골은 성사관습에서 생명의 함축의미를 지니게 되는 것이다. 이런 맥락에서 사람은 누구나 크리스트의 유골인 크리스트의 몸을 먹고 살아가야 한다는 것이 성사관습의 함축의미라는 것이다. 구이베르는 성사관습의 함축의미에 대하여 사람이면 누구나 크리스트의 몸을 고기가루로 만든 한 덩어리 떡처럼 그 덩어리를 잘게 부분으로 나누어 정신작용으로 공유하게 된다고 설명하고 있다. 즉, 크리스트의 몸은 나눌 수 없는 것임에도 크리스트의 피라는 포도주와 크리스트의 몸이라는 빵으로 나눌 수 있다는 것이다. 구이베르는 크리스트의 존재 원리를 빵과 포도주라는 양극 의미에 가까운 것으로 부언하고 있다.

구이베르는 크리스트의 살과 피를 빵과 포도주로 인식하는 양극의 크리스트 존재 원리가 무식자의 성자숭배관습 때문에 생겼다고 해서 가장 나쁘다고 지적했다. 구이베르는 두 가지 전혀 다른 크리스트 존재 원리를 빵과 포도주로 설명한다는 것이 성사관습의 오류라는 것도 아울러 지적하고 크리스트 존재 원리를 빵과 포도주로 설명하는 경우, '타당한 판단기준의 근거를 어디서 찾을 수 있는가 문제를 제기하고 있다. 즉, 사람이 빵을 믿는 것이 아니라 크리스트를 믿는 것이 성사관습 근거인터라 사람이 빵을 크리스트라고 믿게 되려면 숭배자 의도가 중요하다는 것이다. 숭배자의 판단기준에 따라서 빵을 크리스트라고 믿는데서 성사관습 오류 문제가 제기될 수 있다는 것이다. 숭배자는 타당한 판단기준으로 우선 선택 여부를 결정한 다음 성자와 관련된 회상물이나 「라틴어 성사관습에 대한 주지사항」에 담긴 크리스트 숭배관습 근거를 필요하게 인식해야 한다는 것이다. 성자 기억물이나 「라틴어 성사관습에 대한 주지사항」에 담긴 크리스트 숭배관습 근거는 빵과 포도주에 담긴 크리스트 존재 원리와 크리스트 존재에 대한 체험 표상을 일치시킬 수 있어야 한다는 것이다.

성사관습의 상징물인 빵과 포도주는 크리스트의 존재에 대한 체험 표상에 이르는 성자숭배관습의 성자유골처럼 성사관습을 거치면서 성사관습을 초월하고 크리스트의 존재에 대한 체험 표상이 되어 성자유골이든 크리스트의 유골이든 실제로 물질에 집착할 필요성이 없어지게 되는 것이다. 구이베르는 인간이 체험코자하는 크리스트의 존재에 대한 표상과 관련하여 성자 메다르드 사례를 지적했다. 메다르드는 수도자 시절에 크리스트의 치아가 있다고 주장하여 수도자로서 성자 위치에 올랐던 인물이다. 구이베르는 성자 메다르드의 주장 사례를 상기시키고 성자 메다르드의 주장이 허위일 수밖에 없었다고 강조하고 있다. 구이베르는 크리스트가 절대자이기 때문에 어떤 존재도 남겨 놓을 수 없는데 수도자 메다르드의 주장대로 하필이면 한 개의 치아를 남겨 놓았을 리가 없었다는 것이다. 크리스트의 치아가 있다고 주장하는 사람이라면 그 사람은 '허위 소문 유포자거나, 판단기준의 근거가 잘못되었기 때문일 것이다.

성사관습에서 성자 유골은 시각으로 확인할 수 있으나 성사관습의 성자유골 함축의미는 사람의 눈으로 확인할 수 없다는 것이다. 그런데도 성자유골 함축의미로 구성된 성사관습은 정신작용에서 인간이 체험코자 하는 크리스트의 존재에 대한 표상의 증거가 된다는 것이다. 물론 성사관습에서 사람의 유골을 크리스트의 유골이라고 판단하게 되는 근거는 인간이 체험코자 하여 정신작용으로 이르게 된 성사관습의 크리스트 존재에 대한 표상이라는 것이다. 성사관습에서 크리스트 존재를 체험하게 되는 표상 근거가 크리스트의 이빨이 된다는 것이 구이베르의 주장인 것이다. 그런데도 성사관습의 성자 이빨도 사람의 눈으로 확증할 수 없는데 더욱이 성사관습에서 크리스트의 이빨이 크리스트의 존재를 체험하게 되는 표상 근거는 더욱 확증할 필요가 없다는 것이 구이베르의 주장인 것이다. 구이베르는 성자유골숭배관습을 설교 근거로서 제시했던 성직자를 비판하며 무엇 때문에 성직자가 그렇게 터무니없는 소문까지 귀에 담으려고 했겠는가라고 다시 성사관습의 증거 문제를 제기한 다음 아무런 근거도 없는 소문 유포자가 성사관습을 모르는 무식자일 가능성도 있다는 것이다. 구이베르는 성자 이빨에 대하여 진위 논쟁을 벌이고 있는 성자숭배관습 논쟁 사건 역시 멍청한 판단기준 때문에 근거도 없는 소문을 귀에 담게 되면서 일어났다는 것이다. 구이베르는 성자 치아에 대한 진위 논쟁 역시 성자 사건에 대한 판단기준의 미력한 근거 탓으로 돌리고 있다.

아무리 수도자라 하더라도 소문으로 떠도는 성자 치아를 확인도 하지 않고 수도자 스스로가 확실한 것이라고 주장한다면, 단순한 수도자의 견해에 불과하게 된다는 것이다. 구이베르는 크리스트의 유품이 남아 있다면, 크리스트와 함께 저녁 식사를 하던 중 일어났던 사건 이외에는 다른 유품이 있을 수도 없다는 취지에서 크리스트와 함께 저녁 식사를 하던 중 일어난 사건에 대하여 다음과 같이 지적하고 있다. 크리스트와 저녁 식사를 하던 중에 일어난 사건은 무식자가 아니라면 정신작용으로 파악하여 깨달음의 경지에 이른 사람에게 크리스트의 존재를 체험하는데 징표가 된다는 것이다. 즉 성사관습은 저녁 식사 중에 일어났던 사건을 회상하려는데 징표요 크리스트의 존재를 체험하려는데 징표이기 때문에 크리스트의 몸이나 치아가 저녁식사 중에 일어났던 사건 이상의 징표가 있을 수 없다는 것이다. 저녁식사 중에 일어난 사건이라는 징표에 비하여 단순한 성자유골이나 이빨은 미약할 수밖에 없다는 것이다.

여기서 저녁식사 중에 일어난 사건으로 구성된 성사관습은 심오한 크리스트의 존재를 전달하는 징표이며 정신작용으로 찾아낸 신앙의 징표인 것이다. 성자유골은 저녁식사 중에 일어난 사건에 대한 체험 현상을 전달할 수 없을 뿐더러 성사관습의 표상과 일치할 수도 없다는 것이다. 실제로 저녁식사 중에 일어난 사건에 대한 체험 현상이 신앙의 징표가 되려면 신앙의 표상에 일치해야 한다는 것이다. 신앙의 특정한 징표는 크리스트와 저녁식사 중에 일어난 사건으로 구성된 성사관습처럼 '정신작용으로라도 희미하게나마 찾아낼 수 있는 신앙의 표상을 지녀야만 성자의 유골이나 이빨까지도 정신작용에서 신앙 징표가 될 수도 있다는 것이다. 이런 맥락에서 성사관습은 당연히 신의 존재로부터 출발하고 그 징표 역시 체험 현상에서는 물질에 불과하지만, 신의 피조물인 체험 현상에 대한 표지가 되어 정신작용에서 체험 가능한 신앙의 징표를 확실하게 확인해주게 된다는 것이다. 즉 신이 존재한다는 증거가 바로 성사관습인 것이다. 따라서 성사관습은 정신작용에 신의 존재에 대한 증거를 확인하여 곧 신의 존재 근거를 제시하고 있으나 시각작용으로 신의 존재를 볼 수는 없다는 것이다. 여기서 베르나르는 신의 존재 근거가 성사관습, 즉 관습의 산물임을 은연중에 드러내고 관습의 진위 여부에 확인을 화두로 제시하고 있다.

성사관습은 또한 정신작용으로 신의 존재에 대하여 생명력을 부여하고 있다는 점에서 신의 존재 근거인 것이다. 성사관습에서 신의 존재가 정신작용에서 생명체로서 활동하고 있다는 증거가 바로 성자 전기라는 것이다. 사람이면 누구나 정신작용으로 신의 존재를 확인하고 있으나 신의 존재를 체험했던 사람의 징표가 정신작용의 강도에 따라서 다르기 때문에 어떤 사람에게든 신의 존재를 체험했던 징표 역시 서로 다르게 되어 있다는 것이다. 물론 여기서 성사관습은 신의 존재를 체험했던 사람의 징표로서 시각작용에서도 글자해독력을 필요케 된다는 것이다. 구이베르는 성사관습이 신의 존재를 시각작용으로 확인하는 근거가 된 것 역시 신의 글자해독력 때문이었었다고 세심하게 분석하고 있다.

신의 존재 근거가 정신작용에서 성사관습이 되어 신의 존재를 체험하는 징표와 일치하게 됨으로 신의 존재에 대하여 성사관습은 신앙의 대비물이 된다는 것이다. 구이베르는 성사관습이 신의 존재를 일종의 유기체처럼 라틴어 대비관습으로 체험한 다음 정신작용에 전달하면 신의 존재를 체험한 징표를 성서에서 확증하게 된다는 것이다. 즉 구이베르는 신이 불가사의한 존재여서 사람의 정신작용에서 성사관습을 라틴어 대비관습으로 보완해야 하며 신의 존재에 대한 증인으로서 성서에서와 같은 예언자가 필요하다는 것이다. 그 예언자는 정신작용을 가능케 하나 사람들에게는 성사관습 전달자에 지나지 않는다. 이런 맥락에서 예언자의 성사관습도 글자해독력의 기본 틀 안에 있기 때문에 그 예언자의 존재를 성서에서 확인할 수밖에 없다는 것이다. 구이베르는 예언자의 이런 성사관습 사례를 『복음서』로 제시하고 있다. 『복음서』는 정신작용으로 신의 존재를 체험했던 징표와 예언자의 성사관습이 일치했던 사례이며 신의 존재에 대한 근거라는 것이다. 그러나 신앙을 체험했다는 징표는 성자유골숭배관습 경우처럼 예언자의 성사관습에 대하여 증거가 되어 신의 존재를 체험했던 징표의 상징물로서 글자해독력에 축적되어 있다는 것이다. 신앙을 체험했다는 징표가 곧 영지구성원에게 신의 존재를 체험했다는 징표의 증거였다.

제 3 장

신의 존재 근거로서 성사관습과 성자유골숭배관습

제3장
신의 존재 근거로서 성사관습과 성자유골숭배관습

11세기 유럽세계에서 성자유골숭배관습은 문화이동 대세였다. 성자유골숭배관습에 대해서는 확증할 필요조차도 없었고 그저 성자유골이라면 숭배하기에 충분하고도 남음이 있는 명분을 제공했다. 구이베르는 사람의 유골을 어떤 근거로 성자유골이라고 단정할 수 있느냐와 성자유골을 어떻게 숭배할 수 있느냐는 두 가지 취지에서 성자유골숭배관습을 비판하기 시작했다. 구이베르는 성자유골숭배관습에 대하여 성자라는 사람이 도대체 무엇인가라는 성자유골의 근거문제를 제기하고 우선 특정한 성자의 유골을 숭배하려면 성자가 신의 존재와 관련되어 명실상부하다는 행적 근거가 있어야 한다는 것이었다. 구이베르는 성자유골숭배관습을 신의 존재 근거와 성자 행적 근거를 일치시키는 수단으로 활용하며 신의 존재 근거와 성자 행적의 근거가 물론 최근세대와 과거세대를 이어주는 주제로서도 손색이 없다고 인식하고 있다. 특히 구이베르는 신의 존재 근거를 라틴어 해독력으로 전달되던 성사관습 산물로 파악했다. 이런 맥락에서 필자는 신의 존재 근거와 성자 행적의 근거를 일치시키려 했던 11세기 유럽세계 전체의 흐름을 심리상태 변화로 파악할 수도 있다고 전제했다. 유럽세계 전체의 심리상태 변화는 개인이나 교회조직을 막론하고 타당한 판단기준으로 성자 행적의 근거를 확인하려 했다는 동기에서도 입증되고 있다. 즉, 신의 존재 근거가 필요하다는 구이베르의 주장도 타당한 판단기준과 성사관습을 관련 지워 신의 존재 근거 역시 성사관습에 포함되어 있기 때문에 라틴어 해독력과 분리될 수 없다는 발상인 것이다.

성사관습은 물론 신의 존재 근거와 라틴어 해독력을 일치하며 신의 행적 근거까지 포괄하고 있다. 개인의 라틴어 해독력 산물인 신의 존재 근거에 관한 기록물이나 저작물 역시 성사관습의 이런 증거 기능을 확인해 주고 있으며 오히려 성사관습의 이런 증거 기능을 현실세계 적용하려는 사례까지 나타냈다. 물론 성사관습의 이런 증거 기능을 현실세계 적용하려는 사례는 주로 구이베르의 경우처럼 현실에 대한 비판의식에 바탕을 두고 있다. 구이베르의 성자숭배관습 비판 역시 종교개혁의 성서 비판이 성사관습 비판에서 발단했듯이 신의 존재 근거에 대한 비판에서 출발 비롯되었다. 구이베르가 성자유골숭배관습 비판에서 성자 행적에 대한 검증 문제를 제기했던 것은 종교개혁의 성서 비판과는 판이하게 다른 문제임은 틀림없다. 구이베르는 성자유골숭배관습 역시 전거가 없으면 타당하지 못하다는 이유로 성자유골숭배관습을 비판했으나 성자에 대한 체험 징표를 거부하지는 않았다. 여기서 구이베르는 성사관습을 성자 행적에 대한 근거로 만드는 작업을 구체화했다.

구이베르는 성사관습을 특정한 성자의 행적 근거로 만들기 위해서는 라틴어 해독력의 산물인 성자 전기가 성사관습과 일치해야 한다는 것이다. 구이베르의 이런 전제는 라틴어 해독력을 성자의 행적 근거로 만들면서 라틴어 해독력의 산물인 특정한 성자 전기의 성자 행적이 성사관습과 일치해야 성자 행적에 관한 표준근거가 될 수 있다는 것이다. 그런데도 구이베르는 성사관습으로부터 성자 전기의 성자 행적에 대한 표준 근거를 찾아내고 있다. 이런 맥락에서 성사관습은 개인의 판단기준으로 선택한 성자 전기의 성자 행적 근거로 라틴어 해독력과 일치했다. 물론 라틴어 해독력은 교회조직의 문화 발원지였다. 그런데도 성사관습과 라틴어 해독력은 별개의 영역이었다. 실제로 성사관습은 성자 전기나 라틴어 해독력과 동떨어지게 수도자 신학동아리 교사 개인의 희망사항이었을 수도 있다. 그런데도 11세기 유럽세계에서는 성사관습에 담긴 신의 존재 근거를 실행하려는 의지가 움트고 있었다. 그렇다고 성사관습이 성자 전기의 라틴어 해독력으로 대체되지는 않았다. 16세기 종교개혁도 성사관습 비판에서 출발하여 성자유골숭배관습 비판으로 발전했다.

구이베르도 성자 행적 근거와 관련 지워 성자유골숭배관습을 비판한 다음 성자유골숭배관습 근거를 타당한 판단기준을 가능케 하는 체험 징표로 보완하여 성자에 대한 체험 징표를 거부하지 않았다. 구이베르는 특정한 성자에 대한 체험 징표와 라틴어 해독력을 타당한 판단기준의 근거에 일치시켜 성사관습의 상징물로 대체했다. 성사관습의 상징물은 타당한 판단기준과 성자에 대한 체험 징표를 일치시켜 표준 성자 행적을 라틴어 해독력에 침잠하여 표준관습이라는 상대가치에 접근했다. 표준관습의 상대가치는 신의 존재와 라틴어 해독력을 일치시킨 성사관습의 상징물을 상상력의 대비물로 대체해 갔다. 구이베르는 종족언어 표현관습 영역의 성사관습까지 성자 행적에 근거하여 라틴어 해독력으로 확증하는 것, 즉 성사관습과 라틴어 해독력의 일치가 타당한 것으로 판단했다. 여기서 구이베르는 성자유골숭배관습, 성자숭배관습, 성자 전기와 같은 기록물 등이 성사관습에 근거하여 세상에 모습을 드러냈다는 취지에서 성사관습 역시 당연히 라틴어 해독력과 일치해야 한다는 것이다. 라틴어 해독력은 타당한 판단기준과 성사관습의 상징물을 일치시켜 표준관습을 창출하며 성자유골숭배관습까지 타당한 판단기준과 성사관습에 일치시켰다. 여기서 성사관습을 표준으로 만드는 근거는 당연히 라틴어 해독력의 산물인 성서인 것이다. 성직자는 성서의 성사관습을 성자유골숭배관습처럼 설교로 영지구성원에게 전달하면서도 타당한 설교 근거로 성자유골을 선택했다.

즉 성직자는 타당한 설교와 성사관습 영역을 확대하기 위한 일환으로 라틴어 해독력과 성자유골숭배관습을 일치시켰고, 구이베르 역시 성사관습의 산물인 성자유골숭배관습에 관한 성자 행적 근거를 확보해야 표준관습이 될 수 있다는 것이다. 구이베르는 성자유골숭배관습이나 설교의 근거를 찾는 과업이 라틴어 해독자인 수도자 학문동아리의 임무일 뿐만 아니라 수도자 학문동아리의 성사관습이 오히려 문화가 되어 영지구성원을 결속할 수 있다고 판단하고 있다. 여기서부터 이제 구이베르는 성자유골숭배관습이 타당한가의 문제로부터 성자의 유골이 확실한가의 문제로 넘어가 성자의 유골이 성자를 만들 수는 있으나, 성자의 유골이 아니라면 성자를 만들 수 없다는 것이다. 성자의 유골은 엄연히 신의 존재 증거가 됨으로 과거의 성자 업적이 타당하게 확증되어야만 성자로서 숭배 가치를 지닐 수 있다는 것이다. 11세기 유럽세계는 성자 유골에 대한 근거를 확인하려는 풍조에 휩

싸였고, 구이베르 역시 이런 풍조에 휩쓸려 성자 유골에 대한 근거를 확인해야 했다. 여기서부터 구이베르는 불안정한 심리상태를 드러냈다. 구이베르의 심리상태가 불안정하다는 증거는 뜬소문 확인과 같은 유행에 휩싸이는 점과 『성자에 대한 체험 징표론』에서 이단자 교회조직과 개혁가동아리 교회조직으로 분리된 정통론자 교회조직 상황을 두고서도 최근세대 수도자 학문동아리의 성사관습 탓으로 돌리는 점인 것이다. 한마디로 구이베르의 이런 심리상태 요인을 단순한 성사관습 때문이라고 추측할 수도 있으나 반복되고 있다는 점 역시 그냥 넘어갈 수는 없을 것이다.

구이베르의 불안정한 심리상태를 두 가지 방향에서 접근할 수도 있다. 우선, 구이베르의 불안정한 심리상태가 성사관습 문제 때문일 가능성도 있다. 11세기 유럽세계에서는 당시까지 흔히 통용되던 성직매매 금지와 성직자 혼인 금지를 주장하는 세력이 등장하면서 성사관습이 분리되었기 때문이다. 다음으로 구이베르는 정통론자동아리 교회조직의 본질인 성사관습을 포함한 서임관습 절차가 11세기 유럽세계에서 성사관습 논쟁점이 됨에 따라서 불안정한 심리상태를 드러냈을 가능성도 있다. 여기서 성사관습의 상징물이 기록물로 전환하면서 라틴어 해독력이 교회조직의 분리 요인이 되었을 가능성도 있다. 물론 11세기 유럽세계의 교회조직 분리는 신학동아리와 철학동아리의 분리로 발전하여 성사관습과 라틴어 해독력의 일치를 자극했을 가능성도 있다. 즉 기존 성사관습은 신의 존재와 상징물을 일치시킨 신학동아리의 지식 원리였다. 이와는 다르게 새로운 성사관습은 라틴어 해독력과 신의 존재를 일치시킨 철학동아리의 지식 원리였다. 11세기 유럽세계의 성사관습은 신의 존재 근거를 상징물로부터 라틴어 해독력으로 전환하며 신학동아리와 철학동아리의 분리로 이어졌다고 지적할 수 있다.

구이베르의 불안정한 심리상태 요인도 외형상으로 신학동아리와 철학동아리의 분리 상황 때문이었지만, 신의 존재 근거가 상징물에서 라틴어 해독력으로 전환했기 때문인 것이다. 11세기 말엽부터 12세기 초엽 교회조직 구성원의 심리상태에서도 성사관습은 『성자에 대한 체험 징표에 관하여』에서처럼 신의 존재 근거를 라틴어 해독력에 일치해갔던 것이다. 구이베르의 성사관습 비판이나 성직자 서임관습 비판 역시 라틴어 해독력과 성사관습의 일치점에서 나타났던 문회이동 현상인 것이다. 구이베르는 신학동아리와 철학동아리의 성사관습을 구분하지 않고 오히려 라틴어 해독력의 관례에 근거하여 조합하고 있다. 특히, 구이베르는 라틴어 해독력의 관례인 시각작용의 관례에 근거하여 표준을 내세우며 기존 성사관습을 비판하여 성사관습 논쟁을 비화시키고 있었다. 성사관습 논쟁은 라틴어 해독력의 관례와 성사관습이 서로 달랐던 점에서 기인했고 구이베르 역시 라틴어 해독력의 관례보다는 기존 성사관습에 초점을 맞추고 있었다. 여기서 구이베르는 성사관습과 라틴어 해독력이 일치하면서 성사관습과 상징물의 분리가 기존 질서의 와해로 이어졌기 때문에 기존 질서 골격인 기존 성사관습에 초점을 맞추고 있는 것이나 다름없다.

물론 성사관습은 외형상 성직매매 금지, 성직자 혼인 금지의 주장과 성사관습과 성직자 서임관습의 비판 때문에 변화했다. 거기다 성사관습 변화는 신의 존재 근거에 대한 논쟁 때문에 신학동아리와 철학동아리 분리 요인이 되었다. 이런 맥락에서 종교동아리의 성사관습은 문화 발원지가 되어 종교이동을 자극하여 최근세대 수도자 학문동아리의 성사관습을 현실 행동으로 실현코자 시도했다. 이런 성사관습은 정전 교리와 성자 전기의 성자 행적에 대한 근거를 타당한 판단기준에 일치토록 보완하여 기록물까지 포괄했다. 즉 성사관습은 종교동아리의 의사전달 영역에서 종교 구성원을 결속하는데 핵심 위치를 차지했고 정전 교리의 정당함을 확인해주는 근거 역할을 담당했다. 즉 성사관습은 현실세계에서 기록물의 근거가 되어 끊임없는 생명력을 지니고 있는 것이다. 이런 맥락에서 성사관습은 역사학과 인류학 영역은 물론 다양한 문화와 다양한 개인동아리이동을 전제한 전체 인문학 영역의 연구 주제로서 관습이라는 사례를 제공하고 있는 것이다. 정전이 라틴어 해독력으로 성사관습을 분리했다는 점은 성사관습 변화 자체가 11세기 유럽세계 인간이 행동으로 실천하기 시작했던 표준관습의 출현 사례요 새로운 문화 발원지임을 반증하고 있는 것이다. 정전은 그 본래 취지와는 전혀 다르게 수도자 학문동아리와 지방민의 성사관습 분리 요인이 되었다. 특히 수도자 학문동아리의 교회조직 개혁이라는 표현관습은 최근세대 수도자 학문동아리의 성사관습 분리 요인이었고 오히려 영지 세속인에게 라틴어 해독력의 중요함과 교회 법률의 필요함을 동시에 일깨워주었다.

라틴어 해독력은 교회조직 법률을 활용하는 수단이었다. 영지 세속인은 교회조직 개혁과 라틴어 해독력을 교회 법률을 교양인의 필요조건처럼 중개했다. 특히 영지 세속인은 라틴어 해독력을 활용하여 교회조직 개혁에 대한 교양과 성사관습 개혁에 대한 선택 능력을 찾아내고 신학동아리, 철학동아리, 교회조직 법률학동아리 등의 전문 지식 원리를 교양으로 함양했다. 영지 세속인은 라틴어 해독력의 산물인 성사관습에 관한 신학동아리, 철학동아리, 교회조직 법률학동아리 등의 전문 지식 원리에서 스스로의 덕목이나 생활 지침을 찾아내어 실천하기 시작했던 것이다. 소위 유럽세계의 성서 인문주의 역시 성사관습 변화를 가능케 했던 이들 학문동아리의 지식 원리 출현과 함께 발아했다. 유럽세계의 성서 인문주의 창안자는 베르나르였다. 베르나르는 물론 구이베르의 은사였다. 구이베르는 탁월한 은사 베르나르의 성서 인문주의 이론에 힘입어 은사 능력을 뛰어넘어 성사관습 분리 요인을 찾아내는데 통찰력을 발휘했다. 구이베르는 철학동아리나 신학동아리가 성사관습을 신의 존재 근거로 삼아 구성했던 신의 존재 이론을 활용하여 성자유골숭배관습 자체를 비판했다.

구이베르의 성자유골숭배관습 비판이론은 물론 신의 존재가 상징물에 근거했던 성사관습을 신의 존재가 라틴어 해독력에 근거하는 성사관습으로 바꾸어 놓았다. 구이베르의 이런 성자유골숭배관습 비판원리는 신학동아리의 지식 원리를 두 갈래의 성사관습 수용 방향, 즉 성사관습에 근거하여 성자를 확증하고 다시 성사관습에 대한 체험에 근거하여 성자를 확증토록 바꾸어 놓았다. 이런 맥락에서 구이베르의 성자유골숭배관습 비판원리는 신의 존재 근거인 성사관습에 관한 신학동아리의 전문 지식 원리를 상징물로부터 라틴어 해독력으로 변화시킨 요인으로서 가치를 지닌 것이다. 그리고 구이베르의 성자유골숭배관습 비판이론에 힘입어 신학동아리는 신의 존재 근거인 새로운 라틴어 성사관습을 대중 지식으로 만들기 시작했다. 특히 성자유골숭배관습 비판자 입장에서 성사관습은 성자 행적이라는 단순한 외형과 다르게 복잡한 체험 절차로 구성된 '생활언어의 신 존재 관습'이었다. 성사관습은 크리스트가 열 두 제자와 함께 했던 저녁식사와 십자가에 못 박혀 죽은 채로 피를 흘리는 크리스트의 죽음 사건을 체험으로 회상해주는 생활언어의 신 존재 관습이었다.

물론 이 생활언어의 신 존재 관습은 크리스트가 12제자와 함께 했던 저녁식사라는 사건, 즉 저녁식사 때의 구두 계약 사건 이후 크리스트와 함께 저녁식사에 참가했던 12제자가 십자가에 못 박혀 죽은 채로 피를 흘리는 크리스트의 죽음 사건에 대한 체험을 회상하겠다는 취지에서 크리스트와 함께 했던 저녁식사 때의 빵과 포도주를 크리스트의 살과 피로서 상기해주는 체험 원리로부터 발원했다. 이런 성사관습도 구이베르의 성자유골숭배관습 비판 원리처럼 성자 행적에 대한 체험을 회상해 주려는 체험 원리로 이루어졌다. 성사관습은 시각이나 감각 작용으로 파악할 수 있는 빵과 포도주라는 체험 증거와 시각작용으로 파악할 수 없으면서, 정신작용으로 선택해야 하는 성자 업적에 대한 체험 표상으로 구성된 것이다. 성사관습은 시각이나 감각 작용으로 물질을 파악할 수 있는 체험 원리와 정신작용으로 선택할 수 있는 성자 업적을 문헌에 근거하여 체험 표상을 확인하는 논리로 구성되었다. 구이베르의 성자유골숭배관습 비판에서도 성사관습은 정신 작용의 존재와 물질에 대한 체험 원리를 표준으로 설정했다.

성사관습은 대략 2세기동안의 성사관습 논쟁에서도 표준 발원지가 되어 물질과 정신을 상대가치로 만들어내기 시작했다. 성사관습은 예수의 살과 피라는 정신 가치를 빵과 포도주의 물질 존재에 일치시켜 크리스트의 죽음이라는 사건을 체험으로 회상시키는 체험 원리가 되었다. 체험 원리로서 성사관습은 스콜라 철학동아리의 라틴어 해독력 영향으로 영지 세속인의 생활언어 성사관습과 수도자 학문동아리의 라틴어 성사관습으로 분리되는 특정한 상황을 맞게 되었다. 이런 성사관습 변화과정은 실제로 신학동아리의 역사나 다름없다. 거기다 성사관습 자체는 성사관습 논쟁 과정에서 신의 존재 근거에 대한 신학동아리의 체험 이론 근거를 제공하여 신학동아리 역사까지 바꾸어 놓았다.

성사관습 논쟁은 이미 후기 카롤링거시대의 수도자 신학동아리 교사인 라드베르트와 라트람으로부터 시작되었다. 라드베르트와 라트람의 성사관습 논쟁은 베렝가르(1000?~1088)와 랑프랑, 구이트문트와 아르저, 생 빅토르 수도자동아리 좌장 위그(+1141)와 토마스에 걸친 수도자 스콜라철학동아리의 명제로까지 이어지고 있다. 이 수도자 신학동아리의 성사관습 논쟁은 성사관습에 대한 명확한 인식 문제나 성사관습 자체보다는 라틴어 성사관습 절차의 유입 영향을 반영하려는 취지에서인지 성사관습 절차 문제를 제기하며 출발했다. 물론 21세기 사람의 시각에서 보면 성사관습 논쟁은 단순한 성사관습 절차 문제를 제기하면서 출발했지만 중세 세계 수도자 신학동아리의 역사로 돌아가 살펴보면 성사관습 분리요인이 되었다는 점도 간과할 수는 없다. 특히 성사관습 논쟁은 성사관습이 라틴어 해독력의 수용 시기에 성사관습 자체의 체험 표지와 신의 은총에 초점을 맞추어 출발하여 신의 존재 근거인 성사관습에 대한 수도자 신학동아리의 전제까지 바꾸어 놓았다는 점도 간과할 수 없다.

우선, 성사관습 논쟁에서는 크리스트가 열 두 제자와 함께 했던 저녁식사와 십자가에 못 박혀 죽은 채로 피를 흘리는 크리스트의 죽음 사건을 체험으로 회상해주는 체험 원리의 표지이자 시각 작용으로 미래 은총을 전달하고 있다는 체험원리의 표지가 바로 성사관습이라고 주장했다. 성사관습 논쟁에서는 성사관습을 미래의 은총을 전달하는 체험원리의 표지로 활용하여 신의 존재 근거에 대한 체험 표지를 크리스트의 죽음 사건으로 객관화하려고 시도했다. 다음으로 성사관습은 구이베르의 성자유골숭배관습 비판방식에 근거하여 파악하더라도 성자 사건을 정신 작용으로 파악하는 근거였고 신의 존재에 대한 체험 표지의 새로운 근거였다. 물론 이 두 가지 성사관습 전제는 영지 라틴어 해독력 영역을 벗어나지 않고 세속인의 생활언어 성사관습에 일치해갔다. 성직자서임관습도 제3자에게 당연히 신의 존재 근거인 성사관습을 상징물에 일치시켜 전달했던 것처럼 라틴어 계약관습 절차를 계약 당사자는 물론 주변 관련자까지 일체감을 갖게 했다.

성사관습은 라틴어 해독력에 근거하지 않았으나 그 개혁관습은 라틴어 해독력에서 발원했다. 그런데도 성사관습과 그 개혁관습은 이상의 효력을 발휘하며 라틴어 해독력을 원활하게 보완했다. 즉, 성사관습에 대한 개혁은 바로 성사관습에서 발원하여 체험영역과 일치했다. 이런 맥락에서 성사관습은 라틴어 해독력에 바탕을 둔 성자 전기의 성자 행적과 영지 세속인의 생활언어 성사관습을 원활하게 보완하며 라틴어 해독력의 중심체로 변모했다. 라틴어 해독력은 성사관습 전제처럼 성사관습에 일치했고 나아가 성사관습 논쟁의 요인이 되어 성자 전기를 비롯한 기록물이나 저작물을 다양한 영지 세속인에게로 이동시켰다.

제 4 장

성사관습 논쟁과 문헌 변천

제 4 장
성사관습 논쟁과 문헌 변천

성사관습 논쟁은 '중세'라는 특정 시대에 단발형태로 나타났던 것이 아니었다. 여기서도 물론 이런 성사관습 논쟁을 검토하기에 앞서 성사라는 존재관습이 왜 이렇게 시대를 뛰어넘어 논쟁점이 되었는지를 이해하려면 성사관습에 대하여 조금 더 깊은 이해가 있어야 할 것이다. 성사관습이 신학동아리의 속성을 드러내고 있는데다 중세 신학동아리의 전문 지식 원리 역시 성사관습을 벗어나지 않았다는 점도 중요하다. 중세 신학동아리 교사도 성사관습 문제를 자기네 시대에 맞도록 성사관습 자체에서 제기하여 중세 이전의 시대로 거슬러 올라가 성사관습을 분석코자 했다. 중세 신학동아리 교사의 이런 의도는 성사관습 논쟁을 더욱 확실하게 이해하기 위한 시도였을 것이다. 크리스트교도는 성사관습을 신앙 도구로 활용했고 성사관습과 크리스트도의 이런 관계가 애매하다는 느낌을 갖는 연구자도 있을 것이다. 그럼에도 불구하고 성사관습을 크리스트교이동 과정과 서로 관련 지어 분석해 보면, 성사관습은 대체로 두 가지 의미를 내포했다.

우선 성사관습은 고전 라틴어에서 세 가지 의미로 통용되었다. 성사관습은 일종의 계약관습, 즉 사람이나 물건에 대한 인도를 요구하는 관습으로서 민사소송 경우 사람의 인도 권리나 물건 인수를 전제한 보증금을 의미했다.

다음으로 고전 라틴어에서 성사관습은 그리스어 사크라멘토의 번역어며 바로 근대 서양 언어의 성사인 것이다. 근대 서양 언어의 성사는 계약과 절차 의미로서 교회조직의 성사관습과 일치했다. 교회조직의 이런 성사관습 의미영역을 확대하여 지적하면, 성사관습은 계약자를 전제한 계약자 정신을 작용케 만드는 절차관습을 의미했다. 이런 맥락에서 성사관습의 의미변화 확인은 앞으로도 어려운 문제인 것이다. 성사관습은 약속의 동의어로서 개인 사회 결성에 대한 계약을 선포하는 관습이었다. 이렇게 사람 관계가 계약관계로 결속했다는 전제에서 성사관습은 개인주의에 대한 필수 조건이라고 접근할 도 있다. 다시 계약 당사자를 신비로서 결속했다는 전제에서 성사관습을 결속원리 발원지로서 접근할 수도 있을 것이다.

지금까지 여러 분야의 성사관습 연구자는 대개 성사관습과 신비의 관계에 초점을 맞추고 있다. 초기 성사관습 연구자는 이교도의 신비관습이 크리스트교의 성사관습에 유입되었다는 취지에서 신비관습과 성사관습의 계승을 강조해 왔다. 그러나 노크는 초기 성사관습 연구자의 연구 성과를 간략하게 개괄한 다음, 이교도의 신비관습과 크리스트교의 신비관습을 계승했다고 파악해서는 안 된다는 반론을 이미 제기했다. 노크의 반론을 간략하게 지적하면 다음과 같다. 노크는 이교도의 신비관습과 크리스트교의 성사관습이 발원지부터 다르다는 것이다. 이교도의 신비관습 발원지는 계약 표현관습이었던 반면 크리스트의 성사관습 발원지는 성사관습에 대한 라틴어 해독력의 체험 표상이라는 것이다.

노크의 이런 연구 사례와 유사한 성사관습은 철학동아리의 연구 성과에서도 입증되었다. 소덴은 그리스어 사크라멘토에 초점을 맞추어 분석한 결과 성사관습이 존재의 근거이며 글자해독력에서 발원했다는 것이다. 모르만도 소덴과 유사한 견해를 제시했다. 성사관습의 존재 근거가 종족언어 관습에 유입되었다고 지적했다. 모르만은 성사관습이 계약관습으로서 절차관습의 '믿음'으로부터 종교의 계약을 발생시키게 된 나머지 계약관습과 믿음이 대등한 기능을 담당했다는 것이다. 모르만은 계약관습과 믿음의 함축의미로서 성사관습을 다음과 같이 세 가지 의미로 분석했다.

첫째 성사관습은 계약이 곧 믿음이라는 전제에서 특정 이단자가 새로운 이단자 구성원으로 입문하는 절차관습을 지칭하고 있다.

둘째 성사관습은 역시 계약이 곧 믿음이라는 취지에서 새로운 구성원이 입문의식을 거치면서 법률상 계약관습을 나타내고 있다.

셋째 성사관습은 입문의식을 거치면서 믿음이 법률상으로 계약관습과 대등한 효력으로서 법률상 구성 원리를 종교의 결속원리로 변질시켜 상징물에 연계시킨다는 것이다.

이 세 가지 성사관습은 라틴어 해독력에 침잠해 있다가 입문의식과 같은 절차관습을 거치면서 라틴어 해독력에 일치했다. 성사관습은 크리스트교세계 구성원과 크리스트교를 믿지 않는 사람 격차를 라틴어 해독력으로 나타냈다. 그런데도 성사관습은 크리스트교 구성원 이외에도 크리스트교를 믿지 않은 사람까지 종교에의 입문 절차관습으로 결속하여 신의 존재 근거가 되었다. 즉 성사관습은 신의 존재 근거로서 상징물의 함축의미인 라틴어 해독력에 일치해감에 따라서 다시 상징물 중심의 성사관습과 라틴어 해독력 중심의 성사관습으로 분리되어 갔다. 이런 두 가지 성사관습 분리단계에서 성사관습은 종교에서도 종족언어 표현관습 기능처럼 종교에 입문하는 절차관습이 되어갔다.

성사관습은 이후 종교의 입문관습에다 신비를 첨가했으나 그 경위는 확인할 수 없다. 성사관습과 신비관습이 라틴어 성서에 일치하게 된 경위까지를 성사관습을 가지고서는 역시 확인할 수 없다. 그러나 성사관습과 신비관습의 일치 과정을 추적 가능한 범위에까지 소급해 보면 이 성사관습은 법률 운용과정인 특정한 사건 재판과정에서 신비관습을 활용했다. 신비가 사건 재판과정에 반영된 사례는 신비와 상징물의 일치 사례인 것이다. 특수한 사건의 재판과정에서 신비는 상징물인 법률상의 담보물건에 대한 가치를 담보 물건에 대한 실제 가치와 전혀 다른 명목가치로 변질시키는 효과를 발휘했다. 신비가 실질 가치와 표준의 명목가치를 구분한 사례는 로마시대 사법에서도 확인되고 있다. 로마시대 사법에서 소송 사건의 담보물에 신비가 첨가되는 경우 그 담보물 가치는 실질 가치와 전혀 다른 명목가치에 근거하여 평가되었다. 로마인도 종교의 의례관습 절차를 명목가치 확인 과정에서 성사관습의 신비를 활용했던 것처럼 소송사건의 담보물에 대한 평가 과정에서 신비를 상징물에 일치시켰고, 바로 이 신비가 크리스트교에 유입되어 상징물과 함께 라틴어 해독력에 부착했을 가능성도 있다.

성사관습과 신비의 다른 일치 가능성은 그리스어 사크라멘토가 로마인에게 유입되면서 발생했을 수도 있다. 그리스어 '사크라멘토'는 라틴어 어휘의 취약 상황에서 로마인에게 유입되어 주로 라틴어계 철학동아리로부터 로마인세계에서 세례관습으로 이졌을 가능성도 있다. 로마인은 따라서 빈약한 라틴어 어휘 때문에 그리스어 사크라멘토를 수용하여 새로운 의식을 다시 첨가했을 가능성도 있다. 어쨌든, 그리스어 사크라멘토는 라틴어 상용지역에서 본래 의미와는 전혀 다르게 기존 계약관습 의미와 대등하게 성사관습으로서 통용되었다. 이런 크리스트교 생성시대 성사관습은 그리스어 사크라멘토라는 계약관습과 신비관습의 상징물이 일치하면서 로마인 세계에 정착했다. 로마시대의 수도자 신학동아리 교사 플리니우스는 계약관습과 신비의 혼합 사례를 제시했다. 플리니우스는 서기 93/94년 특정한 상징물 앞에서 모여 기도를 드렸더니 악마의 유혹을 뿌리치게 되어 성사관습으로 서로 결속했다는 것이다. 플리니우스의 이런 사례는 크리스트교의 생성시대 성사관습에 관한 언급인 것이다. 성사관습은 저작자 테르툴리아누스(대략 200년 경)와 황제 아우구스투스시대에 이르러 구두 약속과 계약관습 의미를 점차 상실하고 속죄나 구원과 같은 특정한 목적을 성취하기 위하여 올리는 묵상 기도를 의미했다.

물론 테르툴리아누스는 156년 크리스트교로 개종했다. 134회에 걸친 테르툴리아누스의 성사관습 언급 사례 중에서도 84회가 신비보다는 계약관습이었다. 테르툴리아누스는 군대 입문의식까지 성사관습이라고 언급했다. 테르툴리아누스가 언급했던 군대 성사관습은 군단 지휘자가 먼저 충성을 맹세하면 그 군단 부대원이 다시 충성의 맹세를 복창하는 일종의 군대 입문의식이었다. 여기서 성사관습은 군대라는 집단에 입문하던 의식이었다. 그래서 테르툴리아누스는 이런 군대 입문의식까지도 성사관습이라고 지칭했다. 성사관습이라는 군대 입문의식을 거친 사람은 충성의 서약을 했으므로 황제 군대에 입문이 허가 되었다는 표지를 잊지 않도록 행동하라고 주지시켰다. 또한 황제는 군대가 계약관습의 입문의식을 거쳤다는 표지로서 크리스트교의 깃발인 구세군 깃발이 휘날릴 때까지 즐거운 마음으로 황제에게 충성해야 한다고 지적하고 있다. 테르툴리아누스의 성사관습 사례는 충성이나 의리를 지킨다는 서약이나 인정표지와 동의어에 가까운 계약관습을 의미했다. 테르투리우스는 고린도 전서 1장 5절의 구절을 인용하면서 코린트인의 근친상간이 성사관습을 이탈한 처사였다고 언급하고 있다. 이처럼 성사관습은 충성을 맹세한 군대 병영에서 혹시라도 계약을 위반해서는 안 된다는 주의를 환기시키는데 도입되고 있다. 이런 성사관습 활용 사례에서처럼 성사관습은 신비보다 오히려 강제 효력을 지닌 구두계약 의미였다.

성사관습은 법률상으로도 강제력을 의미했다. 성사관습이 강제력을 지녔다는 사실은 구두계약 의미와 관련되어 있는 것이나 다를 바 없다. 구두계약 의미를 지녔던 성사관습은 의식으로서 입문의식을 나타내고 있다. 로마인 군대의 성사관습은 종교에서처럼 군대 조직의 입문 의식이었다. 즉, 성사관습은 신으로부터 군대라는 조직에 입문할 수 있다는 자격을 부여받는 사건 의미였고 이 입문자는 '신의 섭리를 부여받은 자'의 의미였기 때문에 신에게 복종해야 한다는 종교의 신비에 이르고 있다.

테르툴리아누스의 성사관습은 넓은 의미에서 기도로서 타당한 성사관습, 생활 원칙, 교리, 믿음인 의리나 신앙심으로 활용되고 있다. 테르툴리아누스가 인용했던 『고린도 전서』는 성사관습 지침서 즉 정전으로 활용되었다. 이런 성사관습 정전은 흔히 신의 계시를 담고 있다고 해서 성사관습 발원지와 마찬가지였다. 성사관습에서 신의 계시라는 사건이 신비를 상징하게 되는 경우 성사관습을 통한 입문자는 기쁨으로 가득 차 있었다는 것이다. 여기서 입문자의 기쁨을 내포한 성사관습은 속죄나 기도를 의미했다. 테르툴리아누스의 성사관습은 크리스트교 입문의식이었다. 테르툴리아누스는 성사관습의 신비를 형상의 대비물로 활용했다. 이것은 테르툴리아누스시대에 이미 성사관습이 입문자에게 계약과 신비 의미를 전달했다는 반증인 것이다. 이처럼 성사관습은 시대에 따라서 신비의 체험 표지를 상징물에 일치시켜 절차로 표현했다. 테르툴리아누스의 성사관습 역시 신비의 체험 표지를 활용하여 라틴어 해독력에 일치했다.

성사관습과 라틴어 해독력의 일치는 그 자체가 바로 성사관습 한계였다. 테르툴리아누스의 성사관습은 특정한 체험 현상을 예시하기 위한 방편으로 모세의 특정한 체험 형상을 예시하고 신의 체험 표지인 십자가를 활용하여 미래 구원을 암시했다. 성사관습의 본질을 테르툴리아누스의 예시나 암시에 따라서 검토하면, 성사관습은 두 가지 본질, 즉 예언과 형상으로 구성되었다. 성사관습의 형상은 곧 신에 대한 체험 표지였고 성사관습의 예언은 형상과 상징물의 일치 상황에서 발생하는 신의 존재로서 제 3자에게로 이동했다. 테르툴리아누스의 성사관습은 어떤 노예의 몸에서 태어난 아이가 정신작용을 거치면서 유대인의 율법을 따르게 된다는 의미를 담고 있다. 즉, 성사관습은 유대인의 율법을 중시하는 심리작용을 상징하고 있다.

성사관습의 쓰임새는 광범했다. 성사관습은 라틴어 해독력이라는 대비물의 형상을 신비의 불가사의한 함축의미에 일치케 하여 그 신비를 체험 형상으로 무식자에게 전달했다. 신비에 대한 성사관습의 체험 현상은 곧 표준인물의 체험 현상과 상징물의 일치점에서 가치나 권능의 표준을 전달하며 인물이나 상징물을 질서 구성 핵으로 만들었다. 따라서 테르툴리아누스의 성사관습은 상징물 중심의 질서에 편입되는 계약관습의 절차였다. 키프리아누스(+258) 이전의 니케아인 조상이 수호하던 상징물의 사례에서처럼 테르툴리아누스의 성사관습은 상징물의 일치 여부에 따라서 계약관습과 구분되었으나 순조롭게 수용되지는 않았다. 물론 이전시대 황제 역시 성사관습을 거부했으나 테르툴리아누스시대 이후 점차 수용하기 시작하여 라크란티우스(+317년 이후)나 도나투스(355년 경)와 같은 고전시대 이단자 주교까지도 성사관습을 거부하지 않았다.

성사관습은 본래 구두 계약 의미가 아니라 상징물 중심의 숭배관습 절차로 구성되었다. 성사관습이 숭배관습 절차로 구성되었다는 판단은 밀라노관구 대주교인 성자 암브로시우스에게서도 입증되고 있다. 성자 암브로시우스는 『성사론』이라는 표제의 저작물에서 세례 지원자에게 성사관습을 숭배관습의 계약 절차라고 언급하여 성사관습과 상징물을 일치시키고 있다. 물론 성사관습과 상징물을 일치시킨 인물은 성자 아우구스티누스였다. 아우구스티누스는 성사관습을 대단히 치밀하게 상징물에 일치시킨 인물이었다. 아우구스티누스가 성사관습과 상징물을 일치시켰다고 지적할 수 있는 사례를 개괄하기란 그렇게 간단하지 않다. 아우구스티누스는 자기의 『성사론』 어디에서도 성사관습을 분석하지 않고 있다. 아우구스티누스의 성사관습은 『성사론』 전체에 걸쳐 골고루 언급되고 있다. 따라서 상징물과 성사관습에 대한 아우구스티누스의 일치 사례는 신학동아리 전체의 지식 원리를 개괄하는 입장에서 검토되어야 할 것이다. 아우구스티누스는 400년 경도시 나폴리의 보호 성자 야누아리우스에게 보낸 두 통의 편지글에서

'성사관습'을 상징물에 일치시켜 언급했다. 그 편지글에서는 성사관습을 단식일, 영성체와 함께 숭배관습의 계약 절차로 언급했다. 특히, 아우구스티누스는 크리스트교의 성사관습을 여기서 관심 있게 다루며 기회가 있을 적마다 성서의 성사관습을 사례 별로 언급하고 있다. 아우구스티누스는 성사관습도 신을 전달하는 숭배관습 절차이기 때문에 신비를 내포하고 있다는 것이다.

아우구스티누스의 시각에서 성사관습을 파악하면, 성사관습은 신의 존재 근거였다. 즉 교회는 신의 존재 근거를 물려받아 미래 세대에게 신의 존재 근거를 전달하기 위하여 성사관습을 유지했다는 것이다. 이런 맥락에서 성사관습은 신비를 내포하며 간편한 절차에다 풍부한 숭배관습까지 포함하고 있다는 것이다. 성사관습은 또한 행동으로 실행하는 부분과 명상으로 인식하는 부분이 서로 균형을 이루어야 하며 최후 목적이 구원이기 때문에 누구에게나 성사관습 방법이 논쟁점이 될 수 없다는 것이다. 크리스트는 성사관습을 통하여 숭배되어야 함으로 성사관습 자체가 크리스트숭배관습의 논쟁점이 될 수도 있으나 정신작용에 일치해야 한다는 것이다. 아우구스티누스가 야누아리우스에게 보낸 두 편지글에서 두 가지 성사관습 속성을 지적한 부분에 근거하여 판단하면 두 가지 성사관습 속성은 물론 정의와 신을 향하여 드리는 숭배관습 절차라는 것이다. 따라서 신에 담을 수 없는 모든 것을 포함하도록 성사관습을 거행해야 한다는 것이다. 아우구스티누스는 여기서 성사관습을 특정한 인물의 과거 행적이나 업적을 추모하기 위한 속성이라고 확인하고 있다. 아우구스티누스는 성사관습과 상징물의 일치를 숭배관습 절차로 해석하여 정신작용과 분리되지 않게 했다.

신의 존재와 상징물의 일치는 성사관습 문제를 제기하여 신의 존재 근거로서 성사관습 또한 법률이라는 상징물로 숭배관습 절차영역에 편입되어 신의 존재와 상징물의 일치를 법률 관행처럼 인식하게 되는 것이다. 성사관습은 아우구스티누스의 이론에서도 핵심이 되는 신의 존재 논거이며 상징물 형식으로 신의 세례관습에 애매하게나마 숨겨져 있는 신비 근거인 것이다. 아우구스티누스의 이론에서 성사관습은 신의 존재로부터 다시 영감 작용을 거치면서 신의 존재 근거가 될 뿐만 아니라, 신의 존재 근거에 대한 체험 표지가 되도록 구성되어 있다는 것이다. 성사관습은 즉 정신작용을 거치면서 신의 존재 근거가 되는 것이다. 신의 존재는 물론 정신작용을 거쳐 시각작용에서 현세와 내세 창조자로서 실제 모습을 드러내게 되는 것이다. 따라서 신의 존재 근거는 성사관습인 것이다. 성사관습은 라틴어 해독력을 활용하여 신의 존재 근거에 대한 체험 표지에 일치하면서 신의 의지로 신의 존재 근거를 전달한다는 것이다. 이런 맥락에서 성직자는 라틴어 해독력으로 성사관습이라는 기차를 운행하는 운전자인 것이다. 따라서 성직자는 성사관습을 라틴어 해독력으로 전달하고 신의 권한을 대행하기 때문에 성사관습 창조자임과 동시에 문화 창안자인 것이다.

성사관습은 테르툴리아누스와 성자 아우구스티누스의 지식 원리를 통하여 문화 발원지로서 중세 유럽세계에 정착했고 고전시대 학문동아리의 지식 원리에 접근하는 일종의 도구였다. 이런 성사관습은 성자 아우구스티누스계 신학동아리 이론이나 밀라노 관구의 보호 성자인 암브로시우스의 강론과 함께 세속인의 심리작용에 뿌리 내렸다. 특히 성사관습은 카롤루스 가문 지배자의 사도 베드로 숭배관습에 편승하여 유럽세계 구성원의 결속 매체가 되었다. 베드로 숭배관습은 물론 성사관습을 거치면서 수도자 신학동아리와 수도자 철학동아리의 지식 원리 관례를 골격으로 유럽세계 구성원을 결속했다. 베드로 숭배관습 청취자는 성사관습 전달자인 해석자와 성사관습 자체의 중간에 위치한 성사관습 수용자 위치를 차지했다. 성사관습 해석자와 성사관습 자체의 수용자는 성사관습을 어떻게 파악하게 되느냐의 체험 문제를 제기했다. 바로 이 성사관습의 체험 문제는 수도자 신학동아리 교사인 라드베르트와 라트람의 논쟁점이었다.

제 5 장

수도자 신학동아리의 성사관습 논쟁

제5장
수도자 신학동아리의 성사관습 논쟁

수도자 신학동아리의 성사관습 논쟁은 체험 영역의 성사관습을 새로운 문헌 영역의 성사관습으로 넓혀가기 시작했던 단계였다. 즉 수도자 신학동아리의 성사관습 논쟁 영향으로 성사관습에 관한 최조 저작자인 성자 아우구스티누스 이후 4세기 동안 쌓아왔던 성사관습 관례를 검토하며 새로운 성사관습 모습을 제시하기 시작했다. 물론 수도자 신학동아리가 제시했던 새로운 성사관습 모습도 신의 존재 근거에 대한 체험 영역, 즉 신의 존재 근거인 성사관습의 신비와 정신 작용에 대한 검토에서부터 출발했다. 수도자 신학동아리의 이런 시도는 결국 신의 존재 근거인 성사관습을 영감작용이나 정신작용과 같은 체험 영역으로부터 라틴어 해독력을 활용하여 문헌 영역에 일치시켜 성사관습의 빵과 포도주를 크리스트의 몸과 피로 만들어 성서 자체의 의미를 생활 지침으로 실행토록 만드는 과정이었다. 현대 서양 중세학 연구자 시각에서 수도자 신학동아리의 이런 성사관습 논쟁은 결국 수도자 스콜라철학동아리와 수도자 신학동아리의 존재 원리를 분리했

고 성서 인문주의 발원지가 되었다는 점도 간과할 수 없다

새로운 성사관습 제안자 역시 모두 코르비수도원 수도자이며 수도자 신학동아리 교사인 라드베르트와 라트람이었다. 수도자 신학동아리 교사 라드베르트는 성자 아우구스티누스가 『성사론』에서 초점을 맞췄던 크리스트의 몸과 피를 다시 해석하고 아우구스티누스의 성사와관습과 자기네 성사관습을 구분하는 근거로 제시했다. 라드베르트는 물론 성자 아우구스티누스가 저작했던 「성체와 피에 관하여」를 831~833년 개작하여 다시 「크리스트의 성체와 피에 관하여」를 내놓았다. 라드베르트의 『크리스트의 성체와 피에 관하여』가 나온 이후 성사관습 논쟁은 새로운 문제에 초점을 맞추기 시작했고 성사관습에 관한 새로운 저작물도 모습을 드러내기 시작했다. 특히 라드베르트의 「크리스트의 성체와 피에 관하여」를 9세기 말엽 수도자 신학동아리 교사 라트람은 반박했다. 이후 10세기 초엽 다수 수도자 신학동아리 교사는 성사관습을 언급하며 여러 형태의 저작물을 출간했다. 이 시점부터 성사관습 논쟁은 과거 체험 영역의 성사관습 논쟁과 전혀 다른 문헌 영역의 성사관습 논쟁으로 변화했다는 점을 간과할 수 없게 되었다. 거기다 11세기 성사관습 논쟁은 1059년 로마 종교회의 소집과 함께 절정에 이르렀다.

성사관습 논쟁은 로마 종교회의에서 입증했듯이 11세기에 절정에 달했다는 점에 대해서는 현재까지 연구자의 견해가 일치하고 있다. 여러 연구자가 로마 교황청에서 소집했던 종교회의에 초점을 맞추는 이유는 수도자 신학동아리 구성원인 투르의 주교 베렝가르(1000?~1088)의 사문과 관련되어 있다. 로마 교황청 종교회의는 베렝가르의 성사관습 비판을 오류라고 결론 지웠다. 수도자 신학동아리 교사로서 베

렝가르의 『성사관습 비판』에 대한 로마 종교회의 비판은 1215년 라테란 종교회의에서 '성자의 신앙 원리에 관하여'를 공표하게 되는 출발점이 되었다. 베렝가르의 성사관습 비판은 랑프랑(+1089), 구이트문트(+1095), 아르저(1050~1121/2)와 같은 여러 성사관습 논쟁 참가자로서 수도자 신학동아리 구성원의 비판을 받으면서도 결국 두 번째 단계 지식 발전에 종지부를 찍었던 것이다. 즉, 두 번째 단계 시기에서 새로운 성사관습은 새로운 전문 지식으로 수용되었다. 두 번째 단계 시기에서는 상징물인 빵과 포도주가 성사관습 논쟁을 이끄는 중심 과제로 부각되었다. 12세기 성사관습 논쟁에서는 제단의 빵과 포도주가 크리스트의 몸과 피로 변화된다는 신의 존재 근거에 대한 문제가 주류를 이루었다.

제4차 라테란 종교회의(1215)에서는 제단의 빵과 포도주가 크리스트의 몸과 피로 변화한다는 성자의 신앙원리를 확정하여 공포하기에 이르렀다. 이런 성사관습 문제는 그 이전부터 다수 이단자 교회와 정통론자 교회 측의 다수 수도자 신학동아리 교사가 논쟁점으로 제기했던 것이다. 로마 종교회의는 1059년 교황 니콜라우스 2세(1058~1061) 주재 하에서 개최되었다. 교황 니콜라우스 2세의 상대자는 살리어 가문의 황제 하인리히 4세(1056~1106)였다. 황제 하인리히 4세는 7살에 아헨 황실에서 황제위에 올랐다. 교황 니콜라우스 2세는 이제 7살의 어린 황제 하인리히 4세를 정점에 앉힌 독일어계 제국 귀족사회를 상대하지 않을 수 없었다. 이 독일어계 제국 지배자사회 목표는 로마 교황 자리에다 독일어계 인물로 앉히려는 것이었다. 교황 자리를 차지하려는 도이취어계 주교와 귀족사회의 공통분모는 성사관습 논쟁에서 주도권을 잡는 것이 주요한 임무였다.

이와는 반대로 라테란 종교회의는 교황 인노첸츠 3세(1198~1216) 주재 하에서 개최되었다. 인노첸츠 3세의 상대자는 이탈리아 상속자 독일어계 황제 프리드리히 2세(1215~1250)였다. 당시 교황청은 명실 공히 유럽 영주로 군림했다. 교황 인노첸츠 3세는 라테란 종교회의에서 '성자의 신앙원리'를 확정하고 교회조직의 성문 법률주의에 관련 지워 교회조직에 성문 법률 원리를 도입하기로 확정했다. 이것은 성사관습 논쟁에다 교회조직의 성문 법률주의에 관련 지워 실제로 성문의 실정법 원리를 수용함으로써 성사관습 논쟁이 전혀 다른 의미를 지니게 되었다는 뜻이다. 이 두 종교회의, 즉 로마와 라테란의 종교회의는 성사관습 논쟁을 기존 성사관습과는 전혀 다르게 상징물의 의미에 초점을 맞췄다. 성사관습 논쟁에서 상징물의 의미는 성문 법률주의에 대한 교회의 실행 능력 문제를 제기했다.

이런 맥락에서 여기서는 성사관습 논쟁시대를 두 단계로 구분할 수 있다. 우선 첫 단계 성사관습 변화는 성사관습에 대한 라드베르트의 논문에 대하여 라트람의 반박 논문을 발표한 이후 시기인 9세기 후반에 일어났고 그 이후부터 했다. 두 번째 성사관습 변화 단계는 11세기인 것이다. 라드베르트와 랑프랑의 성사관습은 성사관습 실행에서 발원한다고 주장했다. 라드베르트와 랑프랑의 주장처럼 성사관습을 실행하려면, 성사관습은 외형과 개인의 라틴어 해독력이 상징물과 일치해야만 전달될 수 있다는 것이다.

이 두 해석자와 다르게 라트람과 베렝가르의 성사 존재관습은 신의 존재 근거를 라틴어 해독력의 대비물로 전달할 수 있다고 주장했다. 이 두 부류의 성사관습에 대한 문제점을 비교해 보면, 라드베르트와 랑프랑의 성사관습은 성사관습 실행에서 출발하나 라트람과 베렝가르의 성사관습은 라틴어 해독력의 대비물인 신의 존재 근거와 성사관습이 서로 분리되어 있다는 것이다. 즉, 라트람과 베렝가르의 성사관습은 서로 독립된 전문 지식으로 존속할 수 있다는 가설을 설정하고 있다. 이 두 주장은 형식과 체제 측면에서 파악하더라도 서로 다르지만 고전시대 학문동아리의 성사관습을 반복하는데 그치고 있다. 그러나 라드베르트의 성사관습은 문화에 중점을 두어 영지구성원의 결속력에 관련 지우고 있다. 라드베르트의 주장에는 성사관습에 대하여 신의 존재 근거를 인식할 필요성이 없다는 의도를 강하게 표현하고 있다. 라드베르트는 성사관습 자체를 단순한 신의 존재 근거로 파악하고 있다. 라트람은 신의 존재 근거인 성사관습도 라틴어 해독력의 상징물이 중요하다는 점을 강조했다.

이 두 부류의 성사관습 해석자 입장을 종합해 보더라도 성사관습을 라틴어 해독력의 대비물로 파악하여 실행에 일치시키고 있다. 이런 맥락에서 성사관습의 상징물은 라틴어 해독력의 종족언어 표현관습이 되어 의례관습으로 자리 잡았다. 물론 이런 성사관습 논쟁에서는 성사관습의 상징물이 라틴어 해독력에 서로 연계되어 있다는 주장도 타당성을 지니게 되었다. 그런데도 1059년 로마 종교회의는 수차례 토의를 거쳐 기본 성사관습 원리를 정반대되는 두 가지로 확정했다. 이런 로마 종교회의는 성사관습 본질로서 신의 존재 근거에 대하여 대립논리와 타협논리까지 수용하겠다는 취지와 함께 성사관습을 신의 존재 근거에 중점을 두어 파악하도록 허용함으로써 신과 신의 존재 근거에 대한 체험 현상을 분명하게 조화하려고 시도했다.

신과 신의 존재 근거에 대한 체험 현상의 조화 문제는 중세세계 인간에게 성사관습을 쉽게 전달하고 중세세계 인간으로 하여금 성사관습을 감각으로나마 체계 있게 파악하도록 만들려는 데서 제기되었다. 성사관습을 쉽게 전달하기 위한 신과 신의 존재근거에 대한 체험 현상의 조화는 형식에 대하여 신의 존재 근거 문제를 제기했다. 신과 신의 존재 근거에 대한 체험 현상의 조화를 현실에서 찾아내야 하는 상황에서 성사관습은 형식논리를 지식에 일치시켜야 했다. 즉 성사관습 논쟁은 성사관습 해석자와 청취자의 성사관습 사이에서 생기는 신과 신의 존재 근거에 대한 체험 현상의 격차에서 비롯되었다. 신과 신의 존재 근거에 대한 이런 체험 현상 격차는 신의 존엄성으로 귀결되었다. 성사관습 논쟁은 논쟁 참가자를 비롯하여 논쟁 관련자 모두에게 신의 존엄성을 주요 관심사로 만들었다. 성사관습 논쟁이 신의 존엄성에 대하여 관심을 갖게 된 것은 후기 성사관습 주석자나 주해자의 영향 때문이었을 가능성도 있다.

신의 존엄성은 주로 두 가지 방향에서 강조되었다. 물론 교회조직에서는 성사관습의 빵과 포도주가 크리스트의 살과 피로 변화된다는 언급에서부터 신은 존엄한 존재로 인식될 수 있다는 것이다. 12세기 이후 이런 성사관습도 정통론자 교회조직에 흡수될 수 있었다. 정통론자 교회조직에서는 빵과 포도주가 성사관습에서 크리스트의 살과 피로 변화된다고 지적했다. 성사관습의 본질은 성사관습을 신의 존재 근거와 체험 현상의 대립논리를 중화하여 타협논리로 전환했다. 이런 체험 현상의 타협논리는 크리스트의 피와 그 피에 대한 체험 징표의 의미로 구성되었다. 이런 맥락에서 성사관습에서도 크리스트의 피는 신의 존재 근거에 대한 체험 징표로서 타협논리 논거로 등장했다. 성사관습 논쟁에서 크리스트의 피는 신의 존재 근거에 대한 체험 징표로서 타협논리에 대하여 공통분모로 등장했고 신의 존재 근거에 대한 문헌의 확증 대상이었다. 이런 맥락에서 크리스트의 피는 곧 성자유골숭배관습과 다를 바 없었다. 구이베르는 성자유골숭배관습을 근거로 삼아 문헌의 확인 대상인물을 설정한 다음 숭배관습에 연계시켰다. 구이베르와 마찬가지로 라드베르트도 문헌으로부터 포도주가 크리스트의 피임을 확증하여, 크리스트의 체험 징표와 상징물에 연계시켜 일단 성사관습 논쟁에서 유리한 위치를 확보했다. 라드베르트는 피를 외형의 체험 징표라고 주장하며, 피의 체험 징표가 과거 사건인 성사관습을 문헌으로부터 확인할 수 있게 만든다는 것이다. 라드베르트는 크리스트의 피라는 상징물을 개인의 라틴어 해독력에 일치시켜, 신의 존재 근거에 대한 해석자와 청취자의 체험 현상을 체계 있게 설명하고 있다. 라드베르트는 성자유골숭배관습에서 성자유골을 신의 존재 근거에 대한 체험 징표로 활용하고 있는 것처럼, 신의 존재 근거인 성사관습도 크리스트의 피라는 상징물을 신의 존재 근거에 대한 체험 징표와 일치시켰다.

라드베르트는 성사관습의 포도주가 크리스트의 피가 되기 때문에 당연히 신의 존재 근거에 대한 체험 징표라고 주장하고 있다. 라드베르트는 성사관습의 포도주가 크리스트의 피가 된다는 신의 존재 근거에 대한 체험 징표에 대하여 성서의 신비를 도입했다. 즉 라드베르트는 신비를 활용하여 성사관습의 포도주와 크리스트의 피가 일치하는 과정을 성사관습의 전제로 설정한 다음 크리스트가 만물의 창조주라는 성서구절을 그 증거로 제시했다. 크리스트교 구성원이면 누구나 크리스트를 믿어야 한다. 그렇다면 모든 것을 변형시킨다는 크리스트의 능력을 믿어야 한다. 따라서 크리스트가 자연 현상과 반대되는 변화까지도 일으킬 수 있다는 크리스트의 능력을 믿어야 한다는 것이다. 라드베르트는 성사관습이 고정되어 있는 것이 아니고 신의 의지에 따라서 전달되는 것이기 때문에 성사관습을 실제로 신과 인간의 최소 결속 단위로 파악해야 한다고 강조하고 있다.

라드베르트는 성사관습이 신의 의지에 따라서 신과 인간을 결속해 준다는 맥락에서 크리스트의 피와 자연 현상의 조화가 불가능한 경우 성자와 개인의 인식작용이 서로 일치하지 않을 가능성이 있다 는 것이다. 라드베르트는 성사관습이 개인에게 전달되는 것 자체를 신의 의지에 따른 것으로 판단하여 성사관습 해석자나 청취자 개인의 인식작용도 신의 능력을 초월할 수 있다고 전제하고 있다. 라드베르트는 어떤 성자도 신의 의지를 외면하거나 신의 의지와 반대될 수 없다고 강조하고 있다. 라드베르트는 그래서 성사관습을 당연하게 해명해야 한다고 주장하고 있다. 라드베르트는 성사관습의 포도주가 신의 의지에 따라서 크리스트의 피로 변화되지만 이후에는 남아 있지 않게 된다는 것이다. 성사관습의 포도주가 크리스트의 피라는 존재로 남아 있게 된다는 지적에서부터 신의 존재 근거에 대한 문제는 제기되고 있다. 라드베르트는 성사관습과 신의 의지 관계를 해명하기 위하여 『구약성서』의 다음 구절을 인용하여 신의 존재 근거 전거로 제시했다. 즉 크리스트는 동정녀 마리아의 몸에서 태어났으며 십자가에 매달려 죽은 지 3일 만에 다시 부활하여 인간으로 환생했다.

라드베르트는 『구약성서』의 이 구절을 인용하여 크리스트의 죽음과 부활이라는 사건의 신비와 신의 존재 근거에 대한 체험 징표의 일치에 기적이 일어났다는 것을 신의 존재 근거의 증거로서 제시하고 기적이 자연의 섭리와 대치된다는 것이다. 이런 맥락에서 라드베르트는 크리스트의 죽음과 부활이라는 사건을 기적이라고 주장했다. 즉 크리스트의 죽음과 환생은 물론 사건 자체가 자연의 섭리와 대치되고 있으나 기적은 신의 섭리에 따라서 일어났고 이 기적이 이미 사건으로서 확증되었다고 강조하고 있다. 라드베르트는 성사관습 해석자와 청취자 역시 신의 의지에 따라서 신의 존재 근거를 확인하고 일치되어 결속했다고 강조하고 있다. 결국 라드베르트의 성사관습은 신의 의지가 기적 사건을 일어나게 함으로써 신의 존재 근거를 전달할 수 있다는 결론에 이르고 있다.

성사관습의 빵 역시 크리스트의 살이 인간을 구원하기 위하여 제물로 된 몸이라는 기적 사건으로 신의 존재 근거가 되었다. 제물이 된 크리스트의 몸은 신의 존재 근거에 대한 정통론자 교회조직의 완벽한 체험 징표이며 교회는 신의 구원이라는 신비를 완벽하게 발생시키는 장소인 것이다. 라드베르트는 신비가 그 이상으로 이 세상의 삼라만상에 확연하게 나타나지 않는다는 것이다. 따라서 신비는 크리스트의 기적 사건을 통해서만 확증 가능하며 신의 선택자라면 누구나 신의 존재 근거인 성사관습과 일치하게 된다는 것이다. 라드베르트는 살아있는 나무 사례로 지적하고 있다. 나무의 경우 나무의 생존능력이 재목에서는 생겨나지 않는 것처럼 오히려 성사관습이 어떤 보이지 않는 힘을 볼 수 있는 인간의 정신작용에서 신의 존재 근거에 대한 체험 현상으로 포착될 수 있다는 것이다. 이런 맥락에서 크리스트의 살은 신비를 작용케 만드는 영양분이 되며 정신작용으로 신앙을 확고하게 수용하게 된다는 것이다. 타당한 성사관습으로 변모한 성자 사건은 타당한 판단기준을 뛰어 넘어 정신작용에서도 신의 존재 근거에 대한 체험 현상으로 자리 잡게 된다는 것이다.

그러나 신의 율법이 자연 법칙이 아니라고 가정한다면 과연 어떤 율법이 신의 율법이겠는 가 문제를 라드베르트는 다시 제기했다. 라드베르트는 초대 교부시대부터 지켜오던 두 가지 성사관습 율법을 상기하면서 성사관습 문제를 제 3장에서 다시 해명했다. 라드베르트는 성사관습이 인간을 구원하는 표준으로서 신앙을 전달하고 있으므로 시각보다는 감각으로 신의 존재 근거에 대한 체험 현상을 파악하게 되어 있다는 것이다. 정신작용으로 성사관습에서 신의 존재 근거를 파악할 수 있기 때문에 성사관습 자체가 신비 발원지라는 것이다. 신은 인간의 정신작용에 변화를 일으키거나, 신의 존재 근거에 대한 다른 체험 현상을 발생하게 된다는 것이다. 이런 맥락에서 신의 권능은 성자의 마음을 신에게로 향하게 하여 시각작용보다는 정신작용으로 암시 받게 하는 것과 같다는 것이다.

그런데도 성사관습은 법률상 계약관습과 같은 효력을 발휘하고 있으므로 법률처럼 인식할 수도 있다는 것이다. 법률상 계약이란 두 당사자가 서로 합의한 이후 서로 합의내용을 확인하여 명시한 것을 나타내기 때문에 성사관습 역시 법률상 계약이나 구두 계약 의미를 지닌다는 것이다. 어쨌든 신앙심은 신에 따라서 인간의 시각에 나타나지 않더라도 신이나 숭배대상으로부터 생겨나고 있다. 이런 맥락에서 신앙심은 외부로부터 성사관습을 전달하는 계약자의 목소리 현상을 시각이나 청각 작용을 거쳐 전혀 다르게 나타날 수도 있다는 것이다. 바로 여기서는 성사관습이 그리스어 신비와 라틴어 계약 의미를 지니게 된다는 것이다.

특히, 성사관습이라는 라틴어 계약은 신을 정신작용에 일치시켜 목소리를 신의 존재 근거에 대한 체험 현상으로 활용하게 된다는 것이다. 그래서 라틴어 성사관습은 언제나 성서에서 발원했다고 라드베르트는 지적하고 있다. 또한 신의 권능도 신의 존재 근거가 아니라 라틴어 해독력이라는 결론에 이르고 있다. 그렇다면, 성사관습이 신의 존재 근거에 대한 체험 표상인가 아니면 타당한 성사관습인가라는 문제를 라드베르트는 제기했다. 우선, 성서에서는 성사관습의 빵과 포도주가 있는 그대로 크리스트의 살과 피에 불과하다고 언급했다. 그런데도 성사관습의 빵과 포도주는 신비를 지니고 있다는 것이다. 다음으로 성사관습의 빵과 포도주가 신비를 지니게 된 데에는 신의 존재 근거와 성사관습이 일치하기 때문에 성사관습의 빵과 포도주가 신의 존재 근거에 대한 체험 표상임이 분명하다는 것이다. 즉 성사관습의 빵과 포도주는 크리스트의 존재에 대한 체험 표상임을 암시한다는 것이다.

그런데 성사관습의 빵과 포도주가 크리스트의 존재에 대한 체험 표상이라면, 반드시 크리스트도 특정한 존재 근거로서 체험의 형상을 지니게 된다는 것이다. 그렇다면 과연 크리스트의 체험 형상이 성사관습의 빵과 포도주임을 어떻게 확증할 수 있겠는가라는 문제를 라드베르트는 제기했다. 이 문제에 접근한 라드베르트의 결론이 만족스럽지 못한 것은 사실이나, 자기를 공격하던 비판자 논리에 근거를 제시하면서 자기 논리를 옹호했다는 점을 간과할 수는 없다. 즉, '모든 존재 근거에 대한 체험 형상은 그 존재의 체험 표상을 지니고 있기 때문에 시각작용이 아닌 성사관습의 표현을 참조하도록 만드는 체험 현상에 대하여 표지가 된다고 지적한 부분을 중시해야 할 것이다. 물론, 어떤 존재에 대한 체험 형상이든 그 체험 형상은 실제의 존재에 대하여 감각작용으로 신의 존재 근거에 대한 체험 표지에 불과한 경우를 지적했다. 크리스트와 관련된 체험 현상이나 그 존재 근거와 사건은 표지와 형상으로 전달되고 있다. 이런 맥락에서 성사관습의 빵과 포도주도 사건 그대로를 전달하는 표지의 형상에 가깝기 때문에, 허상이 될 수는 없다는 것이다.

성사관습의 빵과 포도주가 신의 존재 근거에 대한 체험 형상을 상실하게 되는 경우 시각작용으로 인식할 수 있는 성사관습의 빵과 포도주가 지각작용으로 신의 존재 근거가 되어 크리스트의 살과 피로 전달되어 하나의 모습을 지닌다는 것이다. 성사관습의 빵과 포도주는 크리스트의 피와 살이라는 신앙심의 존재 근거를 만들기 때문에 성사관습 자체가 사건이라는 것이다. 따라서 성사관습의 특정한 사건은 성직자 역할을 통하여 신의 존재 근거와 관련된 크리스트의 사건을 회상시키기에 충분하다는 것이다. 성사관습의 빵과 포도주는 크리스트와 관련된 사건의 체험 현상을 보여주는 것이 아니라, 외부 사건으로부터 신의 존재 근거에 대한 체험 형상을 파악하게 된다는 것이다. 성사관습의 빵과 포도주는 신의 존재 근거에 대한 체험 현상을 기정사실로 만들고 있다. 성사관습의 빵과 포도주도 사건 그 자체를 신의 존재 근거로 파악하여 저작물의 전거로 확증하고 있다. 따라서 성사관습의 빵과 포도주는 신의 존재 근거에 대한 특정한 사건의 체험 표상이나 징표가 될 수 있었다. 거기다 성서는 신의 존재 근거에 대한 수많은 체험 표상 사례를 제시하고 있다. 성서의 사례는 사도 바오로가 신의 의지와 신의 존재 근거에 대한 체험 표상을 언급한 사례에서도 지적될 수 있다. 여기서 사도 바오로는 신의 존재 근거에 대한 체험 표상이나 표지가 성사관습의 근거임을 강조하고 있다. 신의 존재 근거에 대한 체험 표상이나 표지는 성사관습에 근거하고 있는 반면 애매한 면이 없는 타당한 성사관습은 신의 존재 근거에서 비롯된다는 것이다.

라드베르트는 다음 장에서 신학동아리의 성사관습 개요를 나름대로 크리스트와 관련된 사건이라고 파악하여 처리하고 있다. 성사관습의 핵심이 크리스트와 관련된 사건이라는 라드베르트의 개요를 간략하게 지적하면 다음과 같다. 즉 라드베르트는 성사관습 명칭까지도 크리스트와 관련된 사건으로 파악하여 신의 존재 근거에 대한 체험 형상을 물질 형태로 표현했다는 것이다. 라드베르트는 성사관습이 크리스트와 관련된 사건이나 신의 존재 근거에 대한 명칭이기 때문에 크리스트교동아리에 결속력을 부여할 수 있을 것으로 가상했던 생각을 편지글에까지 연계시키고 있다. 라드베르트는 생각으로 결속할 수 있는 부류의 무식자 청중과 편지로 결속할 수 있는 부류의 라틴어 해독자 청중을 염두에 두고 있다. 라드베르트는 이 두 부류의 청중에 대하여 조화를 찾아내는 것을 결속이라고 지적했다.

라드베르트는 또한 두 부류의 청중은 즉석에서 성사관습이나 글자의 존재를 수용하여 결속하는 것으로 파악했다. 이 두 부류의 청중을 아무런 마찰 없이 결속하기 위해서는 신의 존재 근거와 신의 존재 근거에 대한 체험 현상 사이에서 조화를 찾아내야 한다는 것이다. 그런데도 라드베르트는 성사관습으로부터 야기되는 신의 존재 근거에 대한 모순점과 오류를 파악하지 못하고 있다. 그렇다면 라드베르트가 성사관습으로부터 야기되는 신의 존재 근거에 대한 모순점과 오류를 과연 파악하지 못하고 있었는가 문제와 그렇지 않고 파악했다면, 왜 신의 존재 근거에 대한 모순점과 오류를 묵인했는가 문제가 제기될 수 있을 것이다. 여기서는 이 문제를 검토하기 위하여 간략하게나마 『피에 관하여』에 나타난 라드베르트의 분석내용을 살펴보고자 한다.

라드베르트의 분석내용이 나오게 된 배경에는 9세기 유럽세계에서 발생한 복잡한 이단자동아리 출현 사건이 얽혀 있었음을 지적하지 않을 수 없다. 거기다 장차 지배자 사회에까지 성서 인문주의 영향이 파급될 중세 유럽세계 변화를 예시해 두어야 할 것이다. 우선 코르비 수도원의 수도자 신학동아리는 성사관습으로부터 신의 존재 근거에 대한 모순과 오류를 찾아내기에 이르렀고 그 이면에는 코르비 수도자 동아리에서의 교육 부활이라는 9세기 유럽세계 변화를 간과할 수 없다. 당시 라드베르트는 코르비 수도자동아리 좌장이었다. 라드베르트는 841년부터 863년까지 코르비 수도자동아리 좌장으로서 카롤루스 막뉴스의 요청으로 작센종족왕 영지에서 라틴어를 가르치고 있었다.

카롤루스 막뉴스는 프랑크종족왕 영지와 작센종족왕 영지의 평화 정착 의도에서 라틴어 교사를 갖추고 있던 코르비 수도원이 자리잡고 있던 작센종족왕 영지로 군대까지 이동시키고 라드베르트로 하여금 작센종족왕 영지에서 라틴어를 가르치도록 조처했다. 코르비 수도원에서 작센종족왕 영지의 군대는 박식한 스승인 라드베르트로부터 라틴어와 함께 성사관습을 배웠다. 당시 코르비 영지는 평화가 정착되지 않는 불안정한 영지였다. 그런데도 라드베르트는 코르비 영지에다 수녀원까지 창건하며 카롤루스 막뉴스의 정복활동을 돕고 있었다. 라드베르트가 카롤루스 막뉴스를 돕고 있었던 것은 수도원을 창건하겠다는 꿈을 이루기 위한 것이었다. 그래서 라드베르트는 자기의 동료 수도자인 바라(+836)의 협력으로 카롤루스 막뉴스의 황제 영지 파더보른에서 가까운 수도원으로 822년 옮겨갔다. 당시 라드베르트는 파더보른 황제 영지에서 대략 251km 정도 떨어진 베저강 유역이 수도원을 창건하기에 적당한 지역이라고 판단했던 것 같다. 826년 당시 코르비 수도자동아리 좌장은 바린(975~985)이었고 바린은 작센종족왕과 프랑크종족왕의 입장을 서로 조율하고 있었다.

당시 라드베르트는 성사관습 논쟁이 가열되고 있던 코르비 수도원으로 다시 와서 코르비 전임 수도자동아리 좌장인 『바라의 전기』를 저작했다. 그래서 라드베르트는 『피에 관하여』와 『피와 신앙, 그리고 기도에 관하여』를 저술하여 수도자동아리 좌장 바린에게 헌정했다. 당시 라드베르트의 이런 저작물을 비판하던 수도자는 코르비 수도원의 수도자 프레두가르드였다. 라드베르트는 코르비에다 수도원까지 창건했다. 수도원 창건과 함께 라드베르트의 저작물 『피에 관하여』는 시대 흐름을 간파한 역작으로 인식되기 시작했다. 라드베르트의 『피에 관하여』는 밀라노관구 보호성자 암브로시우스와 아우구스티누스의 『성사관습에 관하여』를 수용하여 초대 교부시대 이후 신학동아리의 이론 골격을 이루어 온 성사관습의 전체 명제를 제시했다. 라드베르트의 『피에 관하여』는 앵글로색슨계인 요오크의 대주교인 알쿠인(730?~804)이 추진하던 교회개혁 영향으로 라틴어 해독력의 중요성을 인식시키고 있다. 특히 라드베르트는 라틴어 해독력을 무식자와 수도자 학문동아리의 성사관습을 확연하게 구분하는 근거로 활용했다

라드베르트는 『피에 관하여』 제 12권의 서문 『마태복음』의 교리를 무식자와 수도자 학문동아리의 차이점으로 제시했다. 거기다 『피에 관해서』는 830년 경 프랑크종족왕 영지에 일어났던 성사관습 문제 때문에 출현했던 이단자동아리 출현 사건을 언급하고 있다. 당시 수도자는 자기네가 지고의 정성을 다하여 기도를 드려야 하기 때문에 성사관습 논쟁을 종결지으라고 라드베르트에게 요구하고 있었다. 당시 『마태복음』이 세상 사람들의 소문 거리가 되고 있었던 터라 라드

베르트도 사람들의 입에서 『마태복음』이 오르내리는 것을 막아야 한다는 것이었다. 이것은 라틴어 해독력을 갖추지 못한 청중을 의식한 데에서 비롯되었을 것이다. 라드베르트는 교육을 받지 못한 청중을 의식한 탓인지 겸손한 자세로 장황한 구실거리를 늘어놓으면서 베르기르(+BC 19)의 꽃 뭉치를 활용하여 청중의 주의를 집중시키고 있다. 라드베르트는 인간이면 누구나 지닐 수 있는 타당한 판단기준의 한계를 지적하며 인간에게 무지는 천박하며, 무지 때문에 신의 존재 근거에 대한 오류에 빠져 쉽게 기만당할 수도 있다고 역설했다. 게다가 라드베르트는 정신이 혼란하면 천박한 신앙을 칭송하게 되지만 판단기준이 제대로 서지 못하면 그 이유를 신앙의 힘으로 다시 찾아낼 수 있다는 것이다. 라드베르트는 신앙의 힘을 입증하기 위하여 안셀름의 『성사론』을 원용하고 있다. 라드베르트가 안셀름의 『성사론』을 원용했다는 것은 지극히 당연하게 인식할 수 있다.

『성체에 관하여』의 3권 서문은 최초로 개작물을 출간한 이후 집필된 것 같다. 제3권 서문에서 라드베르트는 이전의 성사관습에 대해서는 아무런 언급도 없이 기존 성사관습을 명확하게 거부하고 있다. 여기서 라드베르트는 초대 교부시대 성사관습을 거부하고 자기의 성사관습을 제시하고 있다. 라드베르트는 우리가 부적절한 성사관습 때문에 신의 존재 근거에 대한 모순에 빠지게 되었다고 다음과 같이 지적하고 있다. 즉, '허황한 성사관습은 투박한데다 무식한 냄새까지 물씬하게 풍기고 있다.' 라드베르트의 이런 지적은 기존 성사관습 해석자가 '비극의 찬미가'나 고전시대 학문동아리의 시구도 모르고 있는 데서 기인하는 것으로 판단했다. 라드베르트는 고전시대 학문동아리의 성사관습을 단호하게 비판했지만 신학동아리의 성사관습이 세속인 철학동아리에까지 파급되어야 한다는 견해까지는 일단 유보하고 있다.

라드베르트는 신의 존재 근거를 대비물로 활용하는 성사관습이 이교도나 크리스트교도에게만 있었던 것이 아니고 이미 고전시대 학문동아리 사이에서도 침잠해 있었다는 것이다. 고전시대 학문동아리가 신의 존재 근거를 대비물로 활용하여 신의 존재 근거를 추적했던 사례가 바로 성서라는 것이다. 즉, 성서의 신이 일반 독자에게 너무나 복잡하여 신의 존재 근거를 정확하게 파악하기 위해서는 해설이 필요하다는 것이다. 라드베르트는 성서에 담겨있는 성사관습의 표상이 관습으로 전달되어 신에 대한 풍미함을 일반 독자에게 전달하는 데에는 수도자 학문동아리의 역할이 필요하다고 부언하고 있다. 라드베르트의 이런 의도는 성사관습 서술에도 라틴어 해독력의 중요함을 알리고 성사관습을 청각으로 전달받는 청중을 계몽해야 한다는 의미를 담고 있다.

라드베르트는 애매한 성사관습이라 하더라도 빈약한 종족언어 표현관습으로 표현하면 청중이 알아차릴 수도 있다는 것이다. 신의 존재 근거를 파악하려는 인간의 정신작용은 어둠 속에서 돛배가 바람소리를 듣고 돛을 올려 앞으로 나아가는 것과 같으며 신의 존재 근거를 파악하려면 정신의 귀를 더욱 크게 열게 해야 한다는 것이다. 여기서 라드베르트는 『복음서』와 라틴어 해독력으로 전달되는 신의 존재 근거가 바로 성사관습이라는 것이다. 신의 존재 근거에 대한 설교는 붓이나 갈대 꽃으로 신의 존재 근거를 인간의 모습으로 그리는 것이 아니라, 거룩한 신의 존재 근거인 신의 말씀을 타당한 판단기준으로 합당하게 파악하여 완벽한 표준인간으로 표현한다는 것이다. 신의 존재 근거에 대한 설교는 성서의 성사관습을 활용하여 신의 존재 모습이 바로 표준인간이 된다고 강조하고 있다. 따라서 『복음서』는 신의 존재 근거를 대비물을 활용하여 표현하고 있으므로 라틴어 해독력을 갖추지 못한 사람 역시 신의 존재 근거를 알지 못하게 되어 있다는 것이다.

『복음서』는 인간의 정신을 꿰뚫고 있는 것처럼 느끼게 함으로 신을 발원케 하는 빛인 것이다. 신의 존재 근거는 대비물을 활용하여 신을 믿는 사람에게 표준인간 모습으로 전달되기 마련인 것이다. 라드베르트는 신학동아리의 지식 원리를 교육을 받고 터득한 성사관습이 유년기든 청년기든 거의 인간이 신의 문하에 입문하는 것과 같다는 것이다. 이런 맥락에서 인간은 성사관습으로서 신의 문하에 입문하고 성사관습을 거치면서 신의 존재 근거에 대한 고전시대 학문동아리의 과오를 씻어내게 된다는 것이다. 성사관습은 입문자로 하여금 신의 존재 근거에 대한 고전시대 학문동아리의 과오를 씻도록 도와주는 도구라는 것이다. 『복음서』는 신의 권능을 담고 있으나 무식자가 인식할 수 없을 정도의 신비를 내포하지 않았다는 것이다. 무식자도 각자의 표준에 알맞게 『복음서』에 담긴 신의 존재 근거를 파악하면 신의 권능을 평가할 수 있게 된다는 것이다. 라드베르트는 신의 권능에 대한 가치 평가의 전제를 라틴어 해독자가 일반 사람에게 파급시킬 수 있는 신의 존재 근거에 대한 공감대라고 지적하며 무식자와 라틴어 해독자를 구분했다. 라드베르트는 또한 성사관습을 활용하여 신의 권능을 입증하고 신의 권능에 대한 증거로서 『복음서』를 제시하고 있다.

어쨌든, 라드베르트의 『성사론』이 신의 존재 근거를 증명하는 것과 관련하여 중세 연구자의 관심을 끌었던 것도 사실이다. 여기서도 유럽세계의 인문주의는 신의 존재 근거에 대한 증명에서 출발했다. 라드베르트의 『성사론』은 신의 존재 근거에 대한 증명의 출발점이었다. 신의 존재 근거에 대한 증명은 인식논리의 전제로서 과거와 관련되지 않은 소리나 글자의 대비물을 활용하여 존재를 확인했다. 즉, 신의 존재 근거에 대한 증명은 신이 존재하고 있다는 성사관습으로부터 출발했다. 실제로 라드베르트의 『성사론』은 신의 존재 근거가 현실체로 존재한다는 것이 아니라, 신이 존재한다는 이론이었다. 이런 맥락에서 라드베르트의 『성사론』은 초대 교부시대 성사관습이 상당히 과장되어 있다고 판단하여 초대 교부시대 성사관습을 종합하거나 재생하지 않았다. 라드베르트의 『성사론』은 그런데도 초대 교부시대 성사관습이 10세기 유럽세계의 지식 풍토에 도입될 가능성을 이미 예측하고 라틴어 해독력으로 전달되던 신의 존재 근거가 성사관습을 거치면서 무식자관습으로 입증된다는 것을 부인하지 않았다. 이런 맥락에서 라드베르트의 『성사론』은 성사관습을 활용하여 신의 존재 근거를 체험영역으로 끌어들이고 신학동아리의 지식 원리에 정당함을 부여했다.

라드베르트는 성사관습을 체험영역으로 파악했다. 『성사론』은 성서에 대한 분석이나 설명이라기보다 성사관습을 무식자와 라틴어 해독자 모두의 문화 발원지로 파악했다. 라드베르트가 성사관습을 무식자와 라틴어 해독자 모두의 문화 발원지로 파악한 것은 성사관습을 무식자와 라틴어 해독자의 체험 영역으로 파악한 결과인 것이다. 라드베르트는 라틴어 해독자가 성사관습을 라틴어 해독력으로 파악해야 성사관습을 그대로 유지할 수 있다는 전제를 설정하고 있다. 그런데도 라드베르트는 신의 존재 근거에 대한 신학동아리의 체험 논리를 수용하여 성사관습을 크리스트와 관련된 사건으로 인식했다. 신학동아리의 체험 논리와 같은 성사관습을 견지하려면 라드베르트 역시 철학동아리의 성사관습을 배제하고 초대 교부시대 성사관습을 강조하지 않을 수 없었을 것이다. 라드베르트는 실제로 성사관습을 신의 존재 근거라는 사슬에서 벗어나 라틴어 해독력을 활용하여 초대 교부시대 성사관습을 재생한 다음 종족언어 관습에 근거하여 접근했다. 라드베르트의 성사관습은 초대 교부시대 성사관습을 라틴어 해독력의 사슬에 얽어매면 성사관습과 신의 존재 근거와의 관계를 종족언어 관습으로 전달할 수 있다는 전제를 내포했다. 라드베르트의 이런 두 가지 입장은 『피에 관하여』에서 명확하게 입증되고 있다. 우선 라드베르트는 성사관습에 대하여 경외심을 나타내면서도 성사관습을 소재의 관점에서 파악했다.

라드베르트는 성사관습을 신의 존재 근거에 관련 지어 문화로서 전문 지식 발원지에 일치시키고 성사관습을 사건이라는 전문 지식에 근거하여 정당화했다. 라드베르트는 만물의 창조 과정에 대한 해명이라기보다는 타당한 성사관습과 신의 존재 근거에 대한 체험 표상이라는 두 가지 측면에서 성사관습에 접근했다. 라드베르트는 신의 존재 근거를 타당한 성사관습에서 찾아내고 있다. 그래서 라드베르트의 성사관습은 크리스트와 관련된 사건이 신의 존재 근거에 대한 체험 형태로 잠재하고 있다는 것이다. 라드베르트의 성사관습은 신의 존재 근거에 대한 체험 표상과 체험 표지가 크리스트와 관련된 표식이나 징표를 내포하고 있다는 것이다. 따라서 라드베르트의 성사관습은 성직자의 구두계약으로 전달되기 때문에 인간의 불안정한 심리작용이 불안정하기 마련이라는 것이다. 이런 맥락에서 성사관습은 절차와 형식으로 짜 맞추어진 라틴어 해독력과 체험에 일치해야 한다는 취지에서 새로운 성사관습을 일단 배제하고 있다.

여기서 라드베르트는 성사관습에 대하여 두 갈래 입장을 견지하고 있다. 즉, 라드베르트는 일단 감각작용으로 성사관습을 받아들여 자연 질서의 반대 개념인 신의 의지로 인식해야 함으로 성사관습 자체가 신의 의지에 부합되는 이유를 터득해야 된다는 훈계까지 첨가하고 있다. 그런데도 라드베르트는 영지구성원에게 라틴어 해독력으로 전달되는 성사관습이 감각작용, 정신작용, 다시 저작물의 순서로 전환한다고 지적하고 성서로 파악하게 되는 어린 아이의 성사관습 역시 대단히 복잡하다는 사례를 지적하고 있다.

우선 어린아이는 글자라는 부호와 그 의미를 파악한 상대방인 라틴어 해독자의 성사관습을 전달받게 되고, 다음으로 정신작용으로 성사관습을 인식하게 된다는 것이다. 인간은 누구나 어린아이처럼 성서로부터 크리스트가 사람임을 알게 된 다음, 다시 크리스트가 신의 아들임을 알게 된다는 것이다. 그리고 성사관습이 신의 존재 근거임과 동시에 일개의 사람인 크리스트를 신의 존재 근거에 대한 체험 표상이나 징표로 전달하게 된다는 것이다. 성사관습은 교육과정의 시각과 청각작용으로 신의 존재 근거에 대한 체험 표상과 표지를 전달하여 신의 존재 근거를 알게 한 다음 사람으로 하여금 행동하도록 작용한다는 것이다.

라트베르트의 성사관습은 라틴어 해독력의 대비물을 암부로시우스에게서 찾아내고 있다. 암브로시우스의 성사관습은 라틴어 해독력의 대비물을 활용하여 신의 존재 근거에 대한 체험 표상이나 표지를 암시하며 물질과 정신작용으로 넓혀갔다. 세비예의 이시도르(+636)는 암브로시우스의 성사관습을 원용하지 않았으나 신의 존재 근거에 대한 체험 징표를 라틴어 해독력에 일치시킨 아우구스티누스의 『성사론』

을 수용했다. 그런데도 라드베르트의 성사관습은 이시도르의 이런 성사관습을 수용하여 신의 존재 근거를 수용했다. 라드베르트의 성사관습은 라틴어 해독력의 대비물을 활용하여 신의 존재 근거에 대한 체험 징표가 생성된다고 분석했던 아우구스티누스나 이시도르의 성사관습, 특히 이시도르의 『어원학』 제6책 『의무론』이라는 표제에서 활용했던 성사관습을 수용하고 있다. 『의무론』의 표제 아래 이시도르는 그리스인과 유대인의 성사관습을 크리스트교동아리의 성사관습과 비교한 다음 제사나 성사관습이 신의 존재 근거를 전달하고 있는 점이 서로 유사하다는 전제에서 성사관습 역시 미사나 기도로서 신비 발원지가 된다고 이미 지적해 두었다.

이시도르의 신비는 이런 맥락에서 크리스트의 살과 피가 물질이지만 신비를 전달함으로 시각작용으로 인식되지 않고, 신의 권능으로 신의 존재 근거를 인간이 인식케 한다는 것이다. 이런 맥락에서 이시도르의 성사관습 역시 아우구스티누스의 성사관습을 그대로 반복하며 성사관습의 물질이면 신비를 발원케 한다는 점을 암시하고 있다. 라드베르트의 성사관습 역시 이시도르의 이런 성사관습을 반복하며 신의 존재 근거에 대한 체험 징표, 표상, 표지를 시각작용의 물질이라는 점을 강조하고 있다. 라드베르트는 성사관습을 시각작용으로도 파악할 수 있으나 시각작용으로 인식할 수 있는 것과 시각작용으로 인식할 수 없는 것을 구분하지 않고, 신의 존재 근거까지 지식으로 파악했다. 그런데도 라트베르트의 성사관습은 11세기 유럽세계 영지구성원에게 아무런 부담 없이 수용되어 11세기 유럽세계 종교동아리의 특징으로 자리 잡게 되었다는 점에서 영지구성원의 문화 발원지가 수도자 신학동아리의 성사관습임을 반증하고 있다. 물론 영지구성원

중에는 성사관습의 대비물도 고려하지 않고 수도자 학문동아리의 성사관습을 밀어버리고 교회조직을 이탈하는 사례도 나타났다.

영지구성원은 성사관습으로부터 무형의 신비를 느끼고 점차 자기와 동떨어진 신비를 명상하며 오히려 신비 속으로 빠져들었다. 수도자 신학동아리의 성사관습 논쟁은 성사관습 전달자와 청취자의 현상을 나타내는 동의어로 변모했다. 일단 『성체에 관하여』에 나타난 현상을 분석하면 성사관습 논쟁은 기록물의 성사관습에 담긴 신의 존재 근거에 대한 지식을 활용하고 있었다. 『성체에 관하여』는 복잡할 정도까지 새로운 성사관습에 대하여 문제를 제기했으나 당시부터 흔히 유통되던 성사관습에 관한 주해 모음집은 더 이상 거의 나타나지 않았다. 이 시대를 분기점으로 하여 성사관습은 신의 존재 근거를 활용하고 있다. 성사관습을 해석하는 경우 초대 교부시대 성사관습과 함께 라드베르트의 성사관습을 수용하거나, 아니면 라드베르트의 입장을 반대하는 논리를 선택하고 있었다. 라드베르트의 성사관습을 처음으로 비판한 인물은 역시 코르비 수도원의 수도자인 라트람이었다.

라트람은 859년경 『성체와 징표에 관하여』를 저작했다. 라트람은 『크리스트의 성체와 징표에 관하여』를 라드베르트의 경우처럼 샤를 대머리왕(840~877)에게 헌정했고 카를 대머리왕 역시 서로 반대되는 두 가지 성사관습에 접하게 되었다. 두 가지 성사관습은 우선 성사관습의 빵과 포도주가 특정한 사건 의미를 지니고 있기 때문에 크리스트의 몸과 피라고 인식할 수 있는가 문제를 제기했다. 다음으로 성사관습의 신비가 타당한 성사관습의 빵과 포도주를 크리스트의 몸과 피로 인식시키게 만드는 가 문제를 제기했다. 라트람은 두 가지 성사관습 문제에 대하여 일언지하에 그렇게 될 수 없다고 단언했다.

라트람은 특히 두 번째로 언급한 성사관습을 명쾌하게 두 가지로 대답하고 있다. 라트람은 라드베르트의 성사관습 자체가 크리스트와 관련된 사건이라는 지적에 대하여 동의하지 않았다. 그리고 라트람은 라드베르트의 성사관습에 활용된 암브로시우스와 아우구스티누스의 성사관습, 즉 정신작용을 거치면서 전달자와 청취자의 성사관습 차이를 나타내게 된다는 주장에 대하여 성사관습을 크리스트와 관련된 사건으로 파악한 것 자체가 틀렸다고 지적했다. 라드베르트의 성사관습은 개체를 찾아내는 데서부터 출발하고 있다. 그러나 라트람은 성사관습을 언제나 시각의 인식작용으로 확증할 수 있는 사건으로 파악하면서, 크리스트와 관련된 사건의 전거를 제시했다. 라트람의 성사관습은 시각작용으로 파악할 수 있는 신의 존재 근거를 활용하여 접근했다.

그런데도 라트람은 성사관습을 감각작용으로 파악할 수 있다는 점을 부인하지 않고 성사관습이 문법관습과 라틴어 해독력의 대비물을 활용해도 신의 존재 근거를 전달할 수 있다는 취지에서 신의 존재 근거인 성사관습을 라틴어 해독력의 대비물에 일치시켜 지식으로 파악한 나머지 성사관습의 신비를 축소했다. 라트람의 성사관습은 초대교부시대 성서에 대한 주해 모음집에 근거했다. 라트람의 『성체에 관하여』가 2세기 정도 지난 이후에 나타났더라면, 아마 라트람의 성사관습이 아무런 비판 없이 함몰되었을 가능성도 있다. 어쨌든, 라트람의 성사관습은 빵과 포도주가 신의 존재 근거에 대한 체험 표상이나 사건의미에 대하여 타당한 증거가 될 수 있었는지에 관심을 갖고 있었다. 라트람의 성사관습은 라드베르트가 활용했던 아우구스티누스와 암보로시우스의 『성사관습에 관하여』에 대하여, 즉 성사관습을 크리스트와 관련된 사건으로 파악한 나머지 성사관습을 지나치게 확대했다는 문제를 제기했다. 라트람의 이런 성사관습 비판과 다르게 아우구스티누스는 실제로 신의 존재 근거에 대한 체험 표상과 타당한 성사관습을 엄격하게 구분했으나 라트람은 신의 존재 근거에 대한 체험 표상을 가지고는 실제 성사관습을 인식할 수 없고 성사관습 이면에 신의 존재 근거에 대한 체험 표상이 숨겨져 있다는 것이다.

성사관습을 가지고 신의 존재 근거를 언급하는 경우에도 신의 존재 근거에 대한 체험 표상이 성사관습 이면에 숨겨져 있다는 것이다. 이런 맥락에서 신의 존재 근거에 대한 체험 표상인 빵과 포도주를 가지고 신의 존재 근거를 지적한다면 성사관습의 빵이란 구세주의 기도에 들어 있는 빵을 지칭하는 것이며, 크리스트 자신이 『요한복음』 6:22의 성사관습에 관한 지적에서 '나는 하늘에서 내려 보낸 살아있는 빵이다' 라고 언급하여 성사관습의 빵이 곧 크리스트의 살이 된다는 것이다. 이런 맥락에서 성사관습의 빵은 신의 존재 근거와 전혀 다르며 타당한 성사관습의 빵은 구름이나 그림자처럼 신의 존재 근거에 대한 체험 표상 이면에다 신의 존재 근거를 가리 우고 있는 것이 아니라, 특정한 신의 존재에다 인간이 부여한 명칭이 신의 존재 근거에 대한 체험 표상을 대신하게 된다는 것이다. 라트람은 그 사례로서 크리스트의 출생과 십자가에 못 박혀 죽은 채로 매달려 있는 크리스트의 모습, 크리스트의 부활 내지 환생과 같은 실제 사건까지도 신의 존재 근거에 대한 체험 표상을 남겨 놓지 않았다는 것을 지적하고 있다. 이처럼 실제 성사관습으로서 신의 존재 근거에 대한 체험 표상을 파악하게 된다는 것이다. 즉, 실제 성사관습에 크리스트 모습은 없으나, 성사관습을 통하여 실제 크리스트 모습을 파악할 수 있다는 것이다. 크리스트 모습을 일상에서 인식할 수 없으나 소리로 듣고 성사관습으로써 인식할 수 있다는 것이다. 성사관습에는 크리스트가 '있었던 그대로의 표지'가 남아 있지 않으나 성사관습을 사건으로 인식하는 경우, 믿는 자의 마음에서 크리스트 모습을 회상하여 인식하기 때문에 실제 성사관습과는 전혀 다르다는 것이다. 따라서 성사관습은 색깔, 맛, 느낌을 외부로부터 전달받는 존재와 전혀 다를 수밖에 없기 때문에 신의 존재 근거에 대한 체험 표상을 라틴어 해독력의 대비물로 전달하게 된다는 것이다.

라트람은 있는 그대로의 크리스트 모습을 부인하지 않았고 크리스트의 모습을 확증하는 것까지도 부인하지 않았다. 성사관습은 신의 존재 근거에 대한 모든 체험 표상을 지니게 되므로 별다른 신비를 필요치 않게 된다는 것이다. 라트람의 성사관습은 신비의 변형을 부인하고 신비 변형이 있을 수 있다면, 크리스트의 본래 모습 자체가 존재하지 않게 된다는 것이다. 라트람의 성사관습은 신비의 변화 가능성을 부인하고 라틴어 해독력의 대비물이 신의 존재 근거가 되어 인식 불가능한 신비를 전달받게 된다는 것이다. 성사관습의 빵과 포도주는 외연에 불과하나 정신작용으로 크리스트의 살과 피로 변화된다는 것이다. 성사관습의 빵과 포도주는 변화되지 않으나 그대로 신의 존재 근거가 되며 두 가지가 아니라 하나의 존재 근거로 변모하여 육체의 감각작용으로 크리스트의 몸과 피라는 신비와 일치하게 된다는 것이다. 따라서 영지구성원은 성사관습의 빵과 포도주가 신의 존재 근거에 대한 체험 징표가 되어 크리스트 모습을 재현하게 된다는 것이다. 라드베르트는 성사관습의 빵과 포도주가 신의 존재 근거에 대한 체험 징표가 되어 사라지지 않고 영지구성원에게 성자로서 영생을 받아들이게 된다는 것이다.

여기서는 이제 라드베르트와 라트람의 『성사관습에 관하여』의 특정한 장을 타당한 성사관습과 관련 지워 분석하게 되었다. 라드베르트와 라트람의 성사관습은 어떤 측면에서 보더라도 유럽세계 인문주의 전통에서 빼놓을 수 없는 문헌 실증주의나 인식론을 출현시키는데 일익을 담당했음을 부인할 수 없다. 여기서는 라드베르트와 라트람의 성사관습을 신의 존재 근거에 대한 수용자의 격차에 근거하여 검토하는 것도 중요한 의미를 지닐 것이다. 라드베르트의 성사관습은 성사의 빵과 포도주가 크리스트의 살과 피로 인식되는 것을 인간의 의지에서 찾아내고 있다. 인간의 의지에 따라서 성사관습의 빵과 포도주가 크리스트의 살과 피로 인식된다는 성서에 근거했다. 그러나 라트람의 성사관습은 라틴어 해독력과 분리될 수 없다는 취지에서 성사관습의 빵과 포도주가 크리스트의 모습에 대한 회상 근거가 되고 문법관습이나 신의 존재 근거에 일치해야 영지구성원에게 전달될 수 있다는 것이다. 이런 맥락에서 라트람의 성사관습은 신의 존재 근거에 대한 체험 표지, 문법관습, 라틴어 해독력 등을 응용하여 신비의 대비물을 전달받게 된다는 것이다.

라르베르트의 성사관습은 크리스트의 사건에 연계하여 체험의 역사에 관련 지우고 있다. 그런데도 라드베르트와 라트람의 성사관습 차이는 신의 존재 근거에 대한 체험 표상과 타당한 성사관습에 접근하는 과정에서 드러났다. 라트람은 타당한 성사관습과 크리스트의 사건에 대한 체험 표상의 구분 요인이 신의 존재 근거 존재에서 파생된다는 취지에서 타당한 성사관습의 빵과 포도주가 크리스트의 살과 피가 되려면 감각작용으로 크리스트의 살과 피라는 신의 존재 근거를 받아들여야 한다는 것이다. 성사관습의 빵과 포도주 그 자체만으로는 분명하게 크리스트의 살과 피가 아니기 때문에 인간의 지식으로 본래의 취지인 크리스트의 살과 피가 된다는 것이다. 성사관습의 빵과 포도주는 크리스트의 사건에 대한 체험 표상을 전달하는 상징물이 되어 크리스트의 살과 피가 크리스트의 사건에 대한 체험 표상과 타당한 성사관습을 감각영역에 일치시키게 된다는 것이다.

그런데도 라드베르트의 성사관습은 크리스트의 사건에 대한 체험 표상과 신의 존재 근거를 라트람의 성사관습과 정반대로 파악하고 있다. 라드베르트의 성사관습은 타당한 성사관습이 크리스트의 죽음이나 환생 사건의 역사라는 시각에서 성서를 신의 존재 근거로서 인식하고 있다. 라드베르트의 성사관습은 크리스트의 죽음이나 환생 사건에 합당하게 접근하여 신의 존재 근거를 마음작용으로 확증할 수 없다는 입장에서 동일한 체험 표지나 징표를 지녔더라도, 성사관습 자체가 전달받는 사람에 따라서 다를 수밖에 없다는 것이다. 라드베르트의 성사관습은 신의 존재 근거가 성사관습이 된다면 성사관습 자체가 크리스트의 죽음이나 환생 사건과 같다는 것이다. 크리스트는 현존하는 신의 존재 근거가 아니나 성사관습에서 과거와 현재를 이어주며 실제로 현재의 체험 표지가 되어 과거 상황이나 사건을 환기해주고 있기 때문에 과거 상황에 대한 체험 표상 모습으로 존재하게 된다는 것이다. 라드베르트의 성사관습은 신의 존재 근거를 대립논리보다 과거 상황을 표지하는 체험 표상에 일치시켜 타당한 성사관습에 접근했다. 타당한 성사관습은 체험의 작용으로 성사관습의 빵과 포도주가 크리스트의 살과 피가 된다는 것이다.

성사관습의 빵과 포도주가 크리스트의 살과 피가 되는 변화는 크리스트의 죽음이나 환생 사건에 대한 전거를 확증하면서 일어난다는 것이다. 라드베르트의 이런 성사관습은 『복음서』에 근거하고 있다. 『복음서』는 신의 존재 근거인 성사관습을 확인해 주고 있다. 타당한 성사관습과 신의 존재 근거에 대한 체험 표상은 본래 크리스트의 죽음이나 환생 사건을 담고 있는 정전이나 정전에 대한 주해 모음집에 담겨 있는 것 이상의 아무 것도 아니었다. 특히 여기서는 성사관습 논쟁의 출현 문제를 라드베르트와 라트람의 성사관습 논쟁을 검토함으로써 접근했다. 우선 이 두 수도자 신학동아리 교사는 성사관습 논쟁의 공통점도 제시했다. 이 두 수도자 신학동아리 교사는 수도자 학문동아리의 성사관습을 교회조직의 문화 발원지로 인식했다. 라드베르트는 영지구성원의 라틴어 해독력이 과거와 현재의 성사관습을 연결해주며 또한 과거와 현재의 성사관습을 끊임없이 재생한다는 것이다.

라트람은 수도자 학문동아리의 성사관습이 문화 발원지가 되어 종교동아리 구성원 전체의 분리와 결속 문제까지 야기한다는 것이다. 물론 라트람이나 라드베르트 모두의 성사관습은 신의 존재 근거를 서로 다르게 접근했다. 그런데도 이 두 수도자 신학동아리 교사의 성사관습은 선명하게 크리스트와 관련된 사건으로 접근했다. 라드베르트의 성사관습은 크리스트의 죽음과 환생 사건에다 정신작용을 일치시켜 신의 존재 근거를 체험하게 된다는 취지에서 신의 존재 근거에 대한 확인에 불과하다는 것이다. 라트람의 성사관습은 성사관습이 성서에 근거하고 있다는 맥락에서 크리스트의 죽음과 환생 사건이 라틴어 해독력으로 자기 앞에 보인다고 파악하여 지식 문제를 제기하고 지식으로 성사관습 전달자와 수용자 모두가 마음 작용으로 파악할 수 있는 것으로 구분했다. 라드베르트와 라트람의 이런 성사관습 차이는

11세기 철학동아리와 신학동아리의 지식 영역을 구분하는 토대가 되었다. 특히 11세기 수도자 신학동아리 교사인 베렝가르의 『성사관습 비판』은 체험을 정전에 연계했다는 맥락에서 12세기 철학동아리가 신학동아리의 성사관습 비판을 활용했다기보다는 신학동아리의 성사관습 비판이 오히려 모든 학문동아리의 지식 원리에 파급되어 각양각색의 논쟁으로 퍼져나갔다.

라트람과 라드베르트의 성사관습 논쟁을 간략하게 살펴봤으나 이제 두 수도자 신학동아리 교사의 성사관습 논쟁을 매듭짓게 되었다. 여기서는 헤리거(+1007)의 평가에 기초하여 이 두 수도자 신학동아리 교사의 성사관습 논쟁을 마무리하고자 한다. 1007년에 사망한 헤리거는 우선 9세기에 흔히 나타났던 타당한 성사관습을 지적했다. 헤리거는 '고전시대 학문동아리의 성사관습'과 '최근세대 수도자 학문동아리의 성사관습'을 구분했다. 헤리거는 본래 성사관습 논쟁 참여자와는 거리가 멀었으나 고전시대 학문동아리의 성사관습과 최근세대 수도자 학문동아리의 성사관습을 구분하기 위한 구도로 초대 교부시대 성사관습을 저작물에 근거하여 자기의 성사관습을 정당화했다. 헤리거는 10~11세기 성사관습 논쟁 당시에도 실제로 신의 존재 근거를 활용하여 고전시대 학문동아리의 성사관습과 최근세대 수도자 학문동아리의 성사관습을 구분하고 새로운 성사관습을 제시했다. 헤리거는 라드베르트의 성사관습을 정확하게 파악하고 특히 라드베르트가 라트람의 성사관습으로부터 존재의 타협논리 형식을 취하고 있다는 사실을 간과할 수 없게 되었다. 11세기 유럽세계 수도자 신학동아리가 신의 존재 근거에 대하여 타협논리를 제시하게 된 배경은 물론 성서 인문주의 발전뿐만 아니라, 인식논리 출현과도 관련되어 있었던 데서 연유하고 있다.

헤리거는 라트람이 옥씨르의 헤리바르에게 보낸 편지글과 에기로에게 보낸 편지글(아마도 자신을 통하여)을 분석하더라도 라트람과 라드베르트의 성사관습 논쟁을 상당히 정확하게 파악하고 있었다. 이 두 편지글에서 헤리거는 라드베르트의 성사관습을 비판하며 토르토나의 게초의 성사관습을 인용하고 있다. 게초는 950년 경 라드베르트의 성사관습을 분석하고 성사관습의 오류를 정정하고 옥씨르의 레르미의 성사관습을 인용하고 있다. 헤리거는 라트람의 성사관습을 옹호한 나머지 라트람의 성사관습 비판자에게 장황한 답변편지글을 보내고 있다. 헤리거는 최근세대 수도자 학문동아리의 성사관습 논쟁을 염두에 두고 고전시대 학문동아리의 성사관습과 최근세대 수도자 학문동아리의 성사관습을 접목하는데 성사관습을 신의 존재 근거로 활용했다. 헤리거는 초대 교부시대 성사관습과 최근세대 수도자 학문동아리의 성사관습에 대한 차이점을 정확하게 파악하지 못하고 그저 초대 교부시대 성사관습이 경직되어 있다는 점을 지적하는 데 그치고 있다. 그런데도 헤리거는 최근세대 수도자 학문동아리의 성사관습 때문에 이단자 동아리라는 괴물이 출현했다는 지적을 빠뜨리지 않았다. 헤리거는 이렇게 자기의 시각으로 크리스트의 규범을 설정하거나, 성사관습이 신의 존재 근거에 대한 체험 표상을 만든다고 해서 성사관습에 근거하여 강론할 수 없다는 것이다.

거기다 헤리거는 성사관습 문제가 초대 교부시대 성사관습에 대한 검토에서부터 출발해야 한다는 취지에서 암브로시우스(+397)와 아우구스티누스(+430), 카에사레아의 바시르(+379), 대교황 그레고르 1세(590~604) 등이 초대 교부시대 성사관습에 근거하여 신의 존재 근거에 대한 체험 표상을 설정한 다음 성사관습의 빵과 포도주가 크리스트의 살과 피가 된다고 지적했다는 것이다. 실제로 헤리거는 여러 수도자 학문동아리의 성사관습 사례에 근거하여 라드베르트의 성사관습에 대한 오류 역시 능히 용인할 수 있다는 것이다. 여기서 헤리거는 성사관습을 함축한 글자의 대비물과 라트람의 성사관습에 대한 오류를 사실상 파악하지 못하고 있다. 라트람은 제롬, 아우구스티누스, 프로겐티우스, 유세비우스 등의 저작물을 인용하고 있으나 자기가 성사관습 해석자라는 사실을 부인하지 않았다. 헤리거는 초대 교부시대 성사관습을 수용하고 성사관습에 대한 논리나 방법보다 오히려 간단한 기도의 중요함을 더욱 강조했다. 헤리거는 성사관습이 라틴어 해독력과 지식수준에 따라서 다르다는 점을 지적하여 성사관습 논쟁에서 중심 위치에 올라갈 수 있었다.

제 6 장

성사관습 비판과 성서 인문주의

제 6 장
성사관습 비판과 성서 인문주의

라드베르트와 라트람으로 대별되는 성사관습 논쟁은 새로운 계승자 탄생과 함께 중세라는 시대 흐름에 깊이를 더해 갔다. 물론 성사관습 논쟁은 라드베르트와 라트람의 계승자에게서도 새로운 성사관습 문제를 제기하며 정통론자동아리의 교회조직 개혁이라는 논쟁점을 개인의 새로운 성사관습에 일치시켜갔다. 투르의 수도자 학문동아리 교사 베렝가르(1000?~1088)는 라드베르트와 라트람의 성사관습 논쟁을 계승자로서 성사관습에 대한 헤리거의 타협논리를 비판하여 랑그르의 위그, 트로앙의 뒤랑, 베크의 랑프랑, 아베르사의 구이트문트 등의 반대론자의 비판을 받고 있었다. 성사관습 논쟁은 여러 베렝가르 비판자의 합류로 새로운 성사관습의 일반화 단계로 발전하며 교황청 중심의 교회조직을 개혁파동아리와 정통론자동아리 옹호세력으로 갈라지기 시작했다.

성사관습 논쟁은 교황청 중심의 기존 교회조직에 대하여 개혁문제를 제기했고 교황청 역시 스스로 교회개혁에 나서고 있었다. 교황청의 교회개혁은 당연히 옹호자동아리를 만들어 내기 마련이었다. 교황청의 교회개혁 옹호자동아리에는 교회 법률가와 신학동아리 교사를 포함한 수도자 신학동아리 교사도 포함되어 있었다. 이 교황청의 교회조직 개혁옹호자동아리는 새로운 성사관습을 일반화시킨 성직자동아리의 권위를 교회조직 개혁가동아리의 명분으로 내세우며, 교회조직의 개혁을 시도했다. 수도자 신학동아리 교사는 성사관습 논쟁을 전체 종교동아리 영역으로 비화시켜 성사관습과 신앙을 정신작용으로 선택하는 계시와 신비에 일치시켰다. 수도자 신학동아리 교사는 당연히 성사관습 논쟁 참가자의 숫자 증가와 함께 성사관습에 대하여 다양한 대응논리를 만들어 냈고 성사관습 논쟁 역시 더욱 격화되며 신학동아리 영역을 뛰어 넘어 법률가동아리와 철학동아리 영역으로 비화되어갔다. 중세 유럽세계의 성사관습 논쟁을 이런 상황에 근거하여 판단컨대 성사관습 논쟁이 생활영역에까지 영향을 미쳤을 가능성을 입증하고 있다.

성사관습 논쟁은 최후 저녁식사에서 예수와 12제자가 약속했던 계약을 성사관습의 빵과 포도주를 가지고 크리스트의 살과 피가 되는 사건으로 어떻게 전달할 수 있느냐 에서 제기되었다. 즉, 성사관습 논쟁은 성사관습을 크리스트의 죽음과 환생 사건을 계약 사건으로 인식시키는 문제를 제기하여 성사관습의 해석 거장 베렝가르와 함께 성사관습 방향을 잡았으나 성사관습 자체를 반대하던 수도자 신학동아리 교사도 등장했다.

제 7 장

베렝가르의 성사관습 비판

제 7 장
베렝가르의 성사관습 비판

베렝가르는 성사관습을 비판했다. 베렝가르의 성사관습 비판은 대략 네 단계로 진행되었다. 베렝가르의 네 단계 성사관습 비판은 성사관습과 전문지식의 일치 단계와 관련되어 있으므로 성사관습을 네 단계 지식으로 구분하여 검토해야 할 것이다. 베렝가르의 첫 성사관습 비판 단계는 잉글랜드인 아스케린이나 리에쥬의 아델만(1025/50~1060)과 편지글을 서로 주고받던 시점이었다. 베렝가르는 첫 성사관습 비판단계에서 초기 저작물인 『편지글 모음집』을 저술하였다. 두 번째 성사관습 비판단계는 1059년 로마 종교회의 직후 시점이었다. 두 번째 성사관습 비판단계는 랑프랑이 『크리스트의 성체와 징표에 관하여』(대략 1065년 이후)에서 베렝가르의 성사관습 비판을 인용했던 시기인 것이다. 세 번째 성사관습 비판단계는 1067년경이었다. 1067년경이라는 연대측정은 베렝가르가 『성체에 관하여』를 출간했던 시기인 것이다. 네 번째 성사관습 비판단계는 1078년~1079년의 시기였다. 베렝가르의 네 번째 성사관습 비판단계는 로마 종교회의 사문에 회부되어 종교재판에서 유죄를 선고받고 1080년 회고록을 출간했던 시기였다.

베렝가르의 네 성사관습 비판단계에서는 물론 『성체에 관하여』를 거의 반영하지 않았다. 『성체에 관하여』에서처럼 베렝가르는 성사관습 논쟁에 관심을 갖고서 성사관습에 대하여 관심을 표명했던 해석자에게도 그 해석자의 성사관습을 자세하게 분석하여 답장을 보내고 답장에서조차 편협한 성사관습을 비판하며 흥분했으나 타당한 성사관습을 일관성 있게 주장했다. 즉, 베렝가르는 성사관습 논쟁에서 자기의 성사관습과 그 증거가 타당하다고 거듭 확신했다. 베렝가르는 신앙고백까지 형식에 불과하다고 판단하고 신앙을 강제로 고백케 해서는 안 된다고 지적하면서도 자기의 주장에 대하여 불안한 마음을 드러냈다. 베렝가르는 성사관습보다는 오히려 신앙고백이 지나치게 경직되어 있는 것 역시 성사관습이 교리를 벗어나 있기 때문이라는 취지에서 로마 종교회의 이전의 성사관습에 근거하여 성사관습 비판의 근거를 추적하고 있다. 특히 베렝가르는 고전시대 학문동아리의 성사관습에 대한 비판 근거를 제시하여 성사관습 비판에 관한 한 박식하다는 평가를 받았다.

베렝가르는 로마 종교회의 이전의 성사관습 비판에 대하여도 철학동아리의 존재 원리를 활용하여 다시 성사관습 비판 근거를 비판했다. 베렝가르의 성사관습 근거 비판에 대하여 1059년 로마 종교회의는 그렇다면 교리에 합당한 성사관습이란 게 무엇인가 문제를 제기했고 베렝가르는 교리에 합당한 성사관습을 설명하기 위하여 로마 교황청으로 소환되어 갔다. 이후에도 베렝가르는 교리에 합당한 성사관습과 관련하여 고위 성직자들의 부름을 받았으나 그 때마다 성사관습 비판에 대하야 근거를 제시하며 고위 성직자의 물음에 답변했다. 그러나 베렝가르의 이런 성사관습 비판은 교회 법률을 이용한 정통론자 교회조직의 강압에서 기인했다. 정통론자 교회조직은 교회 법률을 활용하여 베렝가르의 성사관습 비판이 교리에 위배된다는 사례를 만들어 두었다. 교회 법률을 동원한 정통론자 교회조직의 이런 강제에 대하여 베렝가르는 성사관습을 강제로 봉헌케 한다는 것이 교리에 합당하다 하더라도 타당하지 않다고 비판하고 나섰다. 베렝가르의 이런 입장 표명도 교회 법률을 동원한 정통론자 교회조직의 압력으로 언제나 제지당할 수밖에 없었다. 당시 베렝가르의 주장을 비판하던 상대자까지도 베렝가르의 주장을 오히려 수용함에 따라서 베렝가르의 성사관습 비판은 뜻밖의 사태로 발전했다.

베렝가르는 성사관습 비판에서 탁월한 성사관습 사례를 빈틈없이 제시하여 당대 정치세력의 주축을 이루어 가던 앙주의 귀족 가문과도 관련을 맺게 되었다. 베렝가르는 교황청의 추기경단 회의에서도 새로운 성사관습을 제안하여 당대 성사관습 논쟁자 중에서 특정한 위치를 확보해갔다. 베렝가르는 교황청과 이런 관계 때문에 이후 유럽세계 학문동아리 역사에서도 성사관습 논쟁자로서 우뚝 섰으나 성사관습 논쟁자라는 굴레를 탈피할 수 없었다. 여러 성사관습 논쟁자 역시 성사관습을 이분법 존재 논리로 분리하는 것이 용이하지 않았다. 베렝가르는 성사관습을 교리의 대비 물로 설정했다. 그래서 베렝가르는 성사관습을 교리의 대비 물과 청취자의 성사관습에 일치시키는 것이 더욱 불가능했을 수도 있다. 베렝가르의 이런 입장을 성사관습 비판에서도 그대로 나타냈다. 특히 베렝가르의 성사관습 비판을 이해하려면 베렝가르의 인품을 파악해야 할 것이다. 베렝가르의 인품은 성사관습 비판과 관련된 『행적기』에서 두루 언급되고 있다.

베렝가르는 잉글랜드의 친구 아스켈린에게 보낸 편지글에서 성사관습을 거의 빠짐없이 언급했다. 베렝가르의 이 편지글은 1050년 말경 이탈리아의 베르체리 종교회의를 지켜 본 이후 집필된 것으로 확인되었다. 이 편지글에서 베렝가르는 성사관습 비판에 관한 자기의 주장을 분명하게 표명했다. 아스켈린에게 보낸 편지글에서 베렝가르는 라트람을 에우리게나로 오인하고 있으나, 라트람을 이단자로 격렬하게 비난했다. 베렝가르의 행적기에서는 아스켈린이 성사관습을 불경스럽게 만든 라트람을 알고 지낸다고 하여 아무 쓸데도 없는 성직자임을 잘 알고서 사귀는 것이 좋을 것이라고 아스켈린에게 주지시키고 있다. 베렝가르는 라트람을 일단 이단자로 규정하고 라드베르트의 성사관습을 옹호했다. 성사관습과 교리를 그릇되게 일치시킨다는 베렝가르의 성사관습 비판은 성사관습을 신의 존재 근거로 파악했던 라드베르트의 성사관습에서처럼 철학동아리의 존재 원리를 수용한 반증인 것이다. 베렝가르는 성사관습 비판에서 빵 덩어리의 물질이 구세주의 몸으로 분리되는 것을 믿는 성사관습을 『복음서』에서 자연법칙을 거역하고 있는 사도 말씀과 다르지 않은 것이다.

그러나 사도는 『복음서』에서도 성사관습을 해석하지 않고 있다. 『복음서』에서 사도가 성사관습을 금지하고 있다는 것은 논리상으로도 타당하지 않다는 것이다. 『사도 요한의 복음서』에서는 신비가 분명히 지식이 아니라는 것이다. 베렝가르는 『사도 요한의 복음서』에 대한 비판자가 있다면 그 비판자가 바로 이단자임이 틀림없으며 물질에 불과한 빵으로써 성사관습을 완벽하게 전달할 수 없었을 것이나, 신의 도움도 없는 주교의 지팡이를 가지고 정신병을 치료할 수는 더욱 없을 것이다. 베렝가르는 요한 스코투스(대략 877년 경)의 『복음서』

를 파악하지 못했다고 다시 고백하고 『복음서』를 읽어보지도 않고 성사관습 거부자 아소린을 정당하지 못한 사례라는 것이다. 베렝가르는 성사관습을 지식이라고 주장하는 사람이 있다면, 그 사람은 성사관습을 알려고 노력하지 못할망정 성사관습을 아는 길을 막아서는 안 된다는 것이다. 베렝가르는 사람으로 하여금 대문을 지나가지 못하게 하더라도 대문 앞의 길을 막아서는 안 된다고 지적했다.

여기서는 베렝가르의 성사관습 비판을 분석하고 두 가지 논쟁점을 파악하게 되었다. 즉 베렝가르는 우선 종교의 성사관습 해석을 타당하지 못하다고 주장했다. 다음으로, 베렝가르는 신앙을 어떤 막막한 개념처럼 불변의 존재로 파악하는 것도 타당하지 못하다는 것이다. 베렝가르는 종교를 개인의 관습에 관한 문제로 판단하여 종교의 교리 논쟁이 바람직하지 못하다는 것이다. 뿐만 아니라 종교는 개인의 관습에 관한 문제이기 때문에 성사관습도 개인에 따라서 다를 수밖에 없고, 교리에 지나치게 얽매여서도 안 된다는 입장을 천명하고 있다. 종교에 대한 베렝가르의 입장은 친구인 샤토의 아델만에게 보낸 편지글에서 확연하게 드러나고 있다. 아델만은 1048년까지 이탈리아의 브레스치아에서 주교직을 수행했다. 그렇다고 베렝가르가 아델만에게 보낸 편지글을 언제 작성했는지를 정확하게 확인할 수는 없으나 1054년 투르 종교회의와 1059년 로마 종교회의 사이의 시대에 언젠가 작성했을 것으로 추정하고 있다. 그 근거는 이 두 종교회의에서 베렝가르와 관련하여 거론했던 마니교도의 라틴어 해독력 문제를 거론하지 않고 있다는 점이다. 아델만에게 보낸 베렝가르의 편지글 어디에서도 마니교도의 라틴어 해독력을 옹호하며 정통론자 교회조직에 반항했다는 베렝가르의 흔적은 없다.

그러나 베렝가르는 마니교도의 라틴어 해독력을 옹호했다는 죄목으로 종교재판에서 유죄판결을 받게 되었다. 적어도 아델만에게 편지글을 보내던 시기까지 베렝가르는 정통론자 교회조직과 마니교도의 교리 논쟁에 말려들지 않았던 것으로 추정할 수 있다. 그 추정 근거는 아델만에게 보낸 편지글에서 다음과 같이 언급하고 있는 대목이다. 즉, '나(=베렝가르)는 타당한 성사관습 근거로서 크리스트가 인간의 몸으로 제단에 모습을 드러냈던 것을 주장하고 있다. 나의 주장은 과거나 현재는 말할 것도 없고 앞으로도 틀림없이 계속될 것이다.' 베렝가르는 타당한 성사관습 근거로서 성사관습의 빵과 포도주가 신의 의지로 크리스트의 살과 피로 변화된다는 성서 구절을 지적하며 성사관습에서 신의 의지가 중요하다는 것이 곧 구세주의 증거라는 것이다. 베렝가르는 신의 의지로 변한 성사관습의 빵과 포도주가 곧 신의 존재 근거라는 것이다. 베렝가르는 성서의 성사관습을 초대 교회가 지키지 않은 데서 성사관습 논쟁이 일어났다는 시각에서 성사관습에 대한 아우구스티누스의 체험 징표를 신의 존재 근거로 수용하고 있다.

아우구스티누스는 『성사관습에 관하여』에서 성사관습이 신의 존재 근거에 대한 체험 표지가 된다는 점을 물론 다르긴 하겠으나 크리스트의 죽음과 환생이라는 과거 사건에 대한 현재의 체험 표지를 전달하기 때문이라고 지적했다. 즉 성사관습이 신의 의지로 크리스트의 죽음과 환생이라는 과거 사건에 대한 현재의 체험 표지가 되도록 서로 작용하더라도 차이가 있게 된다는 것이다. 이런 맥락에서 아우구스티누스는 성사관습이 확실하게 정신작용으로 크리스트의 죽음과 환생이라는 과거 사건에 대한 현재의 체험 표지와 일치해야 한다는 맥락에서 성사관습 축소가 불가능하다는 것이다. 베렝가르는 성사관습이 정신작용으로 크리스트의 죽음과 환생이라는 과거 사건과 일치해야 성사관습 축소뿐만 아니라 크리스트의 모습과 크리스트에 대한 체험 표상까지도 라틴어 해독력의 대비 물로 전달할 수 있다는 것이다. 베렝가르는 여기서 저작물이 크리스트의 죽음과 환생이라는 과거 사건을 정신작용의 체험 표상에 이어주는 라틴어 해독력의 대비물이며 라틴어 해독력의 대비물은 거기서 글자와 같은 부호로 구성되어 있다는 것이다. 베렝가르는 라틴어 해독력의 대비물이 성사관습의 빵과 포도주를 크리스트의 살과 피라고 언급하지 않더라도, 정신작용으로 크리스트의 죽음과 환생이라는 과거 사건의 체험 표지를 찾아내도록 보조한다는 것이다.

성사관습의 빵과 포도주가 물론 크리스트의 살과 피와 전혀 다르나 크리스트의 몸이라면 시각작용으로 파악할 수 있다는 것이다. 그러나 크리스트의 몸속에 흐르는 피를 시각작용으로 파악할 수는 없다는 맥락에서 크리스트는 당연히 몸이나 피를 자기와 관련된 체험 표지로 제시할 수밖에 없었다는 것이다. 즉 크리스트는 '성사관습의 빵은 나의 몸이다'라고 지적했고 성서에서도 우리가 떼어먹고 살아가는 빵을 크리스트의 몸이라고 언급하고 있다는 점을 근거로 제시했다. 하지만 성서에서는 우리가 떼어먹고 살아간다고 지적하는 크리스트의 몸, 즉 빵이 없어지게 된다고 까지를 언급하지 않았다고 베렝가르는 강조했다. 여기서 베렝가르는 라드베르트의 성사관습이 지나치게 일반 사람의 취향에 어울리게 구성되었다고 비판했다. 베렝가르는 크리스트의 존재 근거인 성사관습이 크리스트의 죽음과 환생이라는 과거 사건과 전혀 다른 문장관습의 대응논리가 아니라 크리스트의 죽음과 환생이라는 과거 사건과 부합되는 신의 존재이다 라고 강조했다. 그러나 크리스트의 죽음과 환생이라는 본래 사건과 거리가 멀게 문장관습의 이분법 논리에 대하여 베렝가르의 비판자인 랑프랑은 라드베르트와는 다른 시각으로 접근했다. 랑프랑과 라드베르트는 그런데도 인간의 몸 중 어느 정도가 빵으로 변화되고, 그리고 어느 정도의 피가 포도주로 변화되는지에 대하여 문제를 제기했다.

베렝가르는 성사관습 논쟁에서 유럽세계 철학동아리의 지식 원리인 사물의 존재 원리를 도입했다. 베렝가르는 사물의 존재 원리를 활용하여 성사관습을 다음과 같이 지적했다. 성사관습의 빵과 포도주를 감각작용으로서가 아니라 지식 원리로서 파악한 다음 신의 존재에 대한 체험 표지로 크리스트의 몸과 피로 전달할 수 있다는 것이다. 베렝가르는 성사관습의 빵이 지식이 아니라 신의 의지로 크리스트의 몸이 되며 인간이 크리스트의 몸인 성사관습의 빵을 먹지만 크리스트의 몸은 없어지지 않는다는 것이다. 거기다 크리스트의 몸은 조금씩이 아니라 전체가 변화하며 미미한 물질도 전달자에게 관례로서 청취자의 타당한 판단기준에 작용하여 신의 존재를 발생케 한다는 것이다. 이어서 베렝가르는 미미한 빵이 전혀 다른 모습의 존재를 발생케 했던 사례로서 로트라는 부인이 전달자의 의지로 소금으로 변했던 사례를 제시하고 카나의 결혼 의식에서 물이 포도주로 변화되는 경우처럼 전달자의 의지로 일어나는 물의 변화에 근거하여 언제나 처음의 물이 중단되기 이전까지는 존재로 입증된다는 것이다.

베렝가르는 물질이 타당한 판단기준의 작용으로 변화하나 성사관습의 빵과 포도주가 지식으로 크리스트의 몸과 피로 변할 수 없는 이유를 크리스트가 영원히 존재하기 때문이라는 것이다. 베렝가르는 성사관습 논쟁에서 타당한 판단기준으로 선택했던 성사관습 전거를 성사관습이라고 확인하고 있다. 베렝가르는 성사관습이 타당한 판단기준의 작용으로 신의 존재에 대한 근거를 선택케 하며 영감과 감각 작용으로 신의 존재에 대한 체험 표지를 전달할 수 있다고 강조하고 있다. 그리고 성사관습은 신의 존재 근거로서 신비와 일치되어 청취자의 인식작용에 이르게 된다는 것이다.

베렝가르는 여기서 성사관습과 신비를 일치시키고 있다. 성사관습은 타당한 판단기준의 작용으로 선택한 신의 존재 근거에 기초하여 성사관습에서 생성되는 신의 존재 근거를 감각작용에 일치시키는 신비에 대한 체험의 보조물로 활용하고 있다. 베렝가르는 아델만에게 보내는 편지글에서 성사관습에 대한 자기의 주장을 이와 같이 명확하게 밝히고 있다. 특히, 이 편지글에서 베렝가르는 이시도르와 라드베르트 이후 처음으로 아우구스티누스의 『성사관습에 관하여』를 지식으로서 처리하여 성사관습 자체에 대하여 신의 존재와 라틴어 관습을 일치시키고 있다. 신의 존재 근거로서 표면화한 베렝가르의 성사관습은 소실되어 현재는 남아 있지도 않지만, 소 저작물 『성체에 관하여』에서 인용했던 것처럼 성사관습이 신의 존재 근거를 이미 전달하는 것으로 지적한 바 있다. 소실된 소저작물 『성체에 관하여』는 추정컨대 1059년 교황청 종교회의에서 사문당하고 유죄 판결을 받은 아주 짧은 기간에 출간했다. 이 시기에 베렝가르의 『성체에 관하여』가 출간했다는 증거는 랑프랑이 이 『성체에 관하여』의 대목을 인용하고 있는 부분에서 확인되고 있다. 랑프랑이 인용한 베렝가르의 소저작물에는 교황청 종교회의에서 스스로의 무죄임을 확인하려는 '사문 반대 증언에서도 확인할 수 있을 것이다. 사문 반대 증언에서 베렝가르는 종교회의 판결이 아무런 근거도 없다고 비판했다.

베렝가르의 성사관습 비판은 여기서부터 새로운 단계를 맞이하며 베렝가르가 종교회의 판결을 근거 없다고 반박하고 있다. 베렝가르가 종교회의 판결이 신빙성도 없고 근거도 없다고 비판했다는 소문은 프랑스와 이탈리아 지역으로 퍼져나갔다. 특히 1054년 투르 종교회의를 출발점으로 하여 1059년 교황청 종교회의까지 종교회의를 비판했던 베렝가르의 설교는 주요 유럽세계로 퍼져나가면서 베렝가르 추종자의 결속력 발원지가 되었다. 베렝가르 추종자는 성사관습 논쟁 때문에 나타났던 것이 아니고 타당한 성사관습에 주석 방법 때문에 출현했다.

성사관습은 1059년 교황청 종교회의 사문으로부터 성사관습 논쟁으로 비화되었다. 로마 종교회의에는 힐데브란트와 랑프랑을 포함하여 추기경 훔베르트(+1061)까지도 성사관습 논쟁에 휘말려 들어갔다. 물론 베렝가르는 이런 인물 중에서도 교회조직의 고위 성직자인 종교재판 배심원이 자기의 주장에 동조해 주기를 은근히 기대하고 있었으나 종교회의 참석자에게서 지지를 받을 수 없었다. 베렝가르는 무척이나 실망한 나머지 종교회의에서 소명기회를 얻고자 시도했으나, 소명 기회조차 허용 받을 수 없었다고 『성체에 관하여』에서는 강조하고 있다. 여기서 다수 로마 종교회의 참석자는 베렝가르의 성사관습 비판을 반대했던 것으로 추측할 수 있다. 종교회의 참석자는 과거 사건이 신의 존재 근거이며 정신작용으로 찾아낸 성사관습 표지인 신비와 일치한다는 베렝가르의 언급 대목에 이르자 두 손으로 양쪽 귀를 틀어막고 있었다고 기술했다. 이 장면을 목격한 베렝가르는 참혹한 심정을 가눌 수 없었으나 어쩔 수 없이 성사관습을 비판했다는 죄목으로 이단자라는 낙인과 함께 성사관습의 빵과 포도주가 물질인지 사건인지까지도 무시했다는 죄목을 더하여 결국 베렝가르가 더욱 이단자 죄목을 뒤집어쓰게 되었다고 베렝가르 전기 작가는 기술했다.

성사관습의 빵과 포도주를 물질과 사건으로 구분할 수 있는 근거는 당연히 신의 존재 근거가 곧 성사관습이어야 했으나 베렝가르는 물질인 빵과 포도주를 사건이라고 답변하지 못하여 종교회의 참석자로 하여금 이단자와 다르지 않다는 판단에 이르게 했던 것이다. 성사관습 논쟁을 거치면서 성사관습의 빵과 포도주는 정전에 근거하여 신의 존재 근거가 되었다. 특히 여러 성사관습 논쟁 참가자는 과거 사건이 성사관습의 표지임은 물론 신의 존재 근거까지 거부한 나머지 성사관습의 빵과 포도주가 베렝가르의 성사관습과 더욱 동떨어져 있다고 믿었다. 베렝가르의 이런 성사관습에 대한 여러 성사관습 논쟁 참가자의 판단 사례는 추기경 훔베르트를 비롯한 종교회의 참석자에게 보낸 편지글에서도 입증되고 있다.

베렝가르는 자기의 성사관습이 타당하다고 확신했다. 베렝가르는 라드베르트와 랑프랑이 성사관습이 라틴어 해독력으로 전달된다고 주장한 데 대하여는 신의 존재 근거에 대한 오류를 간과했기 때문인 것이라고 거듭 확인했다. 성사관습의 빵과 포도주는 신의 존재 근거이며 정신작용에서 다시 과거 사건에 대한 체험 표지를 부여받게 되나 이후에도 신의 존재 근거로서 남아 있게 된다는 것이다. 베렝가르는 추기경 훔베르트의 둔한 머리 때문에 성사관습의 빵과 포도주가 신의 존재 근거에 대한 오류에 빠져 헤어나지 못하고 있다고 지적하여 추기경 훔베르트의 성사관습을 비웃고 있다. 베렝가르는 여러 가지 성사관습을 『성체에 관하여』에서 종합하고 있다. 『성체에 관하여』는 1770년에야 처음으로 찾아냈다. 『성체에 관하여』는 스스로 주해까지

붙여두었던 베렝가르의 유일한 원고인 것이다. 『성체에 관하여』에서는 성사관습 비판을 반복하고 있는데다 문체 결함도 있다. 물론 베렝가르는 시간이 지나면 『성체에 관하여』의 원고를 손질할 의향을 갖고 있었다고 밝히고 있다. 『성체에 관하여』는 베르첼리와 로마 종교회의 사문내용을 담고 있는 데다 생소한 성사관습 논쟁까지 수록하고 있다.

『성체에 관하여』에서는 랑프랑이 『성체와 크리스트의 징표에 관하여』에서 인용했던 성사관습의 빵과 포도주가 신의 존재 근거에 대한 해석자의 라틴어 해독력을 거쳐 크리스트의 살과 피라는 신의 존재 근거로서 청취자에게 전달되기까지를 자세하게 분석했다. 물론 필자는 베렝가르의 성사관습 논쟁이 라틴어 해독자의 입장을 반영하려는 의도로 진행되었음을 지적해 두고자 한다. 베렝가르의 『성체에 관하여』도 물론 성사관습의 결함을 드러내고 있다. 그런데도 베렝가르는 『성체에 관하여』에서 인식 상으로 숱한 신의 존재 근거에 대한 오류를 드러내면서도 성사관습과 라틴어 해독력의 일치를 전제했다. 11세기 『성사관습에 관하여』는 우후죽순처럼 등장하여 성사관습에 접근했으나 신의 존재 근거에 대하여 숱한 오류를 거듭하여 성사관습 해석자를 더욱 복잡하게 관련 지우고 있었다. 즉 11세기 성사관습 논쟁자라면 누구나 운명처럼 특정한 『성사관습에 관하여』를 찬성하거나 반대하지 않을 수 없었음에도 베렝가르는 『성체에 관하여』에서 몇 가지 성사관습 방향과 함께 성사관습 논쟁 사례를 제시하고 있다. 특히 『성체에 관하여』에 담겨있는 성사관습 비판 이론은 베렝가르의 박식함을 여실히 드러내어 평가토록 보완해 주고 있다.

과거 여러 수도자 신학동아리 교사가 주장했던 성사관습에 대한 타당한 판단기준의 인식작용과 전거라는 체계를 부여했던 베렝가르의 공로 역시 높이 평가해야 할 것이다. 베렝가르의 이런 업적을 기반으로 성사관습은 신의 존재 근거를 해석했던 전달자와 개인의 라틴어 해독력이 신비와 일치하면서 성사관습의 전거를 보완했다. 베렝가르는 『성체에 관하여』에서 신의 존재 근거에 대하여 라틴어 해독력이라는 대비물을 활용함으로써 성사관습 비판에 세련미를 더했다. 베렝가르는 성사관습에 관한 관례와 라틴어 해독력의 일치에 신비를 도입했다. 또한 마음 작용과 타당한 판단기준으로 찾아낸 전거를 다시 성사관습의 대비물에 일치하여 신의 존재 근거에 접근했다. 그래서 베렝가르는 성사관습 비판을 순수한 철학동아리의 존재 원리에 관련 지워 성사관습을 철학동아리의 순수 존재론 문제로 전환했다. 베렝가르는 『성체에 관하여』에서 성사관습의 대비물을 지식으로 파악했다. 베렝가르는 그래서 신의 존재 근거에 대하여 전거를 제시하며, 성사관습에다 신의 존재에 대한 종족언어의 근거와 라틴어 해독력의 근거라는 두 가지 논리를 도입했다. 물론 신의 존재에 대한 종족언어의 존재 논리와 라틴어 해독력의 존재 논리를 활용하여 신의 존재 근거까지도 전거에 근거해야 한다는 원칙, 즉 성사관습 논쟁도 전거로서 해결해야 한다는 원칙을 제시했다.

베렝가르의 『성체에 관하여』는 마음의 작용과 신의 존재 근거 일치를 반대하고, 타당한 판단기준으로 확인한 전거로써 신의 존재 근거를 해석해야 한다는 명제를 제시했다. 베렝가르의 이런 『성체에 관하여』는 신랄하게 비판받았으나 그 비판 화살은 되레 성서 비판으로 돌아갔다. 특히 성서 비판은 교양을 갖춘 크리스트교의 성자 전기에 담기면서 11세기 신의 존재에 대한 종족언어의 근거에까지 파급되어 성자 전기도 타당한 판단기준으로 확증할 수 있는 전거를 제시하지 않을 수 없었다. 그러나 베렝가르의 『성체에 관하여』가 타당한 판단 기준에 대한 전제까지는 제시할 수 없었다. 특히 『성체에 관하여』는 베렝가르의 기존 저작방식을 반복했지만 고전시대 학문동아리의 성사관습을 활용하여 신의 존재 근거를 확대했다. 베렝가르는 타당한 판단기준으로 확인한 성사관습의 전거에 근거하지 않으면, 감각작용으로 찾아낸 신의 존재 근거까지 부인했다. 베렝가르는 성사관습에서 빵과 포도주의 물질도 중요한 것으로 인정하고 있다. 베렝가르는 신의 존재 근거로서 성사관습의 빵과 포도주가 크리스트의 존재로 변화된 이후에도 제단에 그대로 남아 있기 때문에 신의 존재 근거로서 성사관습의 빵과 포도주가 감각과 시각으로 파악되며 맛을 보고 느낄 수 있다는 것이다.

성사관습이 신의 존재 근거임을 입증하려는 베렝가르의 이런 원칙론보다는 라드베르트, 훔베르트, 랑프랑 역시 성사관습에 대하여 원칙론을 내세워 성사관습과 사건의 관계를 세련미보다는 표준이나 조화에 관련 지어 강조했다. 이 수도자 신학동아리 교사도 감각으로 파악할 수 있는 성사관습을 떠나서 빵과 포도주의 물질로서 성사관습에 접근하려면 암브로시우스의 성사관습을 활용해야 한다고 주장했다. 베렝가르는 이 수도자 신학동아리 교사가 암브로시우스, 제롬, 아우구스티누스의 『성사관습에 관하여』를 반복하고 있기 때문에 타당한 성사관습을 파악하려면 빵과 포도주를 본래의 성사관습 모습으로 되돌려 놓아야 한다는 것이다. 베렝가르는 빵과 포도주를 활용하여 성사관습을 라틴어 해독력으로부터 분리하고 초대 교부시대 성사관습에 만족했을 가능성도 있다. 베렝가르는 성사관습도 라틴어 해독력을 거쳐야 신의 존재에 대한 종족언어의 근거에 일치될 수 있다는 것을 증명했다. 베렝가르는 성사관습 비판에서 철학동아리의 존재 원리를 수용하고 성사관습을 어휘, 구절, 문장의 관습에서 발원한다는 맥락에서 성사관습을 신의 존재 근거를 확증하는 근거로 활용했다. 베렝가르는 신의 존재 근거인 성사관습의 대비물이 실제와 동떨어져 있다는 라트람의 서투른 성사관습까지도 정확하게 파악하고 있었다.

베렝가르의 성사관습은 교회조직에 대하여 새로운 성서 문제를 제기했다. 교회조직에 대하여 새로운 성서 문제를 제기한 베렝가르의 성사관습 비판은 크리스트교의 과격한 분리로 이어져 결국 교리에까지 파급된 나머지 성사관습 자체의 변화로 발전하여 감각으로 신의 존재 근거를 파악하는 단계로까지 이어지게 했다. 베렝가르는 크리스트교동아리 구성원의 성사관습과 개인의 라틴어 해독력을 분리하지 않으면 고전시대 성사관습까지 파악하게 된다는 것이다. 베렝가르는 고전시대 성사관습으로부터 최근세대 수도자의 성사관습을 찾아내고 있다. 여기서 베렝가르는 고전시대 성사관습에 대한 전거를 관례라고 지칭하고 고전시대와 최근세대 수도자의 성사관습을 구분하는 표준을 라틴어 해독력과 관례라고 강조했다. 베렝가르는 고전시대 성사관습이 정확하다는 점을 실제로 부인하고 있다. 이제 여기서는 베렝가르의 이런 『성사관습에 관하여』에 근거하여 성사관습을 문법으로 전달하는 종족언어의 성사라는 명칭 발원지가 곧 보편타당한 성사관습 발원지인지 여부를 검토하게 되었다.

물론 성사관습도 명칭임에는 틀림없다. 성사관습이라는 명칭은 전거로서 확증되면서도 신의 존재 근거를 전달하고 있다. 베렝가르의 성사관습은 대개 베렝가르 개인의 라틴어 해독력에 근거하고 있다. 베렝가르는 성사관습 분석과정에서 고전시대 성사관습에 접근하여 터득했다. 베렝가르는 고전시대 성사관습을 「라틴어 해독력에 대한 주지 사항」에 일치시킨 형식으로 파악했다. 즉 성사관습이 신의 존재 근거에 일치했다는 것을 「라틴어 해독력에 대한 주지사항」에서도 확인했다. 중세 이전까지는 고전시대 성사관습을 확인하는 데 저작물을 활용했으나 최근세대 수도자 학문동아리는 저작물의 역할을 고전시대 성사관습을 이어주는 것으로 파악했다. 베렝가르는 마음 영역에서 타당한 판단기준과 감각작용으로 파악한 성사관습과 정신작용으로 파악한 성사관습의 구분 기준이 기록자의 부호인 저작물의 글자라고 지적했다. 동시에 저작물의 글자는 라틴어 해독력의 산물로서 시각과 감각 작용으로 성사관습을 파악케 한다는 것이다. 저작물의 글자는 성사관습을 라틴어 해독력의 기본 틀로 전달하지만 신의 존재 근거인 성사관습을 라틴어 해독력 대상으로 전환한다는 것이다.

여기서 성사관습은 성서에 근거하여 보편타당한 성사관습으로 일반화되고 있다. 성서는 신의 존재 근거인 성사관습의 신비를 구체화하고 타당한 판단기준으로 성사관습을 파악하기 위해서는 개인의 라틴어 해독력보다 빵과 포도주를 신의 존재 근거에 대한 대비물이 필요하게 된다는 것이다. 여기서는 성사관습의 빵과 포도주가 고전시대 성사관습에 근거하여 확인되면 신의 존재 근거를 전달하게 된다는 것이다. 성사관습 논쟁은 성사관습을 아무리 장황하게 늘어놓더라도, 빵과 포도주가 결국 신의 존재 근거인가 문제로 귀착되고 있다. 우선 베렝가르는 고전시대 성사관습의 빵과 포도주가 크리스트의 살과 피라는 의미를 전달경위를 설명하고 있다. 여기서 베렝가르는 고전시대 성사관습을 성서와 교부의 라틴어 해독력에 근거하여 설명하며 특히 빛이 어두운 곳에서 빛나는 것이며 어둠이 빛을 누를 수 없다는 『요한복음서』의 구절을 신의 존재 근거로 제시하고 있다. 『요한복음서』에서 성사관습은 세상 사람들이 알아차릴 수도 없도록 전달되고 있기 때문에 랑프랑의 혼란스러운 마음으로서는 빛을 감지할 수 없을 것이라는 취지에서 베렝가르는 랑프랑의 성사관습을 비판하고 있다.

랑프랑은 물론 베렝가르의 성사관습 비판을 비판하고 있다. 베렝가르의 성사관습 비판에 대한 랑프랑의 오류는 성서 해독능력의 과대평가와 신의 의지에 따른 성사관습의 인식이었다. 베렝가르나 랑프랑을 포함한 11세기 유럽세계 수도자 학문동아리는 성사관습에서 신의 존재 근거를 추구하며 문헌 실증주의를 정착해갔고, 법정의 증거 중심주의나 증인 채택원리 역시 교부시대 성사관습에 대한 증거 검증과 비판에서 발원했다. 그러나 베렝가르는 이단자인 에우리게나의 성사관습을 기존 질서의 중심축인 정통론자 교회조직 옹호자 입장에서 파악하지 않고 라틴어 해독력과 성사관습이 일치해야 성사관습의 빵과 포도주가 크리스트의 살과 피라는 신의 존재 근거에 대한 체험 표지가 된다고 주장하여 신의 존재 근거에 대한 체험 표지를 저작물로부터 찾아냈다. 베렝가르는 여러 성사관습 해석자가 자기의 『크리스트의 체험 징표에 관하여』에 지대한 관심을 갖고 있다면 이 수도자 신학동아리 교사에게 성서를 부지런히 읽으라고 권고해 둔 『요한복음서』를 따르는 것이 가장 좋을 것이라고 언급했다. 이런 맥락에서 베렝가르 역시 누구나 성사관습을 파악하려면 성서를 읽으라고 권고하고 있는 것이나 다름없다. 베렝가르는 훔베르트까지도 고위 성직자이면서도 세밀하게 성사관습을 저작물에 근거하여 검토하지 않고 오히려 시각작용으로 파악할 수 있는 라틴어 해독력으로조차 인식하기를 거부한 나머지 훔베르트가 아무런 체제도 없이 성사관습을 단숨에 늘어놓는데 그치고 있다는 것이다.

베렝가르는 누구나 성사관습을 정확하게 파악하려면 과거세대 성사관습 해석자 중에서도 아우구스티누스로부터 배우는 것이 좋다는 가벼운 충고까지 훔베르트에게 곁들여 두고 있다. 아우구스티누스는 신의 존재 근거와 상징물을 엄격하게 구분하려는 의도로 눈이 얼음으로 변화되는 것을 신의 존재 근거와 상징물이 다르다고 다음과 같이 설명했다. 즉 수정으로 만들어진 물건이 눈과 같다고 말할 수는 있을지언정 이 물건을 다르게 지칭할 수는 없으며 수정으로 만들어진 물건이 라틴어 해독력에서도 수정이라는 명칭을 이탈하지 않게 된다는 것이다. 물론 여기서 신의 존재 근거인 성사관습에 대한 종족언어의 표현방식 역시 눈을 얼음이라고 지칭하지 않는 것과 다를 바 없으며 특히 성서에서 흙을 구워서 인간을 만든다거나 크리스트가 인간의 창조자라고 지적하는 경우도 마찬가지라는 것이다. 성서는 성사관습을 활용하여 인간의 창조를 전달하며 모든 존재가 서로 다르다는 것을 언급하고 있다는 것이다. 성사관습의 빵과 포도주가 크리스트의 살과 피라는 신의 존재 근거 역시 성서에 근거하고 있다는 암브로시우스의 『성사관습에 관하여』를 라드베르트, 훔베르트, 랑프랑 등이 정확하게 파악하지 못했기 때문에 오류에 빠지게 되었다고 베렝가르는 지적했다. 그런데도 성사관습에 대한 랑프랑, 훔베르트, 라드베르트의 오류는 모든 세상 변화가 감각작용과는 전혀 다르다고 지적한 부분에 있다는 것이다.

성사관습의 빵과 포도주는 실제로 있으며 정신작용에 신비로 일치되어 크리스트와 관련된 과거 사건의 상징물이 되어 크리스트의 살과 피로 변화하고 있으나 혼합할 수 없다는 것이다. 그런데도 베렝가르는 성사관습이 기록물보다는 오히려 신의 존재 근거를 라틴어 해독력으로 전달하고 있다는 취지에서 신의 존재 근거를 성사관습이 제시하고 있다는 점을 오히려 중시하고 있다. 베렝가르는 성사관습이 신의 존재 근거를 명확하게 제시한다는 근거가 없기 때문에 신의 존재 근거가 성사관습이라는 라틴어 해독력의 오류에 빠지기 마련이라는 것이다. 이런 맥락에서 크리스트교동아리 구성원은 라틴어 해독력으로 성사관습을 받아들일 수밖에 없다는 것이다. 즉 베렝가르는 신의 존재 근거가 성사관습이라는 근거를 저작물에 대한 라틴어 해독력으로부터 찾아내고 저작물에 대한 라틴어 해독력을 성사관습 인식과정에서 절대자 위치에까지 끌어올려놓고 있다.

베렝가르는 현실에 대하여 민감한 반응을 보이면서도 글자로 확정된 신의 존재 근거를 전혀 모르고 지내는 크리스트교동아리 구성원의 태도를 비판하고 성사관습이 신의 존재 근거라는 점에 접근하려면 타당한 성사관습 활용이 필요하다는 것이다. 베렝가르는 성사관습이 신의 존재 근거인가 문제를 성서에서 제기하고 타당한 성사관습 발원지가 바로 성서라고 강조해두고 있다. 애매한 성사관습은 필요치도 않고 오히려 성서까지도 혼란을 가중시킨다는 것이다. 성서에 근거하여 성사관습이 신의 존재 근거임을 정확하게 밝히고 타당한 성사관습에 대한 전거를 활용해야만 애매한 성사관습 확산을 차단할 수 있다는 것이다.

라드베르트는 베렝가르의 성사관습 비판이 신학동아리의 주요 문제인 신의 존재 근거를 신화 수준으로 전락시키고 말았다고 지적하고 크리스트교동아리 구성원 모두가 함께 성사관습에 참여해야 신의 존재 근거를 라틴어 해독력으로 전달하게 된다는 취지에서 성서의 성사관습 언급 부분까지 해석해야 한다는 것이다. 홈베르트도 타당한 성사관습을 원하는 사람이면 누구라도 성사관습의 사건을 독점할 수 없다는 성사관습 취지를 완벽하게 파악하고 성사관습에 대한 인식을 아예 반대했다. 홈베르트는 더욱이 성사관습에 대한 인식이 성사관습의 근거를 충분하게 분석하지 않는 데서부터 신의 존재 근거 문제를 제기하고 있다는 것이다. 홈베르트는 신의 존재 근거인 성사관습이 천박한 라틴어 해독력 때문에 오류에 빠지고 있으며 베렝가르 역시 마니교동아리 구성원이라는 비난을 면할 수 없다는 것이다. 라드베르트도 베렝가르의 성사관습이 신의 존재 근거에 얽매여 지나치게 단순화되어 있다고 비판하고 지나친 성사관습 단순화는 현세에서 크리스트의 모습을 확인한 것에 불과함으로 증거 없는 성사관습에 대한 결론이란 있을 수 없다는 것이다. 여기서도 라드베르트는 크리스트의 모습 확인이라는 기존 성사관습을 받아들이지 않고 있다.

베렝가르도 크리스트의 모습 확인이라는 기존 성사관습까지도 수용하지 않았다. 라드베르트는 성사관습에 대한 베렝가르의 법률 사례를 자세히 살펴보고서 폭군처럼 감정을 폭발시키면서도 표준인간의 조건을 제시하며 베렝가르의 법률 사례가 떠도는 소문이나 다를 바 없다고 일축하고 천박한 라틴어 해독력에서 생기는 것이기 때문에 베렝가르의 유죄가 마땅하다는 것이다. 라드베르트는 베렝가르를 옹호하는 지정 토론자까지도 성사관습과 라틴어 해독력의 관계를 파악하지 못하고 있다고 한탄하고 있다. 라드베르트는 베렝가르가 성사관습 논쟁에서 신의 존재 근거인 성사관습을 기록물에 근거하여 확증하고 있다는 것이다. 라드베르트의 지적대로라면 베렝가르는 천박한 라틴어 해독력 때문에 성사관습 오류에 빠지게 되어 있었고 성사관습을 소문에 근거하게 했다는 죄목으로 실제로 폐인이 되게 되어 있었다. 그러나 베렝가르는 성사관습에 대한 완벽한 근거를 추구했다. 베렝가르는 저작물의 해독력을 활용하여 성사관습에 체계를 부여하고 신의 존재 근거인 미성숙한 성사관습을 신비에 일치시켜 성사관습의 빵과 포도주가 신비와 서로 보완재를 이루고 있다는 것이다. 베렝가르는 무엇이 인간을 창조했으며, 누가 신의 외모와 닮은 모습을 만들었다고 주장할 수 있는가라고 반문했다.

베렝가르는 무엇이 표준인간인가 문제와 함께 과연 신의 존재 근거가 세 부분으로 만들어졌다고 떠들어대는 무식자에게 왜 성사관습을 믿게 했을까 문제까지 다시 제기했다. 베렝가르는 분명히 훔베르트의 추종자 역시 두 손으로 빵을 뜯어 입에 넣고 이빨로 씹으면 성사관습 신비를 깨닫게 되리라고 훔베르트의 추종자를 싸잡아 비난했다. 베렝가르의 성사관습 비판은 신비 문제를 제기하며 새로운 성사관습 발원지가 되었다.

제 8 장

성사관습 비판과 신비

제 8 장
성사관습 비판과 신비

성사관습 논쟁에서 베렝가르는 넘치는 해학과 재치로 세상을 풍자하며 신비에 초점을 맞춰 성사관습의 전거를 과연 확인했던 가 문제를 제기했다. 그리고 베렝가르는 신의 존재 근거에 대한 종족언어 성사관습 증거가 라틴어 해독력이라면 성서와 같은 기록물에 근거해야 한다는 것을 확신했다. 성사관습의 전거 확인과 함께 성사관습의 빵과 포도주는 물론 크리스트의 몸과 피가 되어 크리스트교 구성원의 공동 체험 대상으로 변화해 갔다. 크리스트의 존재 역시 신비와 일치해 갔으나 크리스트의 사건과 신비 사건을 라틴어 해독력으로 구분하기 시작했다.

무식자와 수도자 학문동아리도 라틴어 해독력이라는 성사관습 전달수단 때문에 서로 다른 성사관습을 갖게 되었다. 무식자는 성사관습을 자기네 생활언어의 감각작용으로 파악했으나 라틴어 해독자는 성서나 기록물을 해독한 다음, 성사관습에 대한 전거를 확인하고 성사관습을 인식했기 때문에 서로 다른 두 가지 성사관습을 갖게 되었던 것이다. 무식자는 크리스트의 존재 근거인 성사관습을 신비로 수용했으나 수도자 학문동아리는 성서나 기록물로부터 성사관습의 신비 사례를 찾아내며 성사관습의 신비 영역을 확대해갔다. 베렝가르는 성사관습에 대한 전거를 활용하여 여러 가지 성사관습을 끌어냈으나 타당한 성사관습을 확정하지 못했고 베렝가르 비판자 역시 타당한 성사관습에 대하여 관심조차 기울이지 않았다.

물론 베렝가르의 성사관습 비판에 대한 비판자 입장에서는 베렝가르가 추구했던 타당한 성사관습을 라틴어 해독력으로 쉽게 확인할 수도 없었을 것이고 기존 성사관습에 들어맞지도 않는다고 베렝가르를 비판하지 않을 수도 없었을 것이다. 베렝가르의 성사관습 비판에 관한 비판자 자료 역시 엉성하기 그지없지만 대략 초기와 후기의 두 단계로 구분하여 자료를 정리해두기로 하겠다.

베렝가르의 성사관습 비판에 관한 초기 단계 자료는 거의 초기 수학시절 친구들과 베렝가르가 서로 주고받았던 편지글이었다. 성사관습 비판을 두고 베렝가르를 비판했던 드로고나 랑프랑의 경우처럼 새로운 베렝가르 비판자들이 옛날 친구들과 교환한 편지글인 것이다. 다른 편지글은 1050년과 1059년 사이에 개최된 종교회의 의사록과 1079년 교황 그레고르 7세의 요구로 개최된 종교회의 의사록을 언급한 편지글 형태의 저작물을 지적할 수 있다. 특히 이들 편지글은 로마 종교회의(1050년과 1059년), 베르체리 종교회의(1050년), 파리 종교회의(1051년), 투르 종교회의(1054)의 의사록까지 비판하고 있다. 이런 맥락에서 정통론자 교회조직의 성사관습까지 기록해둔 자료인 것이다. 다른 부류의 자료는 논문형식이거나 저작물 형식인 것이다. 저작물은 실제로 1049년 초엽부터 위그의 등장과 함께 나타나기 시작하여 아베르사의 뒤랑(1053년), 리에쥬의 아르저(1110~1121)의 성사관습 비판에 관한 자료까지 제시하고 있다.

그런데도 역사 연구자들은 여러 정통론자 교회조직 옹호론자가 베렝가르에게 보냈던 편지글에 근거하여 실제로 정통론자 교회조직의 성사관습 옹호 문제를 다루어 왔다. 당시 정통론자 교회조직의 성사관습 비판자는 랑프랑의 『성체에 관하여』를 활용하여 정통론자 교회조직의 옹호이론을 비판해 왔다. 구이트문트나 아르저도, 랑프랑의 『성체에 관하여』에 근거하여 성사관습 비판논리를 끌어냈다. 구이트문트와 아르저는 랑프랑과 전혀 다른 방법과 다른 시각에서 기존 성사관습을 비판했다. 초기 성사관습 옹호자인 수도자 신학동아리 교사는 라드베르트의 성사관습을 수용했으나 성사관습 체제나 용어의 선택과정에서 전문 지식을 결여했을 뿐만 아니라 성사관습에 대하여 전거를 제시해두고서도 성사관습의 타당함을 지적하는데 그쳤다.

이 초기 성사관습 옹호자와는 달리 베렝가르를 포함한 성사관습 비판론자는 신의 존재 근거인 성사관습을 상징물에 결부하여 성사관습을 비판하고 베렝가르 추종자의 성사관습 비판을 나름대로 성사관습과 신의 존재 근거에 결부하여 옹호했다. 이런 맥락에서 보면 신의 존재 근거인 성사관습에 대하여 전거를 제시하려 했던 풍조가 성사관습 옹호론자는 물론 성사관습 비판론자에게로까지 넓어지기 시작했다. 이제 라틴어 해독력의 산물인 전거는 신의 존재 근거와 성사관습을 한데 묶고 성사관습 옹호론자와 성사관습 비판론자를 비롯한 교회조직 구성원 전체의 공동체험 재구성에서 새로운 소재 발원지가 되어 갔다.

11세기 유럽세계에서 라틴어 해독력의 산물인 전거는 표준 성사관습의 소재가 되었다. 무엇보다 전거는 성사관습과 신의 존재 근거를 일치시켰음은 물론 성사관습 옹호론자와 성사관습 비판론자 모두가 수용할 수 있는 수도자 학문동아리의 성사관습을 표준으로 정착케 했던 계기였다. 성사관습과 전거의 결합으로 탄생했던 수도자 학문동아리의 새로운 표준 성사관습은 유럽세계의 문명 씨앗이 되었다. 수도자 학문동아리의 새로운 표준 성사관습은 크리스트교 전체 세계를 결속하며 크리스트교의 생활영역에다 라틴어 해독력의 활용 영역을 넓혀갔던 것이다. 이런 맥락에서 성사관습은 인간의 구상원리로부터 다양한 존재의 근거 문제를 제기했다. 특히, 성사관습 논쟁은 철학동아리의 존재 근거 원리를 라틴어 해독력의 산물인 전거와 수용하여 성사관습의 다양한 존재 근거를 조합했다. 그 이외에도 미사관습의 빵과 포도주까지 존재 근거로 원용하며 사건의 상징물로 정착토록 보완했다. 성사관습 논쟁은 미사관습에 사건의 상징물이 도입되면서 랑프랑의 성사관습에서처럼 성사관습 자체를 해석자의 지식으로 구성하며 수도자 신학동아리 교사인 페캄프의 요한(대략 990~1078)과 아델만의 사례처럼 기존 성사관습과 새로운 성사관습에 대하여 극단의 이해관계를 명확하게 드러내기 시작했다. 여기서는 이제 성사관습 논쟁을 명확하게 지적해두기 위하여 요한과 아델만의 저작물을 분석하게 되었다. 특히 이 두 수도자 신학동아리 교사의 편지글을 주제별로 분석하는 경우 이 두 수도자 신학동아리 교사는 초기 수도자동아리 교사가 지향하던 스콜라 철학동아리의 논리 근거를 찾아낼 수 있을 정도로 새로운 성사관습을 추구했다는 점도 드러나고 있다.

우선 요한은 성사관습 자체를 별로 중요하게 인식하지 않았다. 다음으로 아델만은 후기에 철학동아리 교사가 중요하게 여겼던 신의 존재 근거인 성사관습을 라틴어 해독력에 연계하여 더욱 확실하게 전문지식의 초기 출현단계에 접근했다. 물론 요한은 볼피아노의 빌헬름(+1031)의 조카로서 디종에다 쌩 벵이느 수도원을 창건했던 인물이다. 요한의 저작물도 물론 3회에 걸쳐 개작되었다. 요한의 저작물이 최후로 개작된 명칭은 『성자의 고백』이었다. 『요한 복음서의 성자 고백』이라는 저작물은 1050년 이후에 이르러서야 배포되기 시작했다. 『요한 복음서의 성자 고백』은 물론 신비와 관련된 조그마한 저작물이다. 그런데도 요한의 『요한 복음서의 성자 고백』은 베렝가르의 성사관습에 대하여 명백하게 반대논리를 담고 있다. 그러나 『요한복음서의 성자 고백』이 베렝가르의 성사관습과 다른 점은 성사관습을 감각이나 체험으로 파악하고 있다는 점이다. 즉 『요한 복음서의 성자 고백』은 성사관습을 타당한 판단기준에 포착하는 것이 아니라, 신앙심에 의하여 감각작용으로 파악하는 것이라고 지적했다.

아델만은 성사관습을 '신의 존재 근거'나 다름없다고 강조했다. 요한은 성사관습이 신의 존재 근거임으로 정신작용으로 인식하게 되며 그레고르 대교황(590~604)이 이미 확증한 바와 같이 성사관습에 이르는 이런 방법도 정전에 근거한 성사관습이라기보다, 특정한 라틴어 해독력에 근거하고 있다는 것이다. 성사관습을 거치면 성사관습의 빵과 포도주는 크리스트의 살과 피라는 존재로 변형되며 성사관습의 빵과 포도주를 크리스트의 살과 피로 변형시키는 신의 존재 근거는 인간이 미사에 참여함으로써 인간의 인식대상이 된다는 것이다. 인간은 성사관습에 참여하여 두 눈으로 성직자를 바라보고 있으나, 신비는 결국 신앙이라는 '인간의 직관력'과 마음속에서 우러나는 자기에 대한 '성찰'을 통하여 인간의 시각으로 파악된다는 것이다. 이처럼 인간은 직관력과 성찰을 통하여 신비를 인식하고 신비로서 크리스트와 관련되도록 이미 예정되어 있다는 것이다.

인간과 크리스트의 관계는 신비를 통하여 인간이 크리스트 내에서 신의 존재 근거에 이르도록 만들고 있다. 이런 맥락에서 신은 성사관습을 인간에게 부여하고 신의 존재 근거를 인식케 한다는 것이다. 신이 부여한 성사관습은 신의 의지로 종족언어 관습과 일치되어 우리 인간에게 전달되며 성사관습으로부터 신과 인간의 결속력 역시 생성된다는 것이다. 성사관습으로부터 발원하는 신비는 우리 인간에게 새로운 결속력을 부여하고 신과 인간의 결속력을 성사관습의 구두계약으로 변형시킨다는 것이다. 성사관습이 신의 존재 근거를 만든다는 점에서 신앙까지도 성사관습 때문에 존재하게 되며 크리스트의 살과 피 역시 성사관습을 통해서만 존재한다는 것이다. 우선 실제 크리스트 모습은 십자가라는 상징물로 우리 앞에 있기 때문에 우리 인간의 눈앞에 있는 크리스트를 부인한다면, 이것은 곧 눈 앞에 보이는 크리스트를 배반하여 이단자의 죄를 짓게 되는 것과 다름없게 된다는 것이다.

그런데도 우리 인간을 신에게 이르게 만드는 촉매제는 다름 아닌 성사관습인 것이다. 신의 존재는 성사관습으로 전달되며 성사관습은 라틴어 해독력의 산물인 소리라는 명상의 수단을 활용하여 전달되고 있다. 신의 존재를 시각작용으로 바라보면 단순한 소리에 지나지 않으나, 소리로서 신의 존재를 인식하면 신의 존재는 결국 성사관습에서 발원하는 정신작용에 근거하고 있는 것이다. 이런 맥락에서 크리스트교는 빵과 포도주의 존재이면서도 먹어도 죽지 않고, 인간의 입에서 씹혀도 조그마한 부스러기로 깨어지지 않게 된다는 것이다. 따라서 크리스트는 미완성의 모습으로 다시 만들어지고 있다. 『요한 복음서』에서도 라드베르트의 성사관습에서처럼 신비를 신의 무한한 권능에서 비롯되는 것으로 설명하고 있다. 요한은 만약 성사관습의 신비가 타당한 판단기준으로 감지할 수만 있다면, 신의 권능이 무한한 것으로 나타나지 않았을 것이라고 지적하고 있다. 『요한 복음서』의 성사관습 접근방법은 성사관습의 신비에 근거하고 있으나 그 성사관습을 반박할 수 없도록 되어 있다. 『요한 복음서』에서 성사관습은 성사관습논쟁에서 아델만이 제시했던 신의 존재 사례와는 다른 것이다.

아델만은 베렝가르의 성사관습 비판이 정통론자 교회조직의 차원을 벗어난 것임을 파악하게 되었다. 아델만은 이후 두 인물이 서로 친구관계였던 메스의 파울리누스에게 베렝가르의 성사관습 비판보다는 자기의 성사관습을 옹호해 달라고 요청하고 있다. 파울리누스는 아델만의 편지를 받고, 다시 베렝가르에게 자기의 입장을 피력하는 편지를 보내고 있다. 파울리누스가 베렝가르에게 보낸 첫 번째 편지글은 1050년 말이나 1051년 초쯤에 전달되었다. 베렝가르에게 보낸 아델만의 두 번째 편지글은 1051년 후반쯤에 전달되었다. 베렝가르는 파울리누스의 편지글에 대하여 회답을 전달했음에도 아델만은 파울리누스가 베렝가르의 회답을 알려주지 않아 자기를 불안하게 만들었다고 주장하고 있다. 그러나 아델만은 어느 정도 시간이 경과하고 나서 파울리누스를 경유하는 간접 편지글보다는 베렝가르에게 직접 편지글을 보낼 것을 결심하게 되었다. 아델만이 베렝가르에게 직접 보낸 편지글은 아델만의 전서 2편에서 개진되어 전해지고 있다. 우선 아델만이 베렝가르에게 보낸 최초 편지글은 1051년 초에 그리고 두 번째 편지글은 1052년 말경에 작성되었을 것으로 추정하고 있다. 여기서 아델만은 베렝가르의 성사관습을 면밀하게 비판하고 있다. 베렝가르의 성사관습 비판을 비판하고 있는 아델만의 편지글은 거의 완벽에 가까운 논문 수준에 이르고 있다.

아델만의 이런 편지글은 두 부분으로 구성되어 있다. 편지글의 첫째 지적해두고자 하는 부분은 서론과 결론인 것이다. 아델만은 편지글의 서론과 결론 부분에서 입증되듯이 크리스트교 구성원 전체의 공감대 영역과 관련하여 성사관습 논쟁에 더욱 확연하게 끼어들고 있으며 이 편지글의 두 번째 부분은 중간 부분인 것이다. 편지글 중간 부분은 크리스트, 성자, 정통론자 교회조직의 성사관습을 라틴어 해독력에 관련 지워 자기의 라틴어 해독력 위주로 분석하고 있다. 아델만의 조그마한 저작물은 치밀하게 구성되어 있다. 아델만의 치밀한 구성논리는 두 가지 성사관습을 제시하고 있다. 성사관습에 관한 아델만의 특정 사례는 베렝가르의 성사관습, 즉 조금 더 명확하게 지적하면 베렝가르의 성사관습 비판에 나타난 허구한 방법을 반박하는데 치중하고 있다. 그러나 아델만도 베렝가르의 성사관습 비판 한계를 뛰어 넘지 못하고 있다. 아델만은 고전시대 학문동아리 교사의 라틴어 관습을 탈피하지 못하여 고전시대 학문동아리 교사의 성사관습이라고 할 수 있는 병렬 형태의 표상을 벗어나지 못하고 있다. 특히, 아델만도 '고전시대 학문동아리 교사의 성사관습'과 최근세대 수도자 학문동아리 교사의 성사관습을 포괄하고 있는 신의 존재에 대한 대비물을 활용하여 병렬형태의 성사관습을 구성하고 있다. 이것은 베렝가르의 성사관습을 비판했던 아델만의 사례에서도 지적될 수 있다. 아델만과 다르게 베렝가르는 성서의 성사관습을 수용하기 위해서는 성사관습에 반드시 신의 존재와 성사관습이 일치해야 한다는 입장을 취하고 있다. 또한 베렝가르는 성사관습을 해석하는데 필요한 전거를 문헌에서 확증하지 못하는 경우, 성사관습 자체를 신의 존재로부터 배제하고 성사관습에 대한 전거가 불확실한 경우 아델만 역시 성사관습과 성서의 관계에서 타당한 성사관습 문제를 제기하고 있다.

아델만은 베렝가르의 성사관습 비판을 크리스트교 구성원의 분리 요인으로 파악하고 있다. 아델만은 성사관습 비판이 크리스트교 구성원의 성사관습에 대한 분리 요인이 되어 크리스트교 구성원의 결속력을 약화시킨다는 것이다. 그러나 아델만도 성사관습을 주로 크리스트교 구성원의 계승의식이라는 맥락에서 파악하고 있다. 아델만이 성사관습을 크리스트교 구성원의 계승의식으로 중시했다는 점에서 샤르트르의 수도자동아리 좌장 퓌르베르(970?~1028)의 성사관습과 다를 바 없다. 아델만은 다음 세기에 나타날 베렝가르의 성사관습 논쟁을 이미 예고하고 있다. 아델만은 베렝가르의 성사관습을 '당대 한 명의 소크라테스만 추종하지 말고, 성사관습으로 일어나게 될 종교 분리 문제를 신중히 검토해 달라고 요청하고 있다. 아델만은 성사관습을 종교 구성원이면 누구나 수용할 수 있는 타당한 판단기준으로 파악해야 된다는 것이다.

아델만은 성사관습을 타당한 판단기준으로 선택하게 되면 이단자동아리의 성사관습까지 허용하는 꼴이 되어 결국 교회조직의 대분열을 방관하는 것과 다를 바 없게 될 것이며 나아가서는 전체 크리스트교 세계를 이어가고 있는 세례관습의 평화까지 파괴하는 행위를 묵인하는 것이라고 지적하고 있다. 이어서 아델만은 이단자 대열에 참여하고 있는 자기 친구에게 귀신의 행동과 다를 바 없는 이단자동아리의 성사관습에 현혹되어 정통론자동아리 교회조직의 분열 행위를 자제하라고 충고하고 있다. 그리고 아델만은 정통론자 교회조직을 분열하는 귀신과 같은 이단자의 성사관습이 프랑스어계와 도이취어계 문화구성원에게까지 전달되어 성사관습을 위험천만하게 해석케 하여 부당한 성사관습을 확산시키고 있다고 일깨우고 있다. 아델만은 현재의 어려운 여건에서도 성사관습이 엄연히 존속되고 있다고 지적하고 있다. 아델만의 논리에 의하면 순교자는 크리스트교세계의 통일을 유지하기 위하여 이단자나 분리자와 싸우고 있다는 것이다. 따라서 지금의 우리도 외부의 어떤 새로운 적대자가 크리스트교세계로 들어오게 용납해서는 안 된다는 취지를 강조하고 있다. 역사의 교훈은 올바른 계승의식을 지켜나가야만 성사관습을 이어갈 수 있다는 것이다. 교회는 초기부터 교리논쟁을 거듭하면서도 각양각색의 외부 적을 물리치고 승리를 거듭해 왔다는 것이다.

크리스트교 세계에서 마니교도와 같은 이교도나 아리우스와 같은 이단자가 어디에 있는가를 둘러보라며 성사관습의 결속력 문제를 제기하고 있다. 심지어 이교도나 이단자의 성사관습으로부터 비롯된 회고담조차도 사라져 버린 상황이라고 아델만은 지적하고 있다. 그런데도 아우구스티누스이나 제롬 등의 여러 과거 선각자로부터 면면히 이어져 온 성사관습을 비판했으며, 여러 수도자 학문동아리는 투기장의 야수처럼 지금도 엄연히 활동하고 있다는 것이다. 더욱 경악스러운 것은 그 숫자가 점차 증가하는 상황이라고 아델만은 언급하고 있다. 이 젊은 수도자 학문동아리는 기존 성사관습을 비판하면서도 아델만과 같은 정통론자 교회조직의 성사관습을 옹호하는 전체 해석자를 무시하고 있다. 아델만은 이 젊은 수도자 학문동아리가 새로운 성사관습을 주장함에 따라서 기존 성사관습을 오히려 오도한 나머지 특히 괴물과 같은 이단자의 기존 성사관습 비판뿐만 아니라 신앙의 본질이나 신앙의 수용방식을 비롯하여 신앙의 숭배 대상에 대해서도 타당함 여부를 따지게 하여 기존 성사관습을 세차게 비판케 고무시켰다는 것이다. 성사관습에 대한 아델만의 이런 지적은 기존 성사관습과 신의 존재 근거에 대한 아델만의 입장 표명인 것이다. 아델만은 저작물 서문에서 기존 성사관습에 어긋나는 성사관습 부분을 지적하고 있다. 아델만의 이런 입장 표명을 토대로 판단 컨데 아델만은 성사관습 논쟁에 대단히 익숙해 있었다는 점이다. 젊은 수도자 학문동아리의 성사관습 비판이 타당하지 않으며 성사관습이 신의 존재 근거라고 주장했던 아델만의 입장은 '나는 세상 사람을 위하여 이 빵, 즉 나의 살을 주는 것이다'를 반복하는 점에서도 드러나고 있다.

크리스트의 존재를 조금 더 면밀하게 분석해 보면, 아델만은 '나는 (과거에) 주었다'가 아니라, '나는 앞으로 주겠다고 크리스트가 언급했음을 명심하라고 성사관습 해석자인 수도자 학문동아리에게 반복하여 당부하고 있다는 점도 간과할 수 없다. 거기다 아델만은 최후 저녁식사를 목격했다는 다수 증인까지 언급하고 있다. 그러나 아델만은 그렇다면 크리스트는 과연 언제 죽었느냐 라는 시간문제를 제기하고 있다. '크리스트의 죽음'도 물론 성사관습으로부터 제기되는 문제임은 틀림없다. 아델만은 『구약성서』의 창세기편에 나오는 성사관습이 곧 신의 존재 근거를 '빛을 주리라'에 근거하여 접근했다. 타당한 성사관습은 신의 존재 근거를 전달하고 주요한 신의 권능까지 전달하고 있다는 것이다. 그렇다면 어떻게 성사관습이 신의 권능을 전달하느냐 문제를 제기하고 있다.

여기서 성사관습이 신의 권능을 전달한다는 문제를 종족언어 표현관습에 결부했다. 성사관습은 종족언어 관습이라는 중간 매체를 거치며 신의 권능을 전달하나 누구나 단순하게 신의 권능에 따른다고 해서 불가능한 일까지도 할 수 있는 능력을 전달받지 않게 된다는 것이다. 즉, 아델만은 불가능한 일을 해낼 수 있는 인간의 능력 역시 성사관습에 포함되어 있다는 취지를 크리스트의 영생과 함께 크리스트가 '내가 아니면 너희는 아무 것도 이룰 수 없다'고 언급한 부분에 근거하고 있다. 아델만은 크리스트가 영생에 이르기 직전 '나는 언제나 너희와 함께 있다'고 언급한 부분을 성사관습의 전거로서 제시하고 있다. 바로 여기서 아델만도 라드베르트의 성사관습을 수용했다는 지적을 벗어 날 수 없게 되는 것이다.

아델만은 라드베르트의 성사관습을 그대로 수용했다. 이것은 아델만이 시간과 영원의 관계를 다루는 과정에서 신에 대하여는 플라톤의 이데아 이론이 실현 불가능한 것으로 파악했다는 점에서도 나타나고 있다. 아델만은 영원과 순간의 두 가지 시간을 지적하고 있다. 아델만은 이 두 가지 시간 개념 문제 때문에 성사관습이 제한 받고 있다는 것이다. 아델만은 인간이 영원 때문에 시간에 대한 감각영역에서 벗어나 있다는 것이다. 영원은 시간의 감각영역에서 벗어나 있다. 그래서 시간과 영원은 크리스트를 통하여 일치하게 된다고 설명하고 있다. 크리스트는 시간을 통하여 이 장소에서 저 장소로 이동하고 있다는 것이다. 뿐만 아니라, 크리스트는 영원의 시간개념으로 사도와 함께 머물면서 시간의 감각영역으로 들어오게 된다는 것이다. 아델만의 지적대로라면 크리스트는 무한하게 영원한 존재이며, '어디서나 완전하게 존재함으로써 장소 한계를 벗어나고 있다'.

신의 존재는 이런 방식으로 '신의 자손'이 '인간의 자손'과 분리되지 않도록 결속시키고 있다. 아델만은 '신의 자손'과 인간의 자손이 분리되지 않는다는 점에서 인간인 크리스트와 신의 아들인 크리스트를 다시 일치시키고 있다. 아델만은 신의 존재와 인간의 아들이 크리스트라는 점을 다시 설명하기 위하여 성서를 성사관습의 전거로서 제시하고 있다. 아델만은 크리스트가 동시에 두 세례관습, 즉 인간과 신의 세례관습과 자연스럽게 관련되어 있다는 전거를 성서 어디서나 언급되고 있는 성사관습이라고 지적하고 있다. 아델만은 성서를 성사관습의 전거로 활용하여 크리스트의 존재와 그 위치를 확증함은 물론 성사관습까지도 다시 접근하고 있다. 아델만은 실제로 성사관습에 대한 신의 존재 문제를 깊이 있게 제기하고 있다. 크리스트의 살과 피가 외형으로 존재하지만 실제로 변형되면서도 인간의 시각 영역에서 파악되지 않는 이유가 무엇인가라는 문제를 아델만은 지적하고 있다.

아델만은 성사관습이 신의 존재 근거라는 문제를 곧 사도 바오로가 지적해둔 신앙으로 돌아가고 있다. 사도 바오로는 성사관습이 시각 작용으로 파악되는 신의 존재 근거라고 다음과 같이 지적하고 있다. 즉 인간이 곧 (종류의) 부류이기 때문이 아니라, 인간이 신앙으로 인도되기 때문이라고 지적했다. 사도 바오로의 이런 지적을 아델만은 성사관습이 신의 존재 근거라는 전거로 활용했다. 따라서 사도 바오로는 신앙을 가진 사람이면 누구에게서나 발현될 수 있는 신의 존재 근거가 성사관습이라고 언급했다. 사도 바오로는 성사관습의 전거를 다음과 같이 다시 제시하고 있다. 여러 사도가 성사관습의 표지를 외부로 드러냈다고 가정한다면, 신앙은 인간 생활에서 정의를 실천하는 수단이 될 수 없었을 것이라고 단정하고 인간이면 누구나 자기의 소망을 신의 존재 근거로서 확증하려고 하는 것을 부인할 수 없다는 것이다.

신앙은 어쨌든 인간이 시각 작용으로 분명히 인식할 수 있는 대상이 아니나 성사관습이라는 신의 존재 근거를 지니고 있기 때문에 생명력을 지니게 된다는 것이다. 이런 맥락에서 성사관습은 신앙이동 도구이기 때문에 인간에게 신의 존재 근거에 대한 확증을 심어 줄 수 있어야 한다는 것이다. 즉 성사관습이 인간에게 신의 존재 근거에 대한 확증을 심어주려면 모든 인간이 수용할 수 있도록 타당해야 하며 타당한 성사관습이라면 신의 합당한 존재 근거이기 때문에 신의 존재 근거 역시 생명력을 부여받을 수 있다는 것이다. 타당한 성사관습이라 하더라도 타당한 성사관습 자체가 신의 존재 근거라는 실체를 지니지 못하면 물론 영혼도 실체를 지닐 수 없다. 여기서 아델만은 여기서 영혼이 신의 존재 근거라는 실체를 지니지 못하게 되면 어떤 존재 이면에 숨겨져 있는 존재나 다를 바 없다는 맥락에서 성사관습에 관한 자기의 견해를 피력하고 정확한 성사관습 문제를 다음과 같이 제기했다. 아델만은 세례관습을 신비와 관련 지우지 않게 되면 세례관습의 물이 단순한 물에 불과하지만 세례관습을 신비에 관련 지우게 되면 세례관습의 물이 단순한 물로 보일 수 없다는 것이다. 아델만은 세례관습을 신비로 인식하는 경우 세례관습의 물도 신비를 지니게 되며 신비를 인식하지 못하는 사람이라면 세례관습의 물 자체가 단순한 물로 보이게 된다는 것이다. 여기서 아델만은 다시 세례를 받은 사람이 세례를 받았다고 해서 세례를 받지 않은 과거의 자기와 세례를 받은 이후의 자기가 달라질 수 있겠는가라는 문제를 제기하고 세례를 받은 이후의 사람과 세례를 받기 이전의 사람이 다르게 보일 수 없다는 것이다.

아델만은 세례관습을 인간 재생의 목욕으로 파악하고 사람이 재생의 목욕을 했다고 해서 달라질 수 없다는 것이다. 이것은 사람이 아무리 재생의 목욕을 했다고 해서 검은 사람이 희게 변화될 수 없는 것과 다를 바 없다는 것이다. 여기서 아델만은 세례관습의 물 의미를 서로 전달할 수 없는 무식자를 교육시킨다고 해서 무식자가 달라질 수 없는 것과 같다고 강조하고 있다. 아델만은 인간의 체험이 감각의 일부에 지나지 않지만 성사관습의 포도주를 통하여 체험하는 신의 존재 근거보다는 오히려 감각으로 체험한 신의 존재 근거가 더욱 중요하다는 것이다. 그런데도 인간은 감각으로 체험한 환상에 매료되기 마련이라는 취지에서 거울에 비친 영상을 사례로 제시하고 있다. 아델만은 거울의 영상이 조용한 호수 수면 위에 비치고 있는 그림자와 분명히 다르나 호수 수면 위의 그림자가 현상임을 망각하고 호수 수면 위의 그림자를 거울 속의 영상처럼 인식하게 된다는 것이다. 아델만은 감각과 정신 활동의 관계를 더욱 확실하게 열거하며 신의 존재 근거에 대한 감각을 더욱 순수하게 인식하고 있다. 그런데도 인간은 신의 존재 근거에 대한 육체 감각 영역과 정신 작용을 지식에서 분리하지 않고 있다. 인간의 본질에는 신의 존재 근거에 대한 인식작용의 힘과 존재의 힘이 포함되어 있다는 것이다. 아델만은 여기서 지각 작용과 감각 작용을 신의 존재 근거에 대한 다양한 현상과 관련 지워 분석하고 있다. 신의 존재 근거에 대한 여러 다양한 현상 중에는 인간이 보아서 인식하게 되는 것, 인간이 들어서 인식하게 되는 것, 지식으로 인식하게 되는 것 등도 있다는 것이다.

그 이외에도 어떤 존재는 글자를 해독해야만 존재하게 되는 것도 있다는 것이다. 즉 어떤 존재는 감각 작용과 정신 작용은 물론 글자로 기술하고 그 글자를 해독해야만 존재하도록 통제하는 것도 있다는 것이다. 글자로 기술해서 해독해야만 존재하게 되는 것은 감각과 정신이 동시에 작용해야만 파악될 수 있다는 것이다. 글자로 기술해서 해독해야만 존재하게 되는 여러 대상 중에는 감각 작용으로는 전혀 접근할 수 없는 것도 있다고 아델만은 지적하고 있다. 이처럼 불가사의한 존재는 바로 신의 존재 근거인 성사관습과 같은 존재 현상으로서 존재하게 된다는 점을 강조하고 있다. 아델만은 신의 존재 근거인 성사관습과 같은 현상으로서 존재하게 되는 존재 사례로서 음률을 지적하고 음률과 관련된 존재 현상을 나타나게 만든 모든 존재와 여기에 수반된 정신의 화두까지 포함시키고 있다. 그래서 마음이 아무리 순수하고 세련미를 갖추고 있다고 하더라도, 마음으로 인식할 수 없는 영역이 있게 되어 있다는 것이다. 따라서 인간의 활동도 글자로 기술하고 읽어야만 인식될 수 있기 때문에 신의 의지에 관련되어 있다고 아델만은 주장하고 있다.

아델만은 인간의 어떤 활동도 신의 의지에 관련되어 있지 않는 경우 성사관습의 신비를 인간의 지각 능력으로 파악하기에 충분치 못할 수도 있다는 것이다. 그런데도 인간은 성사관습의 신비를 인식하게 되면 크리스트의 영원한 구원에 이르게 된다고 설명하고 있다. 그 사례로서 아델만은 지각 작용과 타당한 판단기준의 작용으로 세례를 인식할 수 있게 되는 것은 무엇 때문인가 라는 화두를 제시하고 있다. 아델만은 여기서 세례관습의 물 경우를 존재 사례로서 표면화하고 물을 촉각으로 느끼고, 시각으로 보며, 미각으로 맛을 알게 된다고 지적하고 있다. 이런 점에서 물의 경우 감각 작용을 초월할 수 없으며 타당한 판단기준으로도 물이라는 현상의 성질에서 세례를 알아차리게 된다는 것이다. 즉, 물의 사례로서 흐름의 속도, 형태 유무, 공기 중의 습기, 물과 불의 관계, 흙과 물의 관계 등을 인식하게 된다고 지적하고 있다. 그러나 세례관습에서는 물을 인간의 죄를 면제하는 존재의 대비물로 활용하고 있다. 이것은 인간의 능력으로 파악할 수 없는 비밀을 물이 지니고 있다는 것이다. 그런데도 인간의 능력으로서는 물의 이런 비밀을 파악하지 못한다는 뜻이기도 하다. 물은 비밀을 드러내지 않는다. 아델만은 물의 사례에서처럼 우리 인간의 능력으로 파악할 수 없는 것이 있을 수밖에 없다는 것이다. 인간이 파악할 수 없는 물의 사례에서처럼 아델만은 육체의 체험 감각을 초월한 존재, 즉 물의 성질로서 '재생되는 윤회'를 정신작용 대상으로 언급하고 있다.

아델만은 정신 작용이 재생되는 윤회에서처럼 인간이 원상으로 환원된다면, 소위 원죄를 범하기 이전 상태에 이르게 된다고 주장하고 있다. 여기서 아델만은 인간의 원죄를 화두로 제기하고 있다. 아델만이 제기한 원죄 화두는 성자-성부-성신의 일체로 표지되는 삼위일체에 관련되고 있다. 인간은 삼위일체를 통하여 인간의 능력으로 인식할 수 없는 인물, 즉 신의 존재가 지상 인간에게 내려 보낸 인물을 인식하게 된다는 것이다. 아델만은 신의 존재가 삼위일체로서 지상 어디서나 존재하나, 인간에게는 그 모습을 드러내지 않게 된다는 것이다. 신의 존재는 인간의 감각영역을 벗어나 있기 때문에 타당한 판단기준으로도 인식할 수 없다는 것이다. 그래서 신의 존재는 유일한 존재로서 신앙 대상이 됨과 동시에 인간과 인간을 결속해 주는 유일한 중간자요, 표준인물이라고 아델만은 강조하고 있다. 이외에도 신의 존재는 인간의 중간자로서 만물을 지탱케 하며 인간을 인도하는 표준인물이기 때문에 인간이 신앙을 갖게 되면 험난한 시대의 바다를 지나 무사히 영생의 목적지에 이르도록 인간을 인도하고 있다고 주장하고 있다. 그래서 신의 존재는 인간이 두터운 구름장과 같은 과오를 추악하게 범할 지라도 사방으로 인간을 감싸주며 회개관습의 길로 인도하고 있다고 거듭 강조하고 있다.

제 9 장

위그와 뒤랑의 성사관습 비판과 상징물

제 9 장
위그와 뒤랑의 성사관습 비판과 상징물

아델만은 베렝가르의 성사관습 비판을 비판하여 초창기 대표자 위치를 차지했다. 아델만의 이런 위치 배경은 성사관습 비판 과정에서 인간이 타당한 판단기준을 지녔다고는 하나 그 판단기준 한계를 뛰어넘지 못하고 있으며 인간이 판단기준 한계를 극복하려면 유일한 신의 존재를 신봉하는 신앙을 지녀야 한다고 주장했기 때문이다. 아델만은 인간의 능력 한계를 보완하는 점과 관련하여 인간 창조자가 어떤 다른 능력자보다 밉살스러운 점이 덜하기 때문이라는 이유를 밝히고 있다. 이처럼 인간의 정신은 모순을 내포하고 있으나 인간 정신의 모순은 철학동아리의 존재근거를 발원케 하면서 세상을 변화시키고 있다.

인간 정신의 모순은 철학동아리의 존재근거를 물 위의 거품처럼 변화무쌍하게 만들고 인간의 정신 역시 만물과 결속관계를 만들어 내면서 성사관습 변화라는 사건을 분석하여 판단기준을 끊임없이 분화시키고 있다는 것이다. 폼 포우스는 감각 작용으로 인식할 수 있는 존재로부터 전문 지식으로 인식할 수 있는 존재에 이르기까지 판단기준의 작용에 대하여 화두를 제시한 바 있다. 폼 포우스가 이런 화두에서 신앙 문제를 배제시키고 있는 사례는 아델만의 성사관습이 저작물의 성사관습을 대응논리 방식으로 활용하고 있다는 점서도 입증되고 있다.

아델만은 브레톤인 아스케린, 앙그르의 아나스타시우스, 리에주의 테오두인 등이 저작물의 성사관습을 약간 축소하여 활용한 나머지 성사관습을 대응논리에 접목시키고 있다. 여하간 아델만은 정통론자 교회조직의 성사관습을 비판함과 동시에 정통론자 교회조직의 성사관습 옹호론자 까지도 비판했다. 아델만과 같은 정통론자동아리 교회조직 비판론자는 정통론자동아리 교회조직의 옹호론자보다는 취약한 입장에서 정통론자 교회조직의 성사관습을 비판했다. 아델만을 포함한 정통론자동아리 교회조직 비판론자는 성사관습 비판을 취약한 입장에서 출발했지만, 베렝가르의 추종자를 이겨낼 수 없었다.

그러나 랑그르의 위그는 예리하게 성사관습 비판의 전거를 제시하며, 아델만과 같은 정통론자 교회조직 비판론자를 비판했다. 위그는 『크리스트의 체험 징표에 관하여』를 저작했다. 위그가 저작한 『크리스트의 체험 징표에 관하여』는 1049년 10월 도시 렝에서 종교회의가 개최되기 이전, 베렝가르와 지리한 성사관습 논쟁을 거친 이후 저작되었다. 위그는 아델만의 경우처럼 현실 원리에 초점을 맞추어 성사관습을 접근했다. 위그의 현실 원리는 성사관습을 신의 의지와 신에 연계시켜 접근한 것이다. 위그의 현실 원리에서는 성사관습과 신의 존재가 빵과 포도주를 크리스트의 살과 피로 '변형시킬 수 있는' 힘을 지녔다는 것이다. 이런 점에서 위그의 성사관습은 베렝가르보다 약간 나중이긴 했지만, 철학동아리의 지식 관례 출현을 예고하고 있다.

랑그르의 위그는 철학동아리의 존재근거 문제를 제기했다. 위그의 저작물은 성사관습 비판에서 독특한 위치를 차지하고 있다. 위그가 저작한 「크리스트의 체험 징표에 관하여」는 간략하면서도 베렝가르를 포함한 초기 성사관습 비판을 포괄하고 있다. 뿐만 아니라, 위그의 저작물은 베렝가르의 후학인 트로앙의 뒤랑, 랑프랑, 그리고 구이트문트 사이에서 지리하게 오갔던 성사관습 논쟁을 이어주는 가교 역할을 담당했다. 위그는 베렝가르의 성사관습 비판을 성사관습에다 '과오 덮개'를 씌운 것이나 다름없다고 지적하고 있다. 위그는 베렝가르의 성사관습 비판에 대하여 베렝가르가 성사관습 본질을 교부의 성사관습에 결부하여 세밀하게 분석했더라면 크리스트의 몸을 육체와 비육체로 분리하여 인식할 수 있었을 것이라고 지적했다. 베렝가르의 성사관습 비판에서는 정신 작용으로 성사관습을 파악할 수 있었을 뿐만 아니라, 성사관습을 감각 작용으로도 인식할 수 있었을 것이라는 취지를 드러냈다.

위그는 베렝가르의 성사관습 비판을 두고 성사관습에다 '과오 덮개'를 씌운 것이라고 지적했다. 그리고는 성사관습 자체로부터 십자가라는 상징물에 이르기까지 신의 존재 근거 문제를 제기했다. 빵과 포도주의 존재물이 변화하지 않으나 크리스트가 십자가에 못 박혀 실제로 죽었다 하더라도 크리스트의 몸이 조물주의 의지를 따르는 존재에 불과하다는 베렝가르의 성사관습에 대하여 다시 신의 존재 근거 문제를 제기했다. 거기서 다시 위그는 베렝가르의 성사관습 비판을 신의 존재 근거 문제에까지 확대하여 세밀하게 분석했다. 성사관습은 빵과 포도주에 포함된 신의 존재 근거임으로 성사관습의 빵과 포도주가 외형상 물질에 불과하지만, 신의 의지와 일치하면서 새로운 신비를 부여받게 된다는 것이다.

그러나 성사관습의 빵과 포도주가 신의 의지와 결부된 이후에도 빵과 포도주의 존재물이 존속하고 있다면, 성사관습의 빵과 포도주 자체가 다른 존재로 변화했다고 단정할 수 없다는 것이다. 거기다 성사관습의 빵과 포도주 자체가 정신 작용으로 어떤 존재를 지니고 있다면 크리스트의 몸이 지금까지 지상에 있었다는 점을 명확하게 인식할 수 없게 된다는 논리를 피력했다. 지식은 성사관습으로 전달되는 신의 존재 근거인 것이며 지식을 전달하는 신의 존재 근거는 수도자 신학동아리 교사와 해석자의 특정한 라틴어 해독력을 유통시키는 역할을 담당하고 있다는 것이다.

크리스트는 수도자 신학동아리 교사와 해석자의 관계에서 창조자가 아니라 타당한 성사관습에 대한 심판자 위치를 차지하고 있다. 크리스트는 성사관습보다 신의 존재 근거를 창출하고 성사관습의 체험 표상을 신의 존재 근거로 표현하거나, 인간이 신의 존재 근거를 전달토록 소리를 배열하여 만들어 내고 있다. 하지만 본래부터 크리스트는 물질에서 창조된 몸이기 때문에 성사관습의 체험 표상을 만들어 내지 못하고 있다는 것이다. 베렝가르의 성사관습 비판에 대한 위그의 이런 오해도 바로 성사관습에서 기인하고 있다. 위그는 베렝가르의 성사관습 비판을 정확하게 분석하지 못했다. 위그는 마음 작용으로 표면화시킨 라틴어 해독력을 부인하지 못하고 있다. 위그는 빵과 포도주로 연계되는 성사관습을 인식하지 못하고서는 신의 존재 근거를 인식할 없다고 주장하고 있다.

위그의 이런 성사관습은 베렝가르의 성사관습 비판을 비판했다기보다는 오히려 옹호하는 입장과 다를 바 없다. 그러나 위그는 베렝가르보다 더욱 뚜렷하게 상징물과 신의 존재 근거 관계를 강조하고 있다.

위그의 이런 성사관습은 상징물에 바탕을 둔 베렝가르의 성사관습 계승자임을 드러내는 대목인 것이다. 어떤 형식으로든 위그는 베렝가르의 성사관습 비판 수용자였다. 성사관습의 빵과 포도주가 신의 존재 근거이나 인간의 시각 작용으로 인식 가능하게 되어 있으므로 단순하게는 인간의 구원이 불가능하다는 것이다.

즉 성사관습의 빵과 포도주가 단순한 물질에 불과하지만 그 자체가 신의 의지에 따라서 크리스트의 몸과 피로 변화한다는 것이다. 위그는 성사관습의 빵과 포도주를 신의 존재 근거와 신의 존재에 대한 체험 표지로 분리하고 성사관습 이면에 신의 존재가 작용하고 있다고 해석하여 신의 존재 근거인 성사관습에 대한 체험 표지와 다르게 신의 존재에 대한 체험 표지와 관련 지우고 있다. 위그는 신의 존재와 신의 존재 근거에 대한 체험 표지를 분리하고 있다. 이런 맥락에서 판단하면 성사관습이 신의 존재 근거라고 주장했던 라트람의 주장을 수용하지 않고 있는 것이다. 위그는 라트람의 성사관습에 대하여 황제의 경우처럼 특정한 사람이 그보다 아래 사람에게서 재판을 받을 수 없는 사례와 같기 때문이라는 것이다.

그러나 위그는 성사관습의 상징물과 신의 존재 관계를 너무 조급하게 생각한 나머지 성사관습의 빵과 포도주에만 한정하게 된다면, 물에 빠진 사람이 잡으려고 하는 지푸라기와 다를 바 없다는 것이다. 위그의 접근 방법에 따른다면, 신의 존재 자체를 지식으로 인식하여 본래 신의 존재 근거를 면밀하게 추적해 보는 것이 불가피하게 된다는 점에 초점을 맞추고 있다. 특정한 존재에 대한 성사관습 변화는 오래 동안 유지되어 온 지식에 대하여 종지부로 인식될 수도 있다. 기존 성사관습이 신의 존재 근거임을 이탈했다는 것은 정통론자 교회조직이 신의 존재에 대한 순수한 체험 표상을 성사관습의 상징물로서 빵과 포도주를 결국 수용하게 되는 것이다. 이런 점에서 위그는 신의 존재 근거로서 성사관습보다 사실상 전문 지식으로서 신의 존재를 중시했던 라드베르트의 성사관습을 견지하고 있다고 하겠다.

또한 위그는 신의 존재를 중시했던 라드베르트의 성사관습 분석방법에서 성사관습의 상징물을 강조하고 있다. 위그는 신의 존재를 중시했던 라드베르트의 성사관습 분석방법에서 성사관습과 상징물을 관련 지우는 과정에서 현실에 바탕을 둔 성사관습과 일치시키고 있다. 뿐만 아니라 위그는 스콜라 철학동아리가 출현하기 이전과 이후의 성사관습을 비교하면서, 신의 존재 근거인 성사관습 자체에서 신의 존재 변화를 분석하고 있다. 여기서 위그는 성사관습의 빵과 포도주가 결국 신의 존재라는 외형과 본질을 포함하고 있기 때문에 타당한 판단기준과 신의 존재 일치를 강조하고 있다. 그러나 베렝가르는 위그와는 다르게 신의 존재 근거인 성사관습의 빵과 포도주 자체로서는 신의 존재처럼 효력을 지닐 수 없다는 것이다. 그런데 여기서 베렝가르는 타당한 판단기준을 이탈하여 함께 체험대상으로서 성사관습을 파악하고 있다는 점이다.

라드베르트는 성사관습 분석방법에서 신의 존재나 그 본질을 분리해서 생각할 수 없다는 이유를 다시 첨가하고 물이 포도주로 변화되면, 그 물은 어떤 성사관습에서든 이제 더 이상 물이 될 수 없다는 논거를 제시했다. 위그는 여기서 베렝가르가 신의 존재 변화와 그 본질을 유추하는 과정에서 오류를 범했다는 것이다. 위그는 성사관습 분석에서 신의 존재라는 것이 인간의 눈앞에서는 변화하고 있는 것 같지만 성사관습 자체 측면에서 신의 존재로 파악하면 신의 존재로서 동일하게 존속하고 있다는 것이다.

다시 위그는 다음과 같이 신의 존재 사례를 지적하고 있다. 즉, '공기는 화살이 날아가도 아픔을 느끼지 않는다.' 위그는 신의 존재가 성사관습에서 변화하려면 신의 존재 근거로서 성사관습과 같은 신비가 필요하다는 것이다. 다시 위그는 신의 존재가 성사관습에서 변화하려면 신의 의지가 필요한 것처럼, 인간의 정신 변화에도 신의 중재를 반드시 필요하게 된다는 것이다. 거기다 자연은 영원히 모습을 드러내지 않는 신의 존재와 결속되어 있다. 신의 존재는 정신 작용과 확고하게 다져진 자연과 결속력을 지니고 자연을 다시 만들어 내게 된다는 것이다. 신의 존재와 자연의 이런 관계를 인간의 정신작용 때문이라고 위그는 주장했다.

신의 존재는 여기서 신의 존재 근거를 상실하고 있다. 그런데도 베렝가르는 신의 권능을 자연에 동화케 했다고 위그를 비판했으나 신의 존재 근거로서 성사관습과 같은 신비는 사실상 이렇게 해명할 수 없다는 것이다. 신의 존재는 창조주의 살에서 만들어졌기 때문에 성사관습의 빵과 포도주 역시 신의 존재 의지에 따라서 크리스트의 살과 피가 된다는 것이다. 이런 맥락에서 위그는 신앙을 가진 사람은 자유의 몸이나, 성사관습에서처럼 신의 베일을 필요로 하는 인간은 노예몸이라는 것이다. 위그는 본질상 신의 존재가 본질을 변형할 수 있기 때문에 신의 존재 본질이 물질을 매개로 하는 세례관습에서는 변화할 수 없다고 다시 확인하고 있다. 신의 존재가 물질을 매개로 하는 세례관습에서 변화할 수 없다는 것은 신의 존재 근거로서 성사관습 사례에서 확고하게 입증된다는 것이다. 성사관습의 빵과 포도주는 신의 피조물이다. 신의 피조물은 또한 성사관습의 빵과 포도주와 같이 신의 존재를 위하여 존재하고 있다.

한편으로 신의 존재는 인간이 시각으로 인식할 수 없을 정도로 신속하게 영구불변의 자연을 변화시키고 있다. 거기다 신의 존재는 자연 속의 만물과 조화를 이루도록 '자기 모습을 변형하고' 있다는 것이다. 위그의 성사관습 비판은 물론 베렝가르의 성사관습 비판과 달랐다. 베렝가르는 성사관습을 '무지하다고 느낄 정도로' 일단 당연하게 받아들이고 있다. 그러나 위그는 베렝가르의 성사관습 비판이 미성숙 단계를 탈피하지 못하고 있다고 해서 베렝가르계 해석자 입장을 반대했다. 위그는 신의 존재로서 라드베르트의 성사관습이 미성숙하다고 비판하면서도 신의 존재와 자연의 조화를 중시했다며 플라톤의 라틴어 번역 저작물에 고무되어 있었다.

위그는 플라톤의 이데아론이 담고 있는 신의 권능을 최근세대 수도자 학문동아리의 성사관습에 비추어 분석하고 있다. 위그는 고전시대 학문동아리들의 체험을 재구성하여 최근세대 수도자 학문동아리의 성사관습을 최근세대 수도자 학문동아리의 행동양식에까지 확대하고 있다. 위그는 신의 권능을 두 가지 부류로 구분하고 있다. 위그는 신의 권능에서 발현되는 존재를 인간의 시각에 보이는 것과 인간의 시각에 보이지 않는 것으로 구분하고 있다. 위그는 그런 구분과정에서 고전시대 학문동아리의 선험을 되새기고 있다.

위그는 고전시대 학문동아리의 선험을 되새기기 위하여, 성사관습으로 과거의 사건을 현재 재현하고 있다. 위그에게 '최후의 저녁식사'는 과거의 사건임과 동시에 현재의 존재이었다. 그래서 위그는 최후의 저녁식사가 존재의 대비물을 활용하여 성사관습의 본질을 언급했다기 보다는, 제물을 봉헌하는 과거 상황과 다를 바 없다는 관점에서 존재 문제를 제기하고 있다. 신비는 최후의 저녁식사에서 나타났다. 그런데도 그 신비는 제물을 중심으로 구성되었다. 최후 저녁식사의 신비에서 제물은 고기라는 물질이었다. 고기의 제물은 최후의 저녁식사에서 신비를 환기시키고 있다. 여기서 신비는 주로 고기를 재료로 한 존재로 발현되고 있다. 존재로 발현된 신비의 본질에 따라서 크리스트의 탄생은 현세에서 구성된 성사관습이 아니라는 결론에 이르고 있다.

크리스트의 탄생은 또한 단순한 '사건으로 나열된 존재'를 내포한 것도 아니었다. 그렇다고 크리스트의 탄생은 성사관습을 거치면서 지상에서 재현된 사건은 더욱 아니라는 것이다. 그런데도 고기는 신의 말씀을 만들고 있다. 고기로 만들어진 신의 말씀은 변화무쌍하기 그지없다. 신의 변화무쌍한 말씀이 아무리 고기로 만들어졌다 하더라도, 신의 말씀은 창조물을 다시 개조시키면서 행동으로 실행되고 있다. 신의 말씀은 고기 덩어리였다. 그런데도 신의 말씀은 보이지 않는다. 여기서 고기는 이미 신의 말씀으로 존재하고 있다. 그런데도 인간은 고기인 신의 말씀을 눈으로 볼 수 없었다. 이것은 고기가 신의 말씀으로 이미 존재하면서도 인간이 신의 말씀을 눈으로 볼 수 없도록 만들기 때문에, 고기의 본질에 가려져 있는데 불과하다는 것이다. 고기는 존재하고 있다. 고기는 인간이 정신을 작용시킨다 하더라도 인간의 시각으로 고기임을 부정하지 못하도록 만들어져 있다.

위그는 성사관습에 관련된 고기라는 신의 말씀에 대한 결론을 제시하지 않고 있다. 그러나 위그는 장차 태동할 스콜라 철학의 관점에서 파악하면, 부류라는 신에 대하여 화두를 제공하고 있다. 위그는 기존 성사관습으로 바라보면 대단한 충격이라고 지적하고 있다. 이것은 위그의 성사관습으로 인하여 뒤랑이 결국 『크리스트의 징표에 관하여』를 저작하게 되었다는 점에서도 입증되고 있다.

뒤랑은 베렝가르의 성사관습 비판을 비판하고 있다. 뒤랑은 베렝가르의 성사관습 비판을 비판하면서도 신학의 분석방법을 활용하여 최초로 성사관습에 접근하고 있다. 신학의 분석방법을 적용하여 성사관습을 해석한 뒤랑은 성서와 교부전기를 비롯한 중세 초기인의 저작물을 분석하여 정통론자 교회조직의 성사관습을 옹호하고 있다. 그런데도 뒤랑은 정통론자 교회조직의 성사관습을 비판한 베렝가르와 정통론자 교회조직의 성사관습을 옹호한 위그와 여전히 서로 불편하게 얽히고 있다. 뒤랑은 신비를 중시하고 있다. 뒤랑이 신비를 중시한 것은 성사관습의 지식을 거부하는 태도였다. 한편으로 뒤랑은 성사관습에 근거하여 성사관습의 존재에 접근하고 있다. 뒤랑의 이런 태도를 일종의 혼합논리라 지적할 수도 있다. 그런데도 뒤랑은 라드베르트의 성사관습을 수용하고 있다.

뒤랑은 라드베르트의 성사관습에다 무한 시간의 개념, 즉, 영원한 시간개념을 일치시키고 있다. 또한 뒤랑은 존재를 신의 의지에서 만들어지는 것으로 파악하고 있다. 뿐만 아니라 뒤랑은 절대자의 전지전능함도 절대자인 신의 의지에 따라서 작용하는 것으로 파악하고 있다. 따라서 뒤랑은 인간이 인식할 수 있는 것보다 종교에서 신의 의지로 재현되는 성사관습에 참여하는 것을 가장 중요한 것으로 인식하고 있다. 그러나 뒤랑은 저작물의 성사관습을 성사관습의 전거가 된다는 점에서 중요하게 인식하고 있다. 뒤랑은 지식을 당연하게 성사관습에 필요한 것으로 수용하고 있다. 뒤랑은 다양한 수도자 신학동아리 교사들이 찾아낸 존재의 전거로부터 성사관습의 존재를 제시하고 있다. 다양한 수도자 신학동아리 교사들의 성사관습은 최종 단계에 이르면 저작물의 성사관습과 서로 접목되었던 점을 간과할 수 없다.

프란치아는 '프랑크종족의 문화영역'이라는 지역명칭이었다. 9세기부터 프란치아는 급격하게 와해되기 시작했다. 10세기를 경과하면서 과거 프란치아는 붕괴되었다. 이런 프란치아의 붕괴는 곧 정통론자 교회의 분리를 내포하게 되었다. 프란치아에는 정통론자 교회가 분리되어 다양한 이단자들이 출현하고 있었다. 11세기 유럽사회의 이러한 분위기에서 다양한 이단자와 이교도들은 정통론자 교회의 성사관습을 반박하기 위하여 저작물의 전거를 활용하고 있었다. 정통론자 교회의 성사관습은 다양한 이단자와 이교도들이 전거를 활용함에 따라서 논박 당하던 상황이었다. 여기서 뒤랑의 임무는 정통론자 교회의 교리를 이단자와 이교도의 논박으로부터 보호하는 것이었다. 정통론자 교회의 교리가 이단자와 이교도로부터 아무리 논박당하고 있더라도 신의 의지는 빵과 포도주 이면에서 발현되지 않았다. 그러나 뒤랑은 정통론자 교회의 교리를 비판하는 이단자나 이교도동아리들의 논박을 분석하게 되었다. 뒤랑은 이단자나 이교도들로부터 정통론자 교회의 성사관습이 논박당하는 이유를 분석한 결과 과거의 수도자 신학동아리 교사들이 기술한 간략한 존재의 표지 때문이라는 것을 파악하게 되었다. 그래서 뒤랑은 초기 크리스트 교도들의 활동기로부터 당대까지 교부들의 성사관습을 검토하겠다는 임무를 표명하고 있다.

뒤랑이 고전시대 학문동아리들 성사관습으로부터 저작물의 전거를 찾아내어 이단자나 이교도동아리들의 성사관습을 비판하게 되자, 뒤랑의 비판자들은 결국 초기 크리스트교 시대로부터 당대까지의 이단자들을 결국 일종의 고질병처럼 인식하게 되었다. 초기 크리스트교

시대로부터 당대까지의 이단자 출현은 일종의 '규약'과 같거나, '고전시대 학문동아리들 사이에 만연하던 고질병'과 다를 바 없다는 것이었다. 뒤랑은 이단자들의 성사관습이 '확산되는 것'으로 인식하고 있다. 또한 이단자들의 성사관습을 지식 때문에 만들어지는 일종의 사회현상으로 파악되고 있다. 즉, 이단자의 성사관습이 출현하게 된 요인은 라틴어관습 때문이었다. 여기서는 베렝가르의 성사관습 비판을 분석하면서 이단자의 성사관습 출현이 라틴어관습 때문에 생기게 되는 고전시대 학문동아리들의 고질병이었음을 지적한 바 있다. 11세기 유럽사회의 이단자도 고전시대 학문동아리들의 과오가 부활된 것이었다. 11세기 유럽사회의 이단자는 라틴어 표현관습의 확산과 함께 최근세대 수도자 학문동아리의 몸속으로 번져 오는 독 냄새와 다를 바 없었다. 즉, 고전시대 학문동아리의 과오였던 11세기 유럽세계의 이단자는 고약한 독 냄새처럼 크리스트교 세례관습을 전혀 생소한 존재로 오염시키고 있다.

뒤랑은 역사의 흐름 속에다 베렝가르의 입장을 올려놓고 있다. 뒤랑은 베렝가르와 동일한 기법을 활용하여 이단자나 이교도들로부터 크리스트교 세례관습이 공격당하게 되었다는 유럽 중심주의를 암시하고 있다. 이단자나 이교도로부터 크리스트교 세례관습이 공격당하고 있다는 대목에 이르면 으레 다음과 같은 수도자 신학동아리 교사들의 성사관습을 인용하고 있다. 뒤랑은 키비리우스(+642)와 히라리우스(+367)의 저작물을 인용하고 있다. 또한 바시루수와 대교황 레오(440~461), 그리고 크리소스톰(+407) 등의 저작물을 인용하고 이단자들로부터 크리스트교 세례관습이 공격당하고 있다는 논거를 성사관습에서 제시하고 있다. 이외에도 암브로시우스와 아우구스티누스의 저작물을 인용하며, '고전시대 학문동아리의 성사관습'에 접근하려고 시도하고 있다.

뒤랑은 자기와 같은 최근세대 수도자 학문동아리의 저작물까지 인용하고 있다. 뒤랑이 인용했던 수도자 신학동아리 교사 중에는 힌크마르(+845~882)와 아마라리우스(50년 경), 그리고 퓌르베르(+1028) 등도 포함되어 있다. 뒤랑은 이들의 성사관습을 고전시대 학문동아리의 성사관습과는 다른 '최근세대 수도자 학문동아리의 성사관습'로 지칭하고 있다. 또한 저작물 이외에도 이단자나 이교도로부터 크리스트교 세례관습이 공격당하고 있다는 증거로서 위조문서까지 분석하고 있다. 뒤랑은 어떤 이시도르의 교령집과 크레멘트(100년 경), 유세비우스(+341/42)의 위조문서와 카시오도르(580년 이후)와 베다(+735)의 『교회사』까지도 인용하며, 이단자와 이교도의 출현으로부터 크리스트교 세례관습이 공격당하고 있다는 소위 '유럽 중심주의'의 전거들을 제시하고 있다.

뒤랑은 고전시대 학문동아리의 성사관습을 대략 세 갈래로 분류하고 있다. 뒤랑이 분류한 세 갈래 부류는 '관례집의 성사관습', '성자전기의 성사관습', '기적 사건 모음집의 성사관습' 등이었다. 그러나 성사관습을 해석하는 근본 입장에서 철학이나 신학의 기본원리에 치우치지 않고 있다. 뒤랑은 신을 중시하고 있다. 신을 중시한 뒤랑의 성사관습은 종족언어 표현관습으로 전달되는 신앙의 존재와 체험에 근거하고 있다. 뒤랑은 위그가 기존 성사관습을 탈피했던 것 이상으로 기존 지식보다는 성사관습의 존재와 현상을 중시하고 있다.

뒤랑은 성사관습의 존재나 현상을 배제하려고 시도하고 있다. 그러나 뒤랑은 고전시대 학문동아리의 두터운 성사관습을 완전히 부정하고 있다. 이것은 뒤랑의 성서 해석과정에서도 입증되고 있다. 성서는 물론 다양한 사건의 존재와 현상으로 구성되어 있다. 뒤랑은 성서의 사건을 사실로 인정하고 있다. 뒤랑은 성서의 사건을 신의 말씀에 근거하고 있는 것으로 파악하고 있다. 물론 성서에서 나오는 신의 말씀은 확실하게 신이 창조했다는 존재를 포함하고 있다. 따라서 성사관습의 빵과 포도주도 신이 창조한 존재이기 때문에 빵과 포도주가 신의 의지로 기적 사건을 낳게 예정되어 있다는 것이다. 이런 점에서 성사관습의 신비는 신의 의지에 따라서 십자가에 못 박혀 신의 제물이 된 크리스트의 본래 모습을 재현하는 존재와 연결되어 있다고 지적하고 있다. 뒤랑은 베렝가르의 성사관습비판이 성서의 말씀을 바람에 날려보내고, 성사관습을 과장되게 해석하여 존재의 오류에 빠지게 되었다고 지적하고 있다.

여기서는 이제 뒤랑의 성사관습에 대하여 언급하게 되었다. 뒤랑은 크리스트교의 성사관습이 종족언어 표현관습에서 발생한 존재의 오류 때문이라고 지적하고 있다. 뒤랑의 성사관습은 글자 자구를 오히려 간과하고 있다. 뒤랑은 종교를 지식처럼 '전문 영역'으로 파악하고 있다. 뒤랑은 글자의 자구에 집착하여 성사관습에 접근하지 않고 있다. 뒤랑은 성사관습에서 제물을 봉헌하는 것 자체를 기정사실로 파악하고 있다. 뒤랑의 이런 성사관습은 크리스트의 생존을 당연한 사실로 받아들이는데 근거하고 있다. 뒤랑은 즉, 구세주라는 상징물에다 행동을 첨가하여 크리스트의 행동 자체를 현실로 평가하고 있다. 성서에 대한 뒤랑의 이런 전거는 『요한복음』 6장 52절이었다. 특히, 뒤랑은 『요한복음』 6장 52절에서 신에게 제물을 봉헌하는 행위의 언급부분을 성사관습에 대한 평가전거로 활용하고 있다. 여기서 뒤랑은 신에 대한 제물봉헌에 대하여 평가하면서 분명하게 주석까지 제시하고 있다. 동시에 뒤랑의 성사관습은 크리스트를 신와 인간을 결속시키는 두 가지 사건으로 해석하고 있다. 그리고 뒤랑은 신와 인간을 결속시키는 두 가지 사건을 존재로 확증시키고 있다. 뒤랑은 여기서 성사관습을 다음과 같이 해석하고 있다. 즉 신과 인간을 결속시키는 두 가지 사건은 빵을 크리스트가 제공했기 때문에, 실제로 빵 자체가 크리스트의 살이며, 크리스트인 빵이 바로 세례관습의 생명이라는 것이다.

물질은 부패하기 마련이다. 인간도 빵도 부패할 수 밖에 없다. 그러나 뒤랑의 성사관습에서 크리스트는 신의 권능으로 '부패하는 물질'로부터 '변화되지 않는 존재'로 전환되고 있다. 이와 마찬가지로, 제사에서 빵은 인간의 눈으로 확인되는 현상이지만 신의 작용으로 구세주만이 인식하는 현상으로 변질되어 크리스트의 살이 된다는 논리를 전개하고 있다. 뒤랑은 크리스트의 빵이라는 상징물을 성사관습의 표지에 관련 지우고 있다. 뒤랑은 크리스트가 자기의 몸을 먹는 고기와 마시는 포도주로 표현하면서도 빵과 포도주의 소화여부나, 빵과 포도주가 소화기 안에서 소화될 때의 불결한 현상에 관해서는 언급하지 않고 있다는 것이다. 이것은 뒤랑이 신의 의지에서 발생하는 신비를 존재의 표지인 성사관습의 존재에 관련 지우려는 의도라 지적할 수 있다. 성사관습의 형식과 절차는 인간의 시각으로 확인될 수 있다.

그러나 성사관습은 인간의 시각으로 확인할 수 없다. 뒤랑의 성사관습대로라면, 크리스트의 살과 피가 빵과 포도주로 변화된다는 성사관습은 빵과 포도주의 이런 변화 자체를 정신에 대한 신의 의지 작용으로 파악해야 된다는 것이다. 크리스트의 몸이 빵과 포도주로 변화된다는 신의 의지 작용 자체가 신의 말씀에 따라서 가능하다는 지적이다. 세상에는 다양한 존재가 있다. 세상의 존재는 빵과 포도주처럼 시각으로 볼 수 있는 존재도 있고, 크리스트의 살과 피처럼 인간의 시각으로 볼 수 없는 존재도 있다. 크리스트의 살과 피는 실제로 '정신으로 파악할 수 없는 고안물'인 것이다. 인간의 정신으로 인식할 수 없는 고안물은 신비로 만들어지고 있다.

뒤랑은 정신의 인식작용으로 파악할 수 없는 사건과 신비를 연계시키고 있다. 즉, 최후의 저녁식사는 크리스트의 모습을 재현시키는 성사관습과 연관되어 있다는 것이다. 뒤랑은 신비가 과거의 사건인 최후의 저녁식사와 현재의 성사관습을 연관시키는 근거를 제공하고 있다고 지적하고 있다. 성사관습은 눈에 나타나지 않는 구세주의 두 손안에 있으면서도 인간의 시각으로 파악할 수 있다. 이런 점에서 성사관습은 과거와 현재를 이어주는 신와 인간의 결속관계로 구성되어 있다는 것이다. 여기서 성사관습은 과거에 나타났던 신모습과 인간이 사용하는 현재의 신모습을 하나로 일치시키고 있다.

뒤랑의 성사관습은 이제 과거에 언급한 신의 말씀과 인간이 사용하는 현재의 존재를 하나로 일치시키는 성사관습에 이르게 되었다. 신의 말씀을 활용하는 성사관습에 대한 전거의 적용방식을 중심으로 평가하는 경우, 뒤랑은 확실하게 아우구스티누스를 능가하고 있다. 뒤랑은 물론 아우구스티누스의 『삼위일체 교리』를 장황하게 인용하고 있다. 그런데도 뒤랑은 『삼위일체의 교리』를 성사관습문제에 국한되게 해석하면서 오히려 존재문제를 미사관습으로부터 끌어내고 있다. 뒤랑은 미사관습을 십자가에 못 박혀 죽은 채로 매달려 있는 크리스트의 모습을 회상시키는 문제에 관련 지우고 있다.

뒤랑은 자기의 해독자에게 2회에 걸쳐 과거에 나타났던 크리스트의 모습을 연상시켜 주고 있다. 크리스트의 과거 모습에 대한 뒤랑의 이런 표상 문제는 아우구스티누스가 회개관습을 자기의 해독자들에게 부각시켰던 것과 대조하면 상당한 차이를 드러내고 있다. 뒤랑은 크리스트가 2회에 걸쳐 이 세상에 모습을 드러냈다고 강조하고 있다. 이 세상에 크리스트의 모습이 처음으로 나타났던 사건은 최후의 저녁식사를 하던 중에 발생했다. 그리고 두 번째로 크리스트의 모습이 나타나게 된 사건은 크리스트가 십자가에 못 박혀 죽은 채로 매달려 있는 상황이었다. 뒤랑은 크리스트가 2차에 걸쳐 이 세상에 모습을 드러냈다는 회상내용을 다시 제물과 십자가라는 상징물에 연관지우고 있다.

크리스트를 상기시키는 뒤랑의 의도에는 첫째로 제물봉헌, 둘째로는 십자가에 못 박혀 죽은 채로 매달려 피를 흘리는 크리스트의 불쌍한 모습을 예시하려는 흔적을 담으려고 시도하고 있었다. 성사관습은 크리스트의 불쌍한 모습을 회상시켜 주고 있다. 성사관습은 크리스트의 불쌍한 모습을 회상시킴으로써 빵을 크리스트의 표지로 미리 예시하고 있다. 이것은 성사관습에서 빵을 시각의 인식작용으로 확인하면서 맛을 보게 되는 것이나, 크리스트의 불쌍한 모습을 표지로 인식하고 빵을 맛보게 되는 것이나 다름없다. 뒤랑은 성사관습에서 크리스트의 모습을 구체화시키려는 히라리우스의 성사관습을 활용하고 있다.

뒤랑은 크리스트의 불쌍한 모습을 구체화시키기 위하여 인간의 원죄를 다시 거론하고 있다. 뒤랑은 에우리게나가 언급했던 아담과 이브 사이에 에덴동산에서 일어났던 원죄에다 '인간 본성'의 타락이라는 존재까지 활용하여 십자가에 못 박혀 죽은 채로 매달려 피를 흘리는 크리스트의 모습을 구체화시키고 있다. 이것은 에덴동산에 일어났던 아담과 이브의 사건 때문에 인간 본성이 타락하게 되었다는 에우리게나의 원죄론을 활용하여 크리스트의 모습을 구체화시키는 것이다. 그러나 뒤랑의 성사관습은 성사관습 자체에서 맴돌고 있다. 그리고 뒤랑은 성사관습에서 설교하는 성직자와 설교 청취자를 서로 연계시키는 매개물로서 성사관습을 인정하지 않고 있다. 뒤랑은 설교자와 설교 청취자를 서로 결속시켜 주는 존재의 가교수단을 허용하지 않고 있다. 그러나 마음의 인식작용은 미사에서 설교하는 성직자와 설교 청취자를 결속시키는 매체역할을 담당하고 있다.

여기서 설교는 마음의 인식작용으로 설교자와 청취자의 존재가 일치됨으로써 비로소 전달되고 있다. 설교자와 청취자의 존재가 전달되는 과정에는 물론 모순되는 성사관습나 관습도 포함될 수 있다. 뒤랑은 설교자와 청취자의 존재가 일치되는 성사관습의 전거로서 크리스트의 말씀을 다음과 같이 인용하고 있다. 즉 '너희는 내가 나의 권능으로 전달한 것을 나의 권위로 인식케 하여라. 내가 너희에게 예증에 따라서 전달하면 너희는 나를 흉내내면서 나의 권위를 따르게 되리라.' 뒤랑은 여기서 설교자의 존재와 청취자의 관습이 이렇게 일치되어야 하는 점에 대하여 다시 화두를 던지고 있다. 뒤랑은 크리스트가 빵과 포도주를 자기의 말씀으로 회상하도록 성사관습을 만들었다고 지적하고 있다. 뒤랑은 크리스트가 자기의 '말씀을 행하는 것'을 몸과 피로서 회상시켜, 십자가에 못 박혀 죽은 채로 매달려 피를 흘리는 크리스트의 모습이 정신의 인식작용으로 감지되도록 이미 예정했다고 부언하고 있다.

성사관습의 생명력은 신의 말씀으로 귀착되고 있다. 성사관습이 신의 말씀으로 생명력을 부여받게 되자, 뒤랑은 신의 말씀을 어떻게 저작물에 옮겨 놓을 수 있을 것인가라는 또 다른 기록물의 존재문제를 제기하고 있다. 물론, 뒤랑은 신의 말씀을 저작물로 옮겨 놓는 과정에서 존재의 처리문제 때문에 극도로 불안한 심리상태를 노출하고 있다. 신와 관련하여 뒤랑이 극도로 불안한 심리상태를 노출하고 있는 것은 성사관습을 해석하는 과정에서 발생하는 이단자의 존재 때문이었다. 뒤랑은 이단자의 존재가 위조문서와 관련되어 있다고 확신하고 있다. 뒤랑의 시각에서 이단자의 존재는 '위조문서'에 근거하여 성사관습을 그릇되게 해석한 결과라는 것이다. 그러나 뒤랑은 분간하기 어려울 정도로 '부서진' 크리스트의 형상을 바라보고서도 타당한 판단기준의 인식작용에 근거하여 파악한 신앙까지 문제시할 수 없었다.

뒤랑은 이어서 상징물을 찬미가의 존재에서 찾아내고 있다. 뒤랑의 이런 성사관습은 존재의 함정과 다를 바 없다. 뒤랑은 존재의 함정과도 같은 찬미가에서 즉, '구세주인 신을 우리가 상찬하자, 숭배하고 공경하자……'라고 하는 찬미가에서 성사관습을 확증이나 하듯이 정당화시키고 있다. 뒤랑은 여기서 다시 존재의 함정에 빠져들고 있다. 뒤랑은 외형으로 드러난 상징물에서 십자가에 못 박혀 죽은 채로 매달려 피를 흘리는 크리스트의 모습을 파악하여 숭배해야 한다는 것과 다를 바 없다고 지적하고 있다. 뒤랑의 이런 지적 이면에는 성사관습에서처럼 시각의 인식작용으로 확인할 수 있는 존재와 성사관습 자체가 전혀 다를 수도 있다는 의도를 드러내고 있다고 하겠다. 성사관습에서는 존재와 상징물이 전혀 다르게 나타나고 있다. 존재는 상징물을 외연으로 표현되는 바로 '징표의 모습으로' 표면화하고 있다. 징표는 물론 자연을 배경으로 한 존재와 관련되어 있다. 존재와 관련된 자연의 징표는 자연의 진행과정과 인간의 정신작용을 바탕으로 설정될 수 있다.

암브로시우스는 신을 존재보다는 자연의 진행과정에 관련 지우고 있다. 그 이면에는 신의 징표가 어떻게 만들어질 수 있느냐의 문제와 직결되어 있다. 즉, 신은 자연의 진행과정을 만들었다. 그리고 신은 인간을 만들었다. 따라서 신는 자연과 인간을 만들었다. 그러나 자연은 인간의 정신을 작용시켜 신가 인간을 만들도록 보조하고 있다. 이처럼 자연의 진행과정에서는 신이 인간의 기도를 받아들여 변화된 것이 인간의 존재로 확증된 것이다. 엘리야는 언어로써도 하늘로부터 불을 가져오기에 충분하다고 지적하고 있다. 여기서 뒤랑은 크리스트의 말씀이 어떤 존재의 변화를 일으킬 수 있겠는가하고 상징물 문제를 제기하고 있다.

크리스트는 존재하지도 않는 것을 가공해 낼 수도 있다. 그렇다면, 크리스트가 이미 존재하고 있던 존재를 존재하지 않는 것으로 변화시킬 수도 있다는 것이다. 크리스트는 최초의 창조가 단순하게 '변화하고 있는 존재의 속성을 보다 분명하게 나타내게 만들 수도 있다는 것이다. 이와 마찬가지로 창조의 변화는 다양하고 유사한 사례로서 탄생과 죽음, 그리고 환생을 해석하는 과정에서 활용되고 있다. 크리스트와 창조의 관계에서 '자연의 진행과정'은 크리스트를 탄생에 그치도록 만들지 않고 있다. 크리스트의 출생은 자연질서를 내포하고 있다. 그렇다면 크리스트의 출생 자체가 보통 사람의 존재를 생겨나도록 만든 결과가 아니겠는가라는 창조문제를 뒤랑은 넌지시 암시하고 있다. 또한 크리스트의 삶은 크리스트의 탄생과 십자가에 매달려 죽은 크리스트의 모습, 그리고 크리스트의 부활과 관련되어 있다.

크리스트의 살을 또한 성사관습라고 할 수 있다. 물론 성직자의 성사관습은 크리스트의 살을 만들고 있다. 그런데도 인간은 성직자의 성사관습으로서 생명력을 부여받고 있다. 따라서 성사관습은 바로 크리스트의 살이 되어야 한다는 것이다. 사람의 소리는 감각을 작용시키고 있다. 소리의 존재는 감각을 작용시키면서 징표로 전달되고 있다. 소리로 전달되는 존재의 징표는 크리스트의 몸을 물질에 대한 정신과 감각의 인식작용으로 전달되게 만들고 있다. 존재의 징표는 물질과 정신에 근거하고 있다. 이와 같이 성서의 존재도 글자와 형상의 징표를 동시에 전달하게 된다. 크리스트의 몸은 글자와 형상의 징표를 일치시켜 마음의 양식으로 인식될 수 있는 천사들의 빵이라는 존재를 지니게 된다. 크리스트의 몸은 형상의 주체인 성사관습으로 전달되고 있다.

크리스트의 몸은 모습을 드러내지 않고 있다. 그렇다고 크리스트의 몸이 표상에 불과한 존재는 아닌 것이다. 그러나 크리스트의 몸이 전달하는 성사관습은 하나인 것이다. 물론 크리스트의 성사관습은 한 가지로서 성사관습의 빵에 잠재되어 있다. 그런데도 크리스트의 몸은 시간의 진행과정 속에서 징표와 형상을 드러내어 한 가지 성사관습으로 변화되고 있다. 뒤랑은 성사관습의 위력을 부인하지 않고 있다. 뒤랑은 반면에 성사관습의 위력에 근거하여 존재를 해석하고 있다. 그래서 뒤랑의 성사관습은 저작물과 사건의 필연성이라는 존재에 빠져들고 있다. 성사관습의 위력은 물론 존재의 표기에서 나오고 있다. 그렇다고 존재로 표기된 성사관습과 저작물의 성사관습이 일치될 수는 없다. 존재로 표기되는 성사관습과 저작물에 담겨 있는 성사관습의 모순이 절대로 크리스트의 몸이라는 존재에 일치될 수는 없다. 따라서 성사관습의 위력은 저작물의 존재를 활용하여 미사관습에서 반복되고 있다.

성사관습의 위력은 크리스트의 몸을 존재와 미사관습의 측면에서 해석할 수 있는 가능성을 내포하고 있다. 크리스트의 몸을 존재와 미사관습의 측면에서 해석하게 될 경우, 인간의 눈에 보일 수 있는 형상과 '판단기준의 인식작용으로 드러나는 징표'는 전혀 다를 수밖에 없다. 암브로시우스와 아우구스티누스는 이 두 가지를 존재의 대비물과 '형상'의 일치물, 즉 표상이라고 지칭하고 있다. 여기서 뒤랑은 크리스트가 존재로 전달되는 형상에 근거하여 존재하게 되는가라는 문제를 제기하고 있다. 크리스트의 이런 형상문제에 대하여 뒤랑은 두 가지 근거를 제시하고 있다.

첫째는 크리스트가 성사관습의 위력으로 '정신의 인식작용으로 만들어 낼 수 있는 형상의 종류', 즉 종류를 정신의 인식작용으로 변화시킬 수 있다는 것을 입증하기 위한 목적이 있다. 둘째는 크리스트와 후일에 영성체를 받아서 먹을 사람 중에서도 크리스트의 12제자들이 실제로 흐르는 크리스트의 피를 목격하고 충격을 받았을 것임을 입증하는데 목적이 있다. 이 두 가지 이유 때문에 빵과 포도주는 단순하게 존재의 표상이 될 수는 없다. 성사관습의 위력으로 빵은 크리스트의 몸이 되었다. 그리고 빵은 하늘로부터 땅으로 내려 보내지고 있다. 인간은 크리스트의 몸이라는 고기를 하늘로부터 받게 된다. 물론 하늘로부터 크리스트의 몸이라는 고기를 받은 사람들은 신의 의지로 발현되는 성사관습의 신비에 동참하고 있다.

성사관습은 이와 같이 형상을 존재에 일치시킴으로써 표상을 통하여 크리스트의 모습을 나타내고 있다. 아우구스티누스는 성사관습을 표상이라고 시사한 바 있다. 그리고 라드베르트는 표상을 존재로서 확증한 바 있다. '존재'는 크리스트의 몸을 '표상'과 '징표'에 담아 전달되고 있다. 그리고 크리스트의 몸은 '존재의 대비물과 징표'가 표상으로 일치되는 것처럼 교부들의 성사관습에서도 표상과 일치하고 있다. 그런데도 크리스트의 몸은 성사관습라는 사건을 축소시키지 않고 있다. 성사관습라는 사건은 글자와 문법으로 구성된 존재의 매체를 통하여 빵 조각을 크리스트의 몸으로 인식시키고 있다. 이런 존재 사례는 사도 바오로에게서도 나타나고 있다.

사도 바오로는 크리스트의 몸과 피를 표상에 연계시켜 언급하고 있다. 여기서 사도 바오로는 신의 의지로 발현된 표상으로써 신비에 참여하게 된 것을 자연스럽다는 표현으로 아무런 목적 없이 언급하고 있다. 바오로가 신비에 참여하게 되자, 크리스트의 모습이나 표상은 성사관습라는 사건 자체를 신의 은총으로 가득 차게 만들었다고 언급하고 있다. 사도 바오로는 성사관습을 봉헌의식이라고 지적하고 있다. 그리고 성사관습은 상징물을 외연으로 표현되는 존재라고 정의할 수 있다는 것이다. 이런 성사관습은 성서나 교부전기의 성사관습에도 포함되어 있다. 성서나 교부전기의 성사관습에서 크리스트의 몸은 표상을 통하여 파악될 수도 있다는 것이다. 일종의 표상으로 크리스트의 몸을 표상으로 감지하려면, 인간은 존재의 인식능력으로 표상을 성사관습과 관련 지워 감지하지 않을 수 없다는 것이다.

표상은 존재의 위력으로 나타난다. 표상은 물론 감각의 인식작용으로 파악된다. 표상을 명확하게 감지했다고 해서 감지한 표상이 정확하게 파악될 수는 없다는 것이다. 뒤랑은 이교도나 이단자의 주장에서 나타난 존재의 모순을 표상에 대한 사례로 제시하고 있다. 뒤랑은 마니교도나 아리우스종파와 같은 이교도와 이단자의 교리가 논리상 모순으로 가득 차 있음에도 이교도나 이단자들에게 수용되고 있는 당시의 사실도 표상에 대한 사례로 지적될 수 있다는 것이다. 표상은 존재의 형상과 글자의 관례가 하나로 일치되어야 나타난다는 것이다. 존재의 형상과 글자의 존재가 일치되어야 표상이 나타난다고 해서 타당한 성사관습은 아닌 것이다. 여기서는 '표상'만을 파악하고 있는 것이라고 지적하고 있다. 신는 사람을 창조했다. 신는 사람의 표상으로 남자와 여자를 창조했다.

『구약성서』에서는 신가 인간을 창조했다고 기록하고 있다. 그렇다면 신는 여자도 창조했다. 그러나 『구약성서』에서는 여자를 해악거리로 기록하고 있다. 특히 『구약성서』의 창세기에는 사람의 속성을 기록하면서 신가 여자를 엉성한 해악거리로 기록하고 있다. 이것은 신가 엉성한 해악거리에 지나지 않는 여자의 속성을 변화시키지 않고 있다는 뜻이다. 사도 바오로는 유대인들에게 보내는 편지글에서 타당한 존재의 표상을 반대하지 않고 있다. 베렝가르는 신가 창조한 인간의 표상을 언급하는 대목에서 표상에 관해서는 암브로시우스의 『성사관습 존재이론』을 성사관습의 전거로 활용하고 있다. 그래서 뒤랑은 베렝가르의 성사관습이 크리스트의 말씀과 일치될 수 없다고 비판하고 있다. 이런 점에서 존재는 표상과 밀접하게 연계되어 있었다고 하겠다.

존재는 표상의 일치점으로 서로 성사관습을 전달하고 있다. 성서에서도 존재가 표상을 지니고 있음을 어느 누구도 부인하지 않고 있다. 그러나 성사관습과 존재의 일치점인 표상은 여러 가지의 표상 중에서 특정한 위치를 차지하고 있다. 뒤랑은 특정한 위치의 표상을 성사관습의 '표상'으로 파악하고 있다. 뒤랑의 성사관습이 '존재의 표상'이라고 지적하고 있다. 따라서 성사관습을 쓸데없이 해석하는 것은 피해야 한다는 것이다. 여기서 뒤랑은 무식자가 소수에 불과하기 때문에 성서의 성사관습을 절대로 파악할 수 없게 되어 있다고 결론짓고 있다. 여기서는 다시 뒤랑의 성사관습이 수도자 학문동아리와 무식자의 성사관습라는 이분법 형태로 양분되어 있음을 지적하게 되었다. 뒤랑도 수도자 학문동아리의 성사관습을 주장하고 있다. 이것은 뒤랑이 라드베르트, 주교 그레고르(+594), 루피누스, 사제 요한(1000년 경) 등의 성사관습을 성사관습의 전거로 활용하는 데서도 입증되고 있다. 특히, 뒤랑은 성사관습에 나타나는 기적 사건을 언급하는 과정에서도 다양한 수도자 신학동아리 교사의 저작물에서 성사관습의 전거를 인용하고 있다.

뒤랑은 성사관습에서 다양한 기적 사건을 빠뜨릴 수 없었다. 그러나 다양한 기적 사건은 거의 크리스트의 표상과 연계되어 있다. 여기서 뒤랑은 성사관습에서 크리스트의 표상을 언급하고 있는가라는 문제를 여기서는 언급하지 않을 수 없게 되었다. 뒤랑이 성사관습과 표상을 연관시키는 데는 두 가지 결론을 제시할 수도 있을 것이다. 두 가지 결론은 모두 라틴어관습과 관련되어 있다. 첫째, 뒤랑의 성사관습은 수도자 학문동아리의 성사관습에 토대를 두고 있다. 이것은 뒤랑이 성사관습에서 교부를 포함한 수도자 학문동아리의 성사관습을 인용하고 있다는 점에서 베렝가르의 성사관습을 탈피하지 못하고 있다고 지적될 수 있다. 둘째, 뒤랑의 성사관습에는 무식자와 라틴어 해독자가 서로 다른 성사관습을 활용하고 있다. 이것은 11세기 유럽 사회를 재편시킬 수 있는 성사관습의 변화라는 새로운 문제를 내포하고 있는 것이다. 특히 뒤랑은 성사관습에 대한 전거로서 인용되고 있는 저작물의 성사관습을 성서에 귀착시키고 있다. 거기에다 중세인의 결사모형을 찾아낼 행동강령과도 같은 『요한복음』 6장을 성사관습의 전거로 인용하고 있다. 이것은 수도자 학문동아리의 성사관습을 라틴어 해독자에게 확산시키고, 다시 라틴어 해독자의 성사관습을 무식자에게 확산시키려는 의도와 연계되어 있는 것이다.

『요한복음』 6장의 중심배경은 물론 최근세대 수도자 학문동아리에게 전혀 본적도 없는 갈릴레이 바다이다. 뒤랑이 중심배경으로 선정한 갈릴레이 바다를 건너 다수 군중은 예수를 찾아가고 있다. 갈릴레이 바다에서 다수 군중이 예수를 찾아가는 장면에서는 각양각색의 물고기들이 등장함과 동시에 다양한 기적 사건이 일어나고 있다. 『요한복음』 6장의 이런 장면에서 예수는 기적 사건과 함께 등장하고 있다. 『요한복음』 6장에서 예수는 거친 바다를 건너가고 있다. 예수는 거친 바다를 건너가 카페르나운으로 향하고 있다. 『구약성서』의 「요한복음」 6장에서 예수가 기적 사건을 활용하여 다수의 군중이 자기를 찾아오게 만드는 것처럼 뒤랑도 다음날 아침 크리스트를 향하여 운집한 군중을 상기시키면서 무식자인 자기의 청중들에게 기적 사건을 설명하고 있다.

뒤랑은 이런 장면을 활용하여 자기의 청중에게 썩기 쉬운 빵을 위해서가 아니라, 영원히 그대로 있는 빵, 즉 영생의 빵을 위하여 기도하라고 설교하고 있다. 물론 뒤랑은 모여든 청중이 썩기 쉬운 빵의 표지보다는 마음의 양식과 같은 표지를 요구하고 있는 것으로 기술하고 있다. 뒤랑은 청중의 이런 요구에 대하여 마음의 양식과 같은 영생의 표지는 사막에서 모세에게 신가 이미 내린바 있다고 해명하고 있다. 그러나 뒤랑은 예수가 모세에게 내린 빵을 바로 영생의 표지라고 언급하고 있다. 예수는 빵에 대하여 자기만이 생명의 빵이라고 언급하고 있다. 예수는 최후의 저녁식사 후에 십자가에 못 박혀 죽었다가 3일 만에 부활했던 것처럼 자기만이 죽은 자를 부활케 할 수 있다는 것이다. 사람이라면 누가 사람이 먹도록 자기의 살을 나누어 줄 수 있는가라고 뒤랑은 강조하고 있다. 뒤랑은 예수가 크리스트교동아리 구성원 중에서도 자기의 살을 과연 나누어 주었는가라고 계속 의심하는 무리들에게 자기의 살을 주었다고 해명하고 있다.

뒤랑은 여기서 존재의 대비물을 활용하여 기적 사건을 설명하고 있다. 뒤랑은 기적 사건을 설명하는 과정에서 크리스트의 말씀을 나타내는 빵이라는 상징물을 '무식자'일수록 받아들이려 하지 않는다고 언급하고 있다. 뒤랑은 빵이라는 상징물이 무식자인 청중들에게 전달되어 상징물과 함께 예수를 무식자가 받아들이려고 하면 받아들이려고 할수록, 빵이라는 상징물은 종족의 성사관습과 일치된다는 것이다. 예수는 빵을 말하고 있다. 그러나 예수가 말하고 있는 빵은 자기의 살이라는 존재로 청중들에게 전달되고 있다. 예수는 기적 사건을 활용하여 청중을 끌어들이고 있다. 예수는 실제의 빵을 가지고 청중들을 감동시키고 있다. 예수는 자기의 제자들에게 정신만이 생명력을 지니고 있음을 강조하고 있다. 여기서 뒤랑은 성서의 존재도 정신의 인식작용에 바탕을 둔 것이라고 지적하고 있다.

제 10 장

랑프랑의 성사관습 비판과 존재의 표현관습

제10장
랑프랑의 성사관습 비판과 존재의 표현관습

랑프랑은 뒤랑처 존재럼 『크리스트의 몸과 징표에 관하여』을 저작했다. 랑프랑과 뒤랑의 저작 연대는 불과 10년의 차이를 두고 있다. 랑프랑은 1063~1068년 사이에 『크리스트의 몸과 성체에 관하여』를 저작했다. 랑프랑이 『크리스트의 몸과 성체에 관하여』을 저작한 동기는 티에리의 요청 때문이었다. 티에리는 랑프랑에게 성사관습을 어떻게 해석해야 할 것인가에 대하여 문제를 제기하며 저작물을 저작해 달라고 요청하고 있다. 티에리는 랑프랑에게 저작물을 요청하면서 베렝가르의 성사관습 비판을 비판하고 있다. 이어서 티에리는 베렝가르의 성사관습비판을 비판하면서 로마 종교회의까지 비판하고 있다. 그러나 랑프랑은 티에리와 베렝가르의 성사관습 논쟁에 말려들지 않았다. 당시 성사관습 논쟁은 복잡한 양상을 띠고 있다. 성사관습 논쟁은 11세기 유럽세계에서 정통론자 교회조직의 비판으로 지목 받던 상황이었다. 정통론자 교회조직의 성사관습을 비판하는 성사관습 논쟁자는 종교재판에 회부되었다. 랑프랑이 성사관습 논쟁에 가담하지 않았던 배경에는 자기가 로마 종교회의에서 가했던 이단자들에 대한 처절한 사문광경을 염두에 두고 있었음을 추측케 하고 있다.

로마에서의 이단자 사문은 격렬한 정치투쟁과 다를 바 없었다. 이단자는 정통론자 교회조직의 성사관습을 파괴했다는 죄 값을 치르게 되었다. 따라서 이단자는 기존 성사관습으로부터 분리된 자로 간주하여 처절한 숙청을 기다리게 되었다. 11세기 유럽사회의 이런 상황에서도 랑프랑은 당시 성사 존재 관습 논쟁에 참여하고 있던 논쟁자들에게 편지글을 보내고 있다. 랑프랑의 이런 편지글은 베렝가르에게도 전달되었다. 랑프랑은 또한 로마 종교회의에서 이단자에 대한 종교재판을 담당하고 있던 고위 성직자들에게도 자기의 편지글을 전달하고 있다. 이런 점에서 랑프랑을 성사관습에 대한 인식이 전환되던 시기에 등장했던 인물이라고 지적할 수 있을 것이다.

랑프랑의 『크리스트의 몸과 징표에 관하여』는 성사관습 논쟁이 새로운 전환점을 맞이하던 시기에 나타났다. 랑프랑은 자기의 저작물에서 정통론자 교회조직의 성사관습을 옹호하고 있다. 또한 랑프랑은 정통론자 교회조직의 성사관습을 철학동아리의 존재 근거를 활용하여 옹호하고 있다. 랑프랑의 이런 『성사관습의 존재론』은 수도자 학문동아리의 성사관습을 그대로 수용하고 있는 것이나 다름없다. 그러나 랑프랑은 성사관습 논쟁이라는 소용돌이에 말려들지 않고 있다. 이것은 랑프랑의 저작물이 거의 완벽하게 저작물의 성사관습에 근거하여 성사관습을 파악하고 있기 때문일 수도 있다. 그리고 랑프랑은 베렝가르의 성사관습 비판까지 분석하면서도, 최근세대 수도자 학문동아리의 성사관습에 위배되지 않게 성사관습을 해석하고 있다는 뜻일 수도 있다.

뒤랑은 성사관습의 정확한 근거를 제시하지 못하고 있다. 그러나 랑프랑은 베렝가르의 성사관습 비판 사례에서처럼 초기 교부들의 주해서를 인용함으로써 기존 성사관습을 그대로 수용하고 있다. 성사관습을 존재의 계승관습이라는 당대 문화의 흐름 속에서 파악하면, 고전시대 학문동아리의 성사관습과 최근세대 수도자 학문동아리의 성사관습을 일치시켜 크리스트교 구성원의 성사관습 격차를 줄이고, 11세기 유럽세계의 안정을 추구했다는 평가도 가능할 것 같다. 랑프랑의 이런 성사관습도 지속될 수 없었다. 랑프랑의 시대를 거치면서 성사관습 논쟁은 소위 지식영역으로 넘어가고 있었다. 즉, 성사관습 논쟁은 당대의 유럽사회에서 전문가로 인정되는 교회 법률가와 수도자 신학동아리 교사의 손에서 전문 지식영역으로 넘어가고 있었다. 그러나 여기에는 장차 나타나게 될 스콜라 철학과 함께 새로운 성사관습 논쟁을 이미 예고하고 있었다. 이것은 신학이나 교회 법률가의 지식 자체가 철학의 존재영역을 이탈할 수 없었기 때문일 것이다. 철학의 접근방식은 어쨌든 크리스트교 구성원의 평가를 외면할 수 없었다. 크리스트교 구성원의 평가를 얻어내기 위하여 철학의 존재근거는 이미 이전부터 종족언어 표현관습으로 전달되는 체험으로부터, 그리고 미사관습으로 전달되는 성사관습으로부터 새로운 성사관습을 찾아내어 기존 성사관습에 일치시키고 있었다. 뿐만 아니라, 철학동아리의 존재근거는 기존 성사관습나 성사관습으로부터 찾아낸 새로운 성사관습에 근거하여 크리스트교 구성원의 공감대 영역을 확대하였다. 철학은 최근세대 수도자 학문동아리의 성사관습으로부터 새로운 성사관습 근거를 찾아냈다. 또한 철학은 최근세대 수도자 학문동아리의 체험, 미사관습, 성사관습 영역으로 파고들고 있었다. 철학의 이런 변화는 자연히 성사관습의 기본 흐름까지 바꾸어 놓고 있었다.

랑프랑의 성사관습이 이런 기본 흐름을 나타내는 저작물이긴 하지만 『크리스트의 몸과 징표에 관하여』는 대략 두 개 중심 단원으로 구성되어 있다. 이 저작물의 제1부는 2~17장으로 구성되어 있고 제2부는 18~23장으로 구성되어 있다. 우선, 제1부에서 랑프랑은 고전시대 학문동아리들의 성사관습에 나타난 성자전기의 타당성을 상세하게 분석하며, 베렝가르의 성사관습 비판을 비판하고 있다. 특히, 제1부에서 랑프랑은 추기경 훔베르트와 관련된 책임 논제를 분석하는 과정에서 랑프랑은 성사관습에 적용된 신학과 기존 성사관습의 폐단, 새로운 성사관습의 타당성 등을 알기 쉽게 분석하고 있다. 제2부에서 랑프랑은 자기 나름대로 성사관습을 정리하고 있다. 랑프랑은 제 2부에서 성사관습에 필요한 두 가지 전제조건을 제시하고 있다. 랑프랑이 제시한 두 가지 전제 조건이란 첫째, '저작물의 전거', 둘째, '해석자가 갖추어야 할 타당한 판단기준'이라고 지적하고 있다.

랑프랑은 성사관습에 필요한 두 가지 전제조건을 저작물의 머리말 부분과 16~17장에서 성사관습에 대하여 입장을 피력하고 있다. 제1부의 머리말과 16~17장에서 랑프랑은 1059년 강한 회오리바람처럼 밀어 닥쳤던 종교재판의 진행과정을 평가하고 있다. 물론 당시 성사관습을 둘러싸고 진행된 종교재판 결과는 유죄로 단정하고 있다. 랑프랑의 이런 『크리스트의 몸과 징표에 관하여』는 지금까지 다양한 방면에서 검토된 바 있다. 그래서 랑프랑의 저작물도 상당히 널리 알려지게 되었다. 그러나 랑프랑의 저작물에서 지금까지 검토되지 않은 부분도 남아 있다. 저작물에서 지금까지 검토되지 않은 부분은 성사관습과 종족언어 표현관습에 관한 부분이라고 지적할 수 있다. 랑프랑의 『크리스트의 몸과 징표에 관하여』는 종족언어 표현관습이 변화된 나머지 새로운 성사관습이 나오게 되었다는 것이다. 그렇다면 종족언어 표현관습 변화가 새로운 성사관습 때문이라는 것이다. 이것은 특히 성사관습이 종족언어 표현관습에 접목되면서 일반 크리스트교 구성원의 종족언어 표현관습과 수도자 학문동아리의 성사관습이 서로 상충될 수 있다는 의미를 내포하고 있다. 랑프랑은 머리말에서 성사관습 논쟁을 전후 관계의 매 장에서 분석하고 있다. 랑프랑은 성사관습 논쟁이 일어나게 된 배경을 검토하고 있다. 뿐만 아니라 랑프랑은 성사관습 논쟁까지도 최근세대 수도자 학문동아리의 엄밀한 시각으로 분석하고 있다. 랑프랑은 성사관습 논쟁을 검토하는 과정에서 자기가 당당하게 베렝가르와 성사관습 논쟁에 가담할 의사가 없었음을 피력하고 있다.

랑프랑은 또한 성사관습에 대하여 존재의 오류를 지적할 수 있는 적당한 기회를 가질 수 없었다고 언급하고 있다. 그래서 성사관습에 대한 존재의 근본 오류를 검토하고 성사관습개요를 분석하기로 결심했다고 토로하고 있다. 랑프랑은 베렝가르의 성사관습 비판이 교리에 타당하지 않다는 것이다. 랑프랑은 베렝가르의 성사관습 비판을 신앙의 뿌리까지 뒤흔들어 놓고 말 재앙이라고 개탄하고 있다. 랑프랑은 베렝가르의 성사관습 비판 때문에 이단자가 출현하게 되었다고 언급하고 있다. 베렝가르가 정통론자 교회조직의 성사관습을 전혀 다르게 사용함으로써 결국 다양한 이단자 운동을 초래하게 되었던 것으로 암시하고 있다. 랑프랑은 고전시대 학문동아리들의 성사관습에 대해서도 언급하고 있다. 랑프랑은 아우구스티누스와 그레고르 대교황을 포함한 다수 고전시대 학문동아리의 성사관습이 왜곡되었다고 지적하고 있다. 이들 고전시대 학문동아리의 성사관습은 존재의 오류투성이로서 점철하고 있다는 것이다. 여러 고전시대 학문동아리의 이런 오류와 왜곡은 결국 타당한 판단기준의 인식작용을 흐리게 하여 정통론자 동아리교회의 성사관습에 대한 불신을 낳게 되었다고 지적할 수 있다. 고전시대 학문동아리의 성사관습은 '오류와 왜곡으로 그늘진 타당한 판단기준'의 인식기능을 저하시켰다. 랑프랑은 성사관습으로 인하여 생기게 되는 소수 분리자를 맹렬하게 비판하고 있다. 물론 당시의 소수 비판자는 이단자이었다. 랑프랑의 표현을 빌자면, 소수 이단자는 사랑을 위해서가 아니라 두려움 때문에 천국에 가려고 한다고 비판하고 있다.

랑프랑은 한편으로 성사관습으로 인하여 분리된 이단자를 다음과 같이 묘사하고 있다. 즉, 이단자들은 고전시대 학문동아리의 저작물에 담겨 있는 명확한 전거에 따라서 성사관습을 주장한다기보다는 추종자들과 함께 비밀리에 회합만 일삼고 있다. 그러다가 이들 이단자들은 막바지에 이르면 입조차 벌리지 못한다. 랑프랑은 여기서 성사관습 논쟁 이상으로 성사관습에 대하여 문제를 제기하고 있다. 랑프랑은 이단자 출현 사건이라는 문제보다 더욱 중요한 문제, 즉 정치와 사회의 문제까지도 지적하고 있다. 랑프랑은 베렝가르를 무지한 사람, 성사관습에 대하여 오류를 파악하지도 못한 인물이라고 혹평하고 있다. 한편으로 랑프랑은 베렝가르를 신의 존재가 무엇인지 전하지도 못하면서 무식자를 유혹하여 무식자의 마음을 사로잡는 몰지각한 인물이라고까지 혹평하고 있다. 랑프랑은 베렝가르가 교육도 제대로 받지 못하여 무지한 형제들로 하여금 죄를 짓게 했다고 지적하고 있다.

그래서 베렝가르는 아예 대교황 그리고르에 대하여도 면하기 어려운 대역죄를 지었다는 것이다. 거기다 랑프랑은 특히 베렝가르를 저항할 줄도 모르고, 눈에 보이지 않으면 생각조차 제대로 못하는 사람들을 함정에 빠뜨린 인물이라고 지목하고 있다. 랑프랑은 교황 니콜라우스 2세(1058~1061)를 높이 평가하고 있다. 랑프랑의 표현을 빌자면, 베렝가르는 오류투성이인 채로 전달된 설교를 기록해 두고 있다는 것이다. 그리고 베렝가르가 오류투성이의 설교로 추종자를 훈련시켜 '여러 지역으로' 자기의 불순한 훈련자들을 파견했다고 불평하고 있다. 따라서 랑프랑은 교황 니콜라우스 2세가 이단자를 사문하여 종교재판에 회부한 것을 공정한 처사라고 높이 평가하고 있다.

랑프랑은 단지 베렝가르의 성사관습 비판을 공격하고 있다. 베렝가르가 자기의 마음속으로 허리 굽혀 반성하기는 커녕 자기의 성사관습에다 불을 붙이고 있다고 랑프랑은 불평하고 있다. 랑프랑은 베렝가르의 성사관습 비판이 어떤 구석도 마음에 들지 않는다고 비판하고 있다. 그래서 랑프랑은 어떤 주석이든 막론하고 베렝가르의 성사관습 비판에 대하여 일일이 대응하는 것이 차라리 고통스럽다고까지 느끼게 된다는 것이다. 랑프랑은 베렝가르의 성사관습 비판을 이분법 논리에 사로잡혀 크리스트교 구성원을 혼란시키고 있을 뿐, 아무런 알맹이가 없다고 결론짓고 있다. 그래서 베렝가르의 성사관습 비판을 듣게 되는 경우, 실제와는 다르게 아무런 알맹이가 없음에도 명확한 존재에 사로잡혀 유혹당할 수도 있다고 지적하고 있다. 그러나 '보통 신앙인'으로서 조금이라도 평화를 누리고자 한다면, 베렝가르와 같은 성사관습 비판을 배격하는 조치를 어떤 형태로든 취해야 한다고 경고하고 있다.

베렝가르의 성사관습 비판은 전문 지식으로부터 전거를 찾아내었다. 이단자 출현도 지식이론에서 추출한 베렝가르의 성사관습 비판에 기인한다는 것이다. 랑프랑은 베렝가르의 성사관습 비판을 염두에 두지 않는다고 하더라고 베렝가르의 성사관습 비판을 들은 청취자들이 취하는 행동을 분석해 보자는 것이다. 랑프랑은 베렝가르의 성사관습 비판을 사건을 중시하는 해석자들이 '무지한' 크리스트교 구성원의 취향에 영합하려는데 불과한 것이라고 단호하게 주장하고 있다. 그리고 랑프랑은 교육을 받지 못한 무식자의 무지와 함께 베렝가르의 성사관습 비판을 지지하는 추기경 훔베르트의 신학이론 때문에 이단자들이 출현했다고 언급하고 있다.

여기서는 베렝가르의 성사관습 비판과 추기경 훔메르트의 신학이론을 비판하고 있는 랑프랑의 시각을 랑프랑의 성사관습으로 간주하고 있다. 랑프랑은 자기가 훔베르트를 압도할 수 있다고 호언하고, 존재의 표현기법이나 성사관습 측면에서도 스스로 베렝가르를 능가하고 있다는 것이다. 그래서 랑프랑은 베렝가르가 어떻게하든 자기를 능가할 수 없다고 단언하고 있다. 그런데도 랑프랑은 다른 성사관습 해석자들을 비판하는 과정에서 신비영역을 이탈하고 있다. 랑프랑은 다른 성사관습 해석자들과는 특이한 방법으로 존재에 접근하고 있다. 다른 성사관습 해석자들은 성사관습을 해석함에 있어서 긍정형의 존재를 구사하고 있다. 이들과는 반대로 랑프랑의 성사관습은 부정형의 존재로 일괄하면서 신비를 언급하지 않고 있다. 그리고 랑프랑은 다른 해석자를 비판하거나 거부하는 유형으로써 즉, 부정형의 존재로 청취자의 주의를 집중시키고 있다. 랑프랑은 부정형의 존재를 구사함으로써 다른 비판자들을 압도할 수 있을 것으로 파악한 것 같다.

여기서는 이제 랑프랑의 두 가지 중요한 성사관습 특성을 지적하게 되었다. 랑프랑은 저작물의 성사관습을 활용하여 다른 성사관습을 비판하고 있다. 랑프랑은 한편으로 크리스트교 구성원과 수도자 학문동아리의 성사관습을 구분하고, 라틴어 표현관습을 성사관습의 구성물로서 삽입하여 존재의 격차를 찾아내고 있다. 랑프랑의 이런 존재는 일단 크리스트교 구성원간의 격차를 전제하고 있음을 부인할 수 없다. 여기서는 랑프랑의 두 가지 성사관습 전제를 지적한 바 있다. 랑프랑의 두 가지 성사관습 전제를 인정하게 된다 하더라도 존재가 해석자에 따라서 서로 다를 수도 있을 것이다. 두 가지 전제조건을 천명한 가운데 랑프랑은 베렝가르의 성사관습 비판이 정통론자 교회의 성사관습과 일치하지 않는다고 언급하고 있다. 뿐만 아니라, 교회법률을 위배하게 된 나머지 결국 베렝가르가 이단자로 낙인찍히게 되었다고 지적하고 있다. 랑프랑의 성사관습은 랑프랑이 비판하고 있는 추기경 훔베르트의 신학이론을 분석함으로써, 그 특성을 명확하게 지적할 수도 있다.

추기경 훔베르트는 랑프랑의 주장처럼 오만방자한 부르군드계 인물이 아니었다. 훔베르트는 한낱 '신앙인'에 불과했다. 훔베르트는 그런데도 교육을 받았으며 덕망 높은 로트링겐계 가문의 혈족구성원이었다. 훔베르트는 탁월한 신앙심을 갖추고 있었다. 훔베르트는 또한 학문에 깊은 조예를 갖게 되어 대주교직에까지 올랐다. 이후 훔베르트는 교황 레오 4세의 천거를 받아 추기경에까지 오른 고위 성직자였다. 랑프랑이 언급하고 있는 것처럼 훔베르트는 무지하지 않았다. 훔베르트는 1059년 사문회의 결정에 따라서 베렝가르의 성사관습 비판을 추종하는 청취자들을 고의가 아닌 타의로 체포하고 있다.

로마 사문회의는 추기경 훔베르트를 곤경에 빠뜨리고 있었다. 훔베르트에 대한 로마 사문회의의 이런 강요 흔적은 다수 저작물에서 입증되고 있다. 훔베르트와 관련된 로마 사문회의에서도 베렝가르는 두 차례나 종교회의에 회부되었다. 베렝가르는 저작물의 전거를 무시하고 있다. 베렝가르는 저작물의 이런 성사관습을 정통론자 교회의 교리에 반대되는 것으로 믿고, 서명하고 있다. 랑프랑의 성사관습은 방법상에서도 베렝가르와 판이하게 달라지고 있다. 랑프랑의 성사관습은 저작물의 성사관습으로부터 존재의 인식단계로 넘어가고 있다. 랑프랑의 성사관습은 물론 정당성을 전제하고 있다. 랑프랑에게 성사관습의 정당성은 교회법률로부터 확증되고 있다. 물론, 교회는 법률을 제정할 수 있다. 법률을 제정할 수 있는 교회의 역량은 확실한 정당성으로부터 발현될 수 있었다.

교회의 역할은 교회 법률과 신학의 원리에 의해 제한되었다. 그런데도 교회의 역할에서는 특정한 사도가 추구했던 법률과 신학원리를 배제할 수 있었다. 교회의 역할은 법률조항이라는 기록물의 성사관습과 사도의 행위를 정당화하는 신학원리에 따라서 확실한 책임 소재를 찾아내는 것이었다. 그리고 교회법률과 신학원리의 합일점으로부터 나오게 된 교회의 역할은 타당한 판단기준의 인식작용으로 확정되었다. 베렝가르의 성서비판을 분석하는 경우, 교회법정은 타당한 성사관습 여부를 확정할 수 있었다. 베렝가르에 의하면, 교회법정에는 다름 아닌 타당한 판단기준의 인식작용과 인간의 마음이 살아 숨쉬고 있었다. 랑프랑은 교회가 법률과 관습의 흐름을 일괄할 수 없는 것으로 파악하고 있다.

그리고 랑프랑은 법률과 관습의 흐름에 순응하여 교회가 인간의 마음과 타당한 판단기준의 인식작용을 수용하게 되는 것으로 파악하고 있다. 이런 점에서 랑프랑의 성사관습에서는 교회를 크리스트교세계로 파악하고 있다고 지적할 수 있다. 랑프랑은 아무리 성직자라 하더라도 교회를 떠나서 행동할 수 없다고 지적하고 있다. 랑프랑은 베렝가르가 교회를 신앙의 결속력으로 형성된 크리스트교세계로 파악하지 않고, 교회를 신앙과 관련되지 않는 원시 크리스트교동아리로 파악한 인물로 평가하고 있다. 베렝가르에 의하면, 랑프랑은 성사관습의 계약이 인간을 예속시키고 있다는 것이다. 그래서 성사관습을 실행하게 되면 어떤 형태의 책임도 모든 크리스트교 구성원들에게로 돌아가기 마련이라고 부언하고 있다.

여기서 랑프랑의 이런 견해를 분석할 수 있게 되었다. 랑프랑은 이미 제시한 바와 같이 존재에 필요한 두 가지 전제조건, 즉 저작물의 성사관습과 타당한 판단기준의 인식작용을 제시하고 있다. 랑프랑의 성사관습에서처럼 존재의 두 가지 전제조건은 항상 배타성을 띠지 않는다고 지적할 수 있다. 이것은 랑프랑이 성사관습으로 전달되는 강론의 존재를 관습에 예속시키고, 크리스트교 구성원의 실천의식을 타당한 판단기준의 인식작용에 연계시키고 있다. 랑프랑은 저작물의 전거와 강론, 그리고 크리스트교 구성원의 실천의지와 타당한 판단기준의 인식작용에 대한 차이점을 지적하지 않고 있다. 그러나 랑프랑이 라틴어 표현관습을 활용하여 크리스트교 구성원이 행동으로 실천해야 할 방향을 설정하여 성사관습으로 실행에 옮기고 있다는 점은 베렝가르와 뚜렷한 대조를 이루고 있다.

랑프랑에게 라틴어 관습은 성사관습이 실천의지를 생성하는 동기로 작용하고 있다. 물론, 라틴어 표현관습은 성사관습을 크리스트교 구성원들에게 확산시켜 성사관습을 행동으로 전환시키고 있다. 그러나 성사관습은 베렝가르나 랑프랑에게 공통으로 크리스트교 구성원의 생활방식에 대단히 부적합한 것으로 인식되고 있다. 크리스트교 구성원의 성사관습은 종족언어 표현관습영역을 벗어나지 못하고 종족언어 표현관습에 부합되었다. 성사관습도 관습영역에 부합되게 전달되었다. 이것은 랑프랑이 훔베르트를 언급하는 부분에서도 입증되고 있다.

랑프랑도 추기경 훔베르트를 일개의 부르군드인이라고 지칭하고 있다. 랑프랑은 또한 베렝가르의 성사관습 비판을 추종하는 청취자를 정신이 나간 사람들로 파악했고, 거기다 정신이 나간 사람들이 '지방민의 언어 관습'에 알맞게 성사관습을 수용하고 있는 것으로 지칭하고 있다. 랑프랑은 베렝가르나 훔베르트가 공통으로 신의 의지에 따라서 빵과 포도주가 크리스트의 살과 피로 변화된 이후 빵과 포도주가 어떤 존재인지를 언급하지 않는다고 비판하고 있다. 랑프랑은 '인간의 존재에 근거하여' 베렝가르를 파악하면서도, 베렝가르의 성사관습 비판을 추종하는 교회나 신학이론을 비판하지 않고 있다. 그러나 랑프랑은 추기경 훔베르트 개인을 파악할 때는 그를 얕보거나 업신여기고 있다. 이것은 랑프랑이 추기경 훔베르트를 외모로는 무식하여 베렝가르를 후원하고 있는 것 같다고 생각했을 지도 모른다. 이것은 실제 훔베르트의 성사관습이 '지방민'이나 '촌사람'의 성사관습과 다를 바 없다고 지적하는 점에서도 입증되고 있다.

랑프랑은 성사관습 문제를 베렝가르와는 다른 방향으로 제기하였다. 랑프랑의 성사관습문제는 다른 해석자의 견해에 동조하느냐, 혹은 반대하느냐가 아니라, 성사관습의 정확성 여부에 귀착되고 있다. 여기서 랑프랑은 크리스트교 구성원의 성사관습 비판을 전제한 존재의 대비물로 활용함으로써, 성사관습 자체에 대한 논쟁으로 크리스트교 구성원의 분리의식을 심화시키고 있다. 여기서는 이제 성사관습에 대한 랑프랑과 베렝가르의 차이점을 분석하게 되었다. 성사관습에서 나타난 랑프랑과 베렝가르의 차이점은 단순한 논쟁문제라기보다 성사관습 자체를 새로운 분기점에 올려놓고 있다. 성사관습 비판은 개인주의와 합리주의를 배양하는 토양이었다.

그래서 베렝가르나 랑프랑도 중세 유럽세계에서 더욱 중요한 위치를 차지할 수 있었다. 성사관습 논쟁은 어떤 측면에서 파악하더라도 크리스트교 구성원의 결속이념을 퇴색시키고 개인의 합의체인 합리주의를 성장시키는 바탕이 되었다고 지적할 수 있다. 이런 점에서 성사관습은 근대 유럽새계 국가 형성과 밀접한 관련성을 맺고 있음을 부인할 수 없다. 특히, 랑프랑과 베렝가르의 성사관습 논쟁은 교회의 취지와도 깊은 관련을 맺고 있다. 교회의 입장에서는 성사관습 논쟁을 겪으면서 성사관습을 오히려 확고하게 표면화시키고 있었다. 성사관습 논쟁도 성사관습의 존재나 현상을 결속의식과 연계시키면서 전개되었다. 성사관습은 상징물을 라틴어 표현관습으로 전환했다. 성사관습에서 상징물로 둔갑한 존재는 해석자에 따라서 다양한 존재를 전달하게 되었다. 다양한 존재는 해석자들 사이에서 새로운 비판대상으로 등장했다. 랑프랑도 존재를 분석하며 베렝가르의 성사관습 비판을 비판했던 것으로 지적할 수 있다.

랑프랑의 이런 비판방식은 제 5장에서 명확하게 드러나고 있다. 랑프랑은 제 5장에서 정통론자 교회의 성사관습을 옹호하기 위하여 베렝가르의 성사관습비판을 비판하기 시작했다. 랑프랑은 베렝가르의 성사관습 비판이 존재를 가공했다고 베렝가르를 비판하고 있다. 랑프랑은 빵과 포도주를 단순한 존재로 간주하고 있다. 베렝가르의 이런 성사관습 비판은 추기경 훔베르트의 신학이론이 아니라, 베렝가르 자신의 이론에 기반을 두고 있다고 랑프랑은 비판하고 있다.

랑프랑은 빵과 포도주를 실제로 크리스트의 몸과 피에 불과한 것으로 파악했다고 베렝가르의 성사관습 비판을 비판하고, 이것을 자기만의 견해가 아니라고 강조하고 있다. 랑프랑이나 베렝가르는 서로 존재를 왜곡했다고 비판하고 있다. 이들 두 성사관습 해석자는 서로의 존재를 수용하지 않고, 존재 자체를 서로의 방식대로 접근하고 있다. 베렝가르는 추기경 훔베르트와 랑프랑의 신학이 존재를 왜곡시키고 있다고 비판하고 있다. 베렝가르는 한편으로 훔베르트와 랑프랑을 싸잡아 우스꽝스럽게도 존재를 서로 정반대로 꼬집고 있다. 베렝가르는 빵과 포도주를 제단 위에 단순하게 있는데 불과한 것으로 파악하고 있다. 거기다 베렝가르는 제단 뒤의 빵과 포도주를 단순히 인간 크리스트의 살과 피에 불과한 것으로 파악하고 있다.

베렝가르는 제단 위의 빵과 포도주라고 하더라도 빵과 포도주를 물질로서의 빵과 포도주 이상으로 인식하지 않고 있다. 즉, 제단의 빵과 포도주를 인식작용으로도 변화 가능한 것이라고 표현할 수 있는지 모른다는 것이다. 그러나 베렝가르는 인식작용이 더욱 중요한 것으로 지적하고 있다. 베렝가르는 제단의 빵과 포도주에 대하여 존재를 축소하고 존재 그 자체를 중요하게 인식하고 있다. 훔베르트의 존재도 베렝가르의 존재와 거의 유사하게 반응하고 있다. 훔베르트는 제단 위에 단순히 있는 빵과 포도주 이상으로 인식하지 않고 있다.

훔베르트는 제단의 빵과 포도주에 대하여 다른 해석자들의 응답 가능성을 현저하게 드러내고 있다. 훔베르트는 추기경으로서의 위치 때문인지는 알 수 없으나, 과거 주석자의 존재를 수용하고 있다. 그런데도 랑프랑은 베렝가르와 훔베르트의 존재까지 비판하고 있다. 그렇다면 랑프랑의 성사관습도 정확한 것으로 파악할 수는 없을 것이다. 이처럼 존재는 다양한 논쟁을 수반하고 있다. 그리고 존재를 찾으려면 성사관습 자체가 더욱 많은 논쟁거리를 제공할 수 있음도 부인할 수 없다. 물론, 랑프랑은 베렝가르와 훔베르트에게서 나타났던 존재의 공통점을 지적하려고 한다면, 이는 성직자의 직위를 부인하지 않고 있다는 측면이다.

이들 세 해석자는 공동으로 '통치권'의 차원에서 성직을 인식하고 있다. 성직에 대한 세 해석자의 인식은 개인의 관습보다는 크리스트교 구성원의 라틴어 표현관습과 존재를 배경으로 작용하고 있다. 그렇다면 랑프랑은 베렝가르의 성사관습 비판을 정확하게 파악하지 못하고 있었다는 결론에 이를 수도 있다. 베렝가르는 성사관습을 단순한 존재로 파악하고 있다. 그러나 베렝가르는 교회를 관습이나 존재에 결부하지 않고 있다. 베렝가르는 사건의 성사관습의 사건을 부인하고 있다. 실제로 베렝가르는 성사관습의 존재 자체까지도 부인하고 있다. 그러나 랑프랑이나 베렝가르의 입장에서 보면, 아우구스티누스의 『성사론』에서는 성직자를 타당한 해석자로서 안내자 위치를 차지했던 것으로 지적하고 있다. 랑프랑이나 베렝가르는 존재의 확증을 마음의 인식작용이라고 지적했던 아우구스티누스의 성사관습으로부터 찾아내고 있다.

아우구스티누스의 이런 『성사론』은 랑프랑과 베렝가르에게서도 공통으로 수용되었다. 이들 두 해석자는 제단의 빵과 포도주가 시각의 인식작용으로 파악되는 존재임에는 틀림없으나, 크리스트의 살과 피가 될 수 있다는 확증을 다름 아닌 아우구스티누스의 『성사론의 존재

이론』에서 찾아내고 있다. 랑프랑도 베렝가르와 마찬가지로 제단의 빵과 포도주를 사람의 실제 몸과 살로서 생각하지 않고 있다. 랑프랑은 성사관습의 사건에 초점을 맞추어 베렝가르의 성사관습 비판을 비판하고 있다. 그런데도 랑프랑은 베렝가르와 같은 성사관습비판이 인간의 존재에 필요한 것으로 인식하고 있다. 베렝가르의 성사관습 비판을 수용한 랑프랑의 이런 존재는 사실상 아우구스티누스의 『성사론』을 인정하고 있는 증거라고 지적할 수 있다.

랑프랑은 베렝가르가 존재를 제사의 빵과 포도주라고 설정케함으로써 인간 마음의 인식작용에 대한 중요성을 놓치게 되어, 결국 '이단자'라는 낙인을 받게된 것이나 다름없다고 파악하고 있다. 여기서는 이런 점에서 랑프랑은 베렝가르의 존재를 정확하게 파악하지 못했을 뿐만 아니라, 존재의 오류에 빠진 인물로 제시하게 되었다. 랑프랑은 제 6장에서 존재를 다른 방향으로 파악하고 있다. 랑프랑에 의하면, 베렝가르는 크리스트를 '존재의 초석'으로 인식했다는 것이다. 랑프랑은 자기의 성사관습에서는 바로 이 점에 착안하여, 크리스트가 주어로 시작되는 문장에서 크리스트가 성사관습에서 사라지지 않고 '스스로 지속되고' 있다고 지적하고 있다.

이와 같이 제단 위의 빵을 실제로 크리스트의 몸에 불과한 것으로 인식하게 되는 경우, 랑프랑은 제단 위의 빵이 실제로 크리스트의 몸이 아니기 때문에 성사관습 자체를 부정하게 된다고 지적하고 있다. 랑프랑의 성사관습에서는 제단 위의 빵과 포도주를 구세주와 함께 최후의 저녁식사에서 '실제로 존재했던 것'으로 파악하고 있다. 랑프랑은 그래서 제단 위의 빵과 포도주도 구세주와 함께 존재해야 된다는 방향으로 접근하고 있다. 그런데도 랑프랑은 여기서 빵과 포도주라는 존재와 최후의 저녁식사라는 사건을 두고 서로 대립되는 것으로 수용하지 않고, 중간 입장을 견지하고 있다.

랑프랑은 여기서도 여전히 존재로 전달되는 성사관습을 주지시키고 있다. 랑프랑은 존재로 전달되는 성사관습 때문에 크리스트와 관련된 사건을 오인하게 되는 경우를 특히 지적하고 있다. 랑프랑은 이 경우 크리스트와 관련된 사건이 존재로 전달되는 성사관습 때문에 오용되는 것을 방지해야 한다는 것이다. 크리스트와 관련된 사건은 존재로 전달되는 성사관습에서만 변화되는데 불과하다고 지적하고 있다. 랑프랑은 크리스트와 관련된 사건과 존재의 관계를 다음과 같이 처리하고 있다. 즉, 누군가가 해석해야 되는 사건을 거의 모른다고 가정하자. 이 경우 누군가는 해석해야 되는 존재나 사건을 모르는 상황에서 성사관습의 존재나 사건에 대해 어떤 다른 현상을 선택할 수도 있다는 것이다.

이 경우 누군가가 성사관습의 존재나 사건의 명제를 우선 제시하지 않을 수 없다는 것이다. 랑프랑은 빵과 포도주의 명제를 최초의 명제로 주장했다고 가정하는 경우를 제시하고 있다. 이 경우 랑프랑은 우연일지는 모르나, 존재로 전달되는 성사관습(즉, 크리스트의 몸과 피)로서 '종족언어 표현관습으로써 현존의 표상을 떠올리며' 실제의 빵과 포도주를 연상하지 않게 된다고 지적하고 있다. 그러나 빵과 포도주의 실제 성사관습을 전달하기 위해서는 누구나 '종족언어 표현관습에 따라서 전달되는 사건의 표상'을 연상하지 않을 수 없다는 것이다.

그러나 랑프랑은 종족언어 표현관습에 따라서 존재로 전달되는 사건의 표상을 종족언어 표현관습과 연계시키고 있다. 랑프랑에 의하면, 존재의 표상은 물론 과거에 이미 만들어진 사건이나 존재의 명칭과 연계되어 있다는 것이다. 즉 누구나 사건이나 존재의 전제기반은 과거의 명칭으로부터 출발하기 마련이라는 것이다. 그래서 랑프랑은 새로운 사건이나 존재의 경우에도 과거의 명칭에 연계시켜 그 존재나 사건을 존재로 변화시키게 된다고 언급하고 있다. 랑프랑에 의하면, 명칭은 종족언어 표현관습과 자연스럽게 이어지고 있다. 즉, 베렝가르는 아우구스티누스의 『성사론』에서 얼음으로 만들어진 크리스탈류의 물건에 대하여 언급하고 있다.

그러나 베렝가르는 투르의 스승다운 면모를 지니고 있다. 베렝가르는 존재나 사건을 전달과정에서 돌출한 제 2의 변형을 인정하지 않고 있다. 그러나 베렝가르는 존재를 최초의 전제와 명칭의 관계를 수용하고 있다. 베렝가르는 존재를 사건의 형체로 파악하고 있더라도, 존재로 형체 없는 사건을 파악할 수 있다고 언급하고 있다. 그리고 형체가 없는 존재나 사건에 대하여도 명칭을 부여할 수 있다는 것이다. 그러나 형체가 없는 존재나 사건에 대하여 명칭을 부여하려고 하는 경우, 그 명칭은 사건이나 존재의 경우에 가능하다고 지적하고 있다.

랑프랑은 베렝가르의 성사관습 비판을 이처럼 정확하게 파악하지 못하고 있다. 베렝가르는 사건이나 존재를 부당한 것이 아니라고 지적했다. 베렝가르는 존재나 사건을 해석 가능한 성사관습 범주에 포함시키고 있다. 베렝가르는 존재나 사건을 존재영역에 귀속시키고 있는데 불과했다. 그러나 랑프랑은 존재나 사건이 명칭을 전달하는 도구라는 견해를 표명하고 있다. 랑프랑은 여기서 11세기 유럽사회의 기존 가치를 과거에 부여된 명칭으로부터 이탈시키고 있다. 그래서 랑프랑은 어떤 기존 가치도 학문에 반영될 수 없다고 주장하고 있다. 랑프랑에 의하면, 빵과 포도주와 같은 존재는 과거의 존재를 그대로 유지하고 있으나, 신의 의지에 따라서 실제로 살과 피로 변화된다는 것이다. 바로 여기서 랑프랑은 베렝가르의 성사관습 비판에 대하여 자기 나름대로 거드름을 피우고 있다. 즉, 여기서 랑프랑은 베렝가르가 자기의 성사관습 비판을 차용한 것처럼 결론짓고 있다. 누구나 크리스트의 살과 피를 부정할 수도 있다. 그렇다면 누구나 완전한 존재에까지 불가능한 존재의 명제를 받아들여서는 안된다는 것이다. 그러나 존재의 명제를 절반이라도 확증할 수 있다면, 신의 의지로 일어나게 되는 여러 가지 현상에 대하여 과연 성사관습라는 존재의 명칭을 부정할 수 있겠는가라고 반문하고 있다.

베렝가르가 현존의 존재로써 표상을 떠올리며, '종족언어 표현관습으로 전달되는 존재나 사건에서 존재의 대비물을 배제하고, 나름대로의 성사관습을 전달하고 있다고 랑프랑은 부언하고 있다. 랑프랑의 이런 지적에 근거하여, 랑프랑의 성사관습을 분석할 수도 있다. 랑프랑의 성사관습은 두 가지 특성을 지니고 있다. 랑프랑은 존재나 사건을 '존재'의 '명칭'에 중점을 두어 접근하고 있다. 이와는 달리, 베렝가르는 존재를 명칭과 관련시키지 않고, 존재 그 자체의 존재 양태에 중점을 두고 있다. 그래서 베렝가르는 존재나 사건의 명칭은 종족언어 표현관습으로 전달되는 존재와는 관계없이 분석되어야 한다는 것이다.

랑프랑과 베렝가르는 신의 징표에 관하여 거의 동일한 견해를 견지하고 있다. 이들 두 수도자 신학동아리 교사는 성사관습을 '신의 징표'라고 하여 크리스트의 몸으로 지칭하는 경우, 동일한 견해를 피력하고 있다. 성사관습에서 빵의 경우 빵은 '종족언어 표현관습으로 전달되는 신비' 문제를 제기하고 있다. 랑프랑은 빵을 과거의 존재로 인식하고 있다. 그러나 베렝가르는 빵을 최초의 명제와 관련 지우고 있다. 즉, 베렝가르는 빵을 종족언어 표현관습으로 전달되는 존재로부터 최초의 명제를 표착하게 되나, 빵으로서 존재를 추리할 수 있게 된다고 설명하고 있다. 랑프랑은 베렝가르와는 달리 순수한 신학이론으로 성사관습 문제를 해결할 수 없다고 암시하고 있다.

랑프랑은 신학이론의 모호함을 역사와 관련 지우고 있다. 역사에서 사건은 정신의 인식작용과 연결되어 있다. 그리고 역사의 사건은 교묘하게 필연성으로 포장되어 있다. 따라서 신학이론의 모호함은 필연성의 경우가 공통이지만 역사에서의 사건처럼 현실에서 존재를 상실한 방법론에 지나지 않는다는 것이다. 랑프랑은 타당한 판단기준의 인식작용을 신학이론의 한계점이라고 지적하고 있다. 철학은 물론 판단기준의 인식작용에 근거하고 있다. 타당한 판단기준의 인식작용에 근거한 철학은 시각의 인식작용으로 인식할 수 있는 존재나 사건을 다룰 수 없다.

그러나 신학은 철학과 달리 신앙인을 속이려고 하는 황제들의 행위에 대하여 우려하고 있다. 물론, 이 경우 황제는 교육을 제대로 받은 적이 없는 인물들이다. 그러나 신학은 '신의 전거'를 존재로서 표면화되었다. 그리고 신학의 성사관습은 '타당한 판단기준의 인식작용'보다 신의 말씀을 담은 저작물의 성사관습을 더욱 우위에 두고 있다. 랑프랑의 이런 존재는 이중 성격을 지니고 있다. 랑프랑의 성사관습은 정신의 인식작용과 결국 연계되고 있다. 그러나 랑프랑은 정신의 인식작용으로 발현되는 성사관습으로부터 발견한 지식을 우선 위치에 올려놓고 있다.

랑프랑의 이런 성사관습은 크리스트교 구성원의 성사관습을 정신의 인식작용에 연계시키는 경우, 저작물의 성사관습에서 확인된 신앙심의 권위가 정신작용의 존재를 능가할 수도 있다는 취지를 내포하고 있다. 랑프랑은 이처럼 저작물의 성사관습을 중시하고 있다. 물론, 베렝가르도 저작물의 성사관습을 중시했다. 랑프랑은 오히려 베렝가르보다 더욱 강력하게 저작물의 성사관습을 선호하고 있다. 랑프랑과 베렝가르가 저작물의 전거를 중시하게 된 배경에는 물론 아우구스티누스의 『성사론』을 수용했기 때문일 가능성도 있다.

아우구스티누스는 성사관습을 확정하면서 철학의 주석을 활용한 바 있다. 이런 점에서 랑프랑도 저작물의 전거를 중시한 관행을 그대로 수용하여 신에 접근했다고 지적할 수 있게 되었다. 아우구스티누스는 철학의 주석에 근거하여 신에 접근하고 있다. 아우구스티누스는 철학 서술기능과 전거 기능을 존재의 보조기능으로 활용하고 있다. 랑프랑도 강론의 존재와 일치되게 철학의 서술기능과 분석기능을 활용하여 성사관습에 접근하고 있다. 그런데도 랑프랑은 관습의 전거기능을 활용하는 측면에서 훔베르트를 뛰어넘지 못하고 있다. 훔베르트는 저작물의 성사관습을 중시하는 측면에서 파악하면 랑프랑을 월등하게 압도하고 있다.

랑프랑은 저작물을 특이하게 인식하고 있다. 랑프랑은 저작물을 신의 말씀을 적어둔 단순한 비망록에 불과한 것으로 파악하고 있다. 랑프랑은 신 자체를 자의식의 구성물로 인정하지 않고 있다. 랑프랑은 저작물을 자율의식의 구성물로도 인정치 않았다. 특히, 랑프랑은 '성사관습 논쟁점'에까지도 신을 입증하는 데서도 성사관습의 한계를 설정하고 있다. 랑프랑의 성사관습은 점차 신학이론으로 기울고 있었다. 랑프랑의 성사관습은 문법에 부합되게 이루어지고 있었다. 그리고 랑프랑의 성사관습은 편집된 사전형식의 성사관습으로부터 출발했다. 그러나 랑프랑의 성사관습은 문장원리를 활용하여 존재의 구성원리에 부합되게 진행되었다. 랑프랑의 성사관습은 또한 철학의 서술근거를 활용한 다음부터 최종 단계에서는 신학이론과 방법으로 전환되고 있다. 물론 고전시대 학문동아리의 성사관습은 특정한 저작물에 포함되어 있었다.

그러나 랑프랑은 엄격하게 신에 치중하여 성사관습에 접근하지 않고 있다. 베렝가르는 랑프랑의 이런 성사관습이 신을 이탈해 있다고 신중하게 지적한 바 있다. 베렝가르의 지적에서처럼 랑프랑은 신와는 모순되는 두 가지 성사관습을 제시하고 있다. 즉, 빵과 포도주가 성사관습에 지나지 않게도 크리스트의 몸과 피에 불과하다는 것이다. 여기서 베렝가르는 랑프랑을 신중하지 못하다고 지적한 바 있다. 즉, 랑프랑의 성사관습은 대강 처리해 온 자기의 나쁜 타성을 그대로 드러내고 있다. 따라서 랑프랑의 성사관습은 타당성을 상실했다고 지적할 수 있게 되었다. 랑프랑은 분명하게 철학의 존재근거를 활용하고 있다.

그리고 랑프랑은 철학의 문제제기 방법을 활용하여 성사관습에 접근하고 있다. 그러나 랑프랑은 적어도 베렝가르의 호적수가 될 수 없었다. 베렝가르는 신중한 분석가였다. 베렝가르는 특정한 성사관습의 전제에 대해서는 더욱 표현을 자제하고 있다. 베렝가르를 시종일관 괴롭히던 성사관습 문제를 바로 전체 존재문제로 파악하고 있다. 베렝가르는 자타가 공인할 수 있을 정도로 전체의 존재문제를 끊임없이 제기하고 있다. 그래서 처음에는 베렝가르가 빵과 포도주를 단순히 성사관습에 불과하다고 주장하는 것으로 파악할 수도 있었다. 그리고 다음에는 빵과 포도주를 크리스트의 몸과 피에 불과한 존재로 주장하게 되었다.

그런데도 베렝가르는 적어도 성사관습에 관한 한 부정의 여지를 남김으로써 다음 성사관습의 문제제기 가능성을 축소하고 있다. 베렝가르는 이처럼 성사관습에다 존재의 대응논리를 수용하고 있었다. 그런데도 랑프랑은 논리상에서도 최근세대 수도자 학문동아리들의 능력으로 판단하건대 대단히 복잡하게 느껴지던 존재문제를 제기하지 않고 있다. 랑프랑의 이런 성사관습은 결국 성사관습의 본질까지 왜곡시키는 결과를 낳고 있었다. 랑프랑은 베렝가르의 전거를 탈피하지 못하고 있다.

랑프랑은 베렝가르의 전거 주변을 맴돌면 맴돌수록 논리상의 취약점을 드러내고 있다. 랑프랑의 이런 취약점은 9장에서 드러나고 있다. 랑프랑과는 달리 베렝가르는 신의 의지가 작용하여 빵과 포도주를 '종교의 계약물'로 변화시키는 것으로 지적하고 있다. 베렝가르의 『성사관습 존재론』에서 빵과 포도주는 어쨌든 크리스트의 몸과 피로 변화되었다.

그런데도 베렝가르의 성사관습에서 빵과 포도주는 감각의 인식작용으로 인식할 수 있는 현상과 존재로 남아 있다. 그런데도 베렝가르의 성사관습에서 포도주는 마음의 인식작용으로 인식될 수 있는 특정한 존재의 가치를 부여받고 있다. 베렝가르의 성사관습에서 부여받은 빵과 포도주의 가치를 종교에서 찾아낸 존재의 근거는 아우구스티누스의 『성사론』에서 비롯된 암브로시우스의 『성사론』이었다. 베렝가르의 성사관습에 대하여 이번에는 랑프랑이 답변하고 있다. 랑프랑은 답변과정에서 다시 한번 감각의 인식작용으로 인식한 베렝가르의 현상을 왜곡되게 인식하고 있다. 랑프랑은 빵과 포도주를 과거의 존재로부터 현재까지 지속되는 존재로 인식하여 베렝가르의 성사관습을 비판하고 있다. 그러나 랑프랑은 비존재로 인식했던 암브로시우스의 성사관습 영역을 어느 정도 탈피하고 있다.

랑프랑은 베렝가르의 성사관습을 부정하고 있다. 그런데도 랑프랑은 베렝가르의 인식방향을 이탈하지 못하고 있었다. 거기다 베렝가르와는 다르게 성사관습의 한계를 설정하고 있다. 여기서 랑프랑은 암브로시우스가 취했던 빵과 포도주에 대한 비존재의 입장, 즉 하늘로부터 빵과 포도주라는 양식을 내려 받았기 때문에 빵과 포도주가 곧, 신의 의지로 전달된 신비와 같다는 논리를 완전하게 이탈하고 있다. 랑프랑은 성사관습을 '그림자와 표상'으로 파악하고 있다. 그리고 랑프랑은 신비를 '빛과 타당한 판단기준의 인식작용'으로 파악하고 있다. 그런데도 랑프랑은 아우구스티누스와 암브로시우스의 『성사관습 존재론』이 베렝가르의 성사관습 비판에 투영된 것을 정확하게 찾아내지 못하고 있다.

여기서는 랑프랑과 베렝가르의 성사관습에서 문제가 제기되고 있는 암브로시우스의 『성사론』에 관하여 언급해 두는 것이 독자의 이해에 도움이 되리라 믿는다. 베렝가르는 실제로 암브로시우스의 『성사론』을 무시하고 있다. 그러나 베렝가르는 암브로시우스의 『성사론』을 인용한 랑프랑의 성사관습에 관하여 일체 언급하지 않고 있다. 베렝가르는 일단 교부들의 저작물에 담겨있는 성사관습을 수용하고 있다. 베렝가르는 신비를 두 가지 성사관습으로 분리하고 있다.

베렝가르의 신비는 '성사관습의 존재나 사건'과 '표지'로 구성되었다. 그래서 베렝가르는 '존재나 사건'을 감각과 정서영역으로 분류하고, '표상'을 성사관습의 존재로 인식하고 있다. 그러나 암브로시우스는 신비를 자연의 형성물로 파악하고 있다. 그런데도 랑프랑은 암브로시우스가 신의 축복으로 신비를 나타나게 만들었다고 지적하고 있다. 랑프랑은 미약하지만 바로 여기서 베렝가르의 성사관습에 접근하고 있다. 암브로시우스와 랑프랑은 신의 말씀을 빵과 포도주를 변형시킬 수 있는 신비의 발원지임과 동시에 성사관습의 발원지로 언급하고 있다. 이런 점에서 랑프랑과 암브로시우스는 빵과 포도주의 변화를 성사관습의 존재에 초점을 맞추어 접근하고 있다.

암브로시우스의 『성사론』은 성사관습과 신의 말씀을 서로 분리시킬 수 없는 것으로 파악하고 있다. 후기 수도자 신학동아리 교사들 중에서 누구도 성사관습과 신의 의지와의 관계를 언급하지 않았다. 그리고 신의 축복은 개종자들에게나 필요한 것으로 언급하고 있다. 랑프랑의 이런 성사관습은 더욱 넓은 성사관습의 맥락에서 신비를 변화 이면의 작용요인으로 파악하고 있다. 랑프랑의 성사관습은 이미 지적한 바와 같이, 베렝가르의 성사관습을 초월하여 고전시대 학문동아리들의 원전에 함축된 신비를 지나치게 강조하고 있다. 그러나 랑프랑은 성사관습을 관습에 일치시킬 수 있었다.

랑프랑과는 반대로 베렝가르는 자기의 성사관습을 최근세대 수도자 학문동아리의 라틴어 표현관습에 일치시키지 못하고 있다. 그래서 랑프랑은 후기에 성사관습의 변화를 검토하는 과정에 베렝가르와 대등한 위치에 오를 수 있었다. 랑프랑의 허술한 성사관습에 비하여 베렝가르가 랑프랑의 위치로 비하되자, 성사관습 논쟁은 가열될 수 밖에 없었다. 물론, 성사관습논쟁이 가열될 수 밖에 없었던 배경에는 성사관습 해석자들에게서도 성사관습에 대한 서로의 불신이 도사리고 있었다.

성사관습은 해석자에 따라서 실제로 다를 수밖에 없었다. 성사관습의 이런 차이는 해석자 서로의 불신 때문에 축소될 수 없었다. 해석자 서로의 불신 요인은 세상에 떠돌고 있는 풍문이었다. 성사관습 해석자는 근거를 제시하며 상대자를 비판했다. 그러나 상대자의 비판근거는 다름 아닌 세상의 뜬소문이었다. 성사관습 해석자는 상대방의 성사관습 비판근거를 세상의 뜬소문들보다 당연히 중시해야만 했을 것이다. 랑프랑의 경우도 예외는 아니었다. 랑프랑이 세상의 뜬소문에 근거하여 성사관습을 해석한 사례는 10, 11, 12장에서 입증되고 있다. 제 10장에서 랑프랑은 베렝가르의 성사관습 비판을 시각의 인식작용으로 인식되는 것과 시각의 인식작용으로 인식될 수 없는 것으로 구성되어 있다고 지적하고 있다. 랑프랑은 아우구스티누스의 『성사론』에서 성사관습과 '사건으로' 구분한 베렝가르의 인용부분을 다시 인용하고 있다.

랑프랑은 베렝가르의 성사관습 비판에서 아우구스티누스의 『성사론』을 다시 인용함으로써 성사관습의 약점에 대하여 변명을 늘어놓고 있다. 랑프랑은 11장에서 아우구스티누스와 베렝가르의 성사관습에 대하여 차이점을 밝히려고 시도하고 있다. 여기서 랑프랑은 '신의 표지'가 곧 성사관습인 것으로 정의한 아우구스티누스의 『성사론』이 존재에서 성사관습을 상실하게 되었다고 지적하고 있다 랑프랑은 베렝가르를 아우구스티누스의 성사관습을 활용했다고 지적하고 있다. 물론, 베렝가르에 대한 랑프랑의 이런 지적을 부인할 수는 없다. 그러나 랑프랑은 베렝가르의 성사관습비판에 대하여 어떤 대안도 제시하지 못하고 있다. 랑프랑은 실제로 신앙의 신비에 대하여 거의 무리 없는 증거를 제시하고 있다. 그러나 랑프랑은 신비의 증거를 성사관습에 필요한 것으로 인식하지도 않았고, 저작물의 전거도 확보하지 못하고 있다.

이외에도 랑프랑은 여러 가지 성사관습 문제를 미해결 상태로 남겨놓고 있다. 랑프랑의 이런 성사관습문제는 주로 다른 해석자의 입장을 옹호하는 데에서 제기되고 있다. 랑프랑이 성사관습에 접근하면 할수록 랑프랑은 억지로 성사관습 비판자의 입장을 수용하고 있다. 랑프랑은 결국 자기에 대한 비판자와 거의 비슷한 성사관습에 빠져들고 있다. 랑프랑은 이미 지적한 세 개장에 걸쳐서 성사관습의 원본을 검토하고 있다. 랑프랑은 이 세 개장에서 성사관습에 대한 자신의 견해를 표명하고 있다. 랑프랑은 여기서 아우구스티누스의 『성사론』을 분석하고, 아우구스티누스의 『성사론』을 베렝가르의 성사관습에까지 연계시키고 있다. 특히, 제13장에서 랑프랑은 아우구스티누스의 『성사론』을 인용한 베렝가르의 성사관습비판을 두 가지 방향으로 분석하고 있다. 첫째, 랑프랑은 아우구스티누스의 『성사론』에서 빵과 포도주가 표상을 내포하지 않는 경우의 성사관습을 분석하고 있다. 이 경우 빵과 포도주가 성사관습의 표상이 아니고 단순한 존재에 지나지 않는다면, 그 빵과 포도주라는 존재는 성사관습으로 전혀 표현될 수 없었을 것이라고 언급하고 있다. 둘째, 랑프랑은 빵과 포도주가 신의 의지가 작용하여 성사관습의 표지로 보일 수도 있다는 것이다. 그러나 성사관습의 표지를 신의 의지 때문에 시각의 인식작용으로 인식할 수 없을 뿐만 아니라, 빵과 포도주를 신의 의지 때문에 성사관습의 표지로 변화시킬 수 있다고 지적하고 있다.

랑프랑은 기존 성사관습과는 전혀 다른 성사관습을 활용하여 성사관습에 접근하고 있다. 랑프랑의 이런 시각에서 성사관습에 접근하는 경우, 성사관습의 사건과 크리스트의 몸 사이에 어떤 관련성이 없다면 성사관습의 사건은 일어날 수도 없고, 성사관습과 신의 표지 사이에 어떤 일치점도 있을 수 없다는 것이다. 그러나 랑프랑의 이런 성사관습은 아우구스티누스의 『성사관습의 신 존재이론』을 추종한데 불과하다는 것이다. 그런데도 랑프랑의 성사관습에는 표지의 흐름이 어느 정도 성사관습의 기본 골격을 구성하고 있음을 부인할 수 없다. 랑프랑은 지식을 활용하여 성사관습에 접근하고 있다. 그러나 랑프랑은 빵과 포도주라는 존재와 신의 표지 사이에 사건이 재개되지 않는 한 어떤 일치점도 나타날 수 없다고 지적하고 있다. 그런데도 랑프랑은 빵과 포도주를 성사관습의 표상으로 인정하고 있다. 바로 여기서 성사관습과 철학의 관계는 언어 표현문제로 비화되고 있다.

성사관습은 신와 서로 연계될 수밖에 없게 되었다. 따라서 성사관습은 철학의 존재근거 문제와도 관련되고 있다. 성체는 부서진다. 그리고 성체가 부서지면 피가 쏟아지기 마련이다. 성체에서 피가 쏟아지면 십자가에 매달린 구세주의 몸은 제물 이외에 '무엇이 되겠는가' 라고 랑프랑은 문제를 제기하고 있다. 성사관습은 크리스트와 관련된 사건과 존재로 구성되어 있다. 성사관습은 '구두계약'이다. 그리고 성사관습은 구두계약을 체결할 때 신을 활용하고 있다. 성사관습은 크리스트와 관련된 역사의 사건을 상기시키고 있다. 대교황 그레고르는 황제 유스티니아누스(527~565)에게 보낸 편지글에서도 성사관습을 언급하고 있다. 대교황 그레고르의 편지글에서는 성사관습을 '신비 계약'으로 언급하고 있다. 대교황 그레고르의 성사관습은 크리스트와 관련된 사건과 관련되고 있다.

대교황 그레고르의 성사관습은 어떤 사안에 대하여 구두로 동의하거나, 어떤 사안의 동기에 대하여 존재를 부여한다는 것이다. 아우구스티누스는 저작물의 성사관습을 활용하면서도 철학을 무미건조하게 만들지 않았다. 아우구스티누스는 미개종자에게 저작물의 성사관습을 제시하기 위하여 문장을 인용하는 형식으로 설교하고 있다. 아우구스티누스는 눈으로 인식되지 않는 것이 시각의 인식작용으로 보이는 것을 거룩하게 만든다고 언급하고 있다. 그렇다고 해서 아우구스티누스는 눈에 보이도록 신와 관련된 것을 분리시키지는 않았다. 아우구스티누스는 생각으로 확증된 어떤 존재를 여전히 언급하고 있다. 성사관습은 물론 눈으로 볼 수 있다. 여기서 존재인 빵과 포도주도 성사관습에서 구세주의 모습과 연계되고 있다. 성사관습의 빵과 포도주는 신의 영광으로 크리스트의 살과 피로 변화하게 된다는 것이다.

성사관습의 빵과 포도주는 두 가지 모습을 지니고 있다. 빵과 포도주에 나타난 두 가지 양상은 신의 의지로 변화된 이후의 모습인 것이다. 그런데도 성사관습의 포도주를 이 두 가지 모습으로 서로 분리시키는 것에는 별다른 문제가 발생할 수 없다. 이것은 아우구스티누스의 『성사론』에서 성사관습을 그 이외의 다른 존재와 이미 일치시켜두고 있기 때문이다. 아우구스티누스의 『성사관습 존재론』에서는 성사관습과 그 이외의 존재가 지식으로 포장된 원리에 단순하게 순응할 수 없는 것으로 언급하고 있다. 또한 아우구스티누스는 성사관습과 그 이외의 존재가 '크리스트교 규약'에까지 순응하는 것으로 지적하고 있다. 아우구스티누스는 성사관습을 존재와 현상, 그리고 존재의 조합물로서 파악하고 있다.

아우구스티누스는 성사관습을 관습으로 전달되는 '신'와 절차에 연계지워 '구두계약'이나 '사회와 같은 크리스트교 규약'으로 파악하고 있다. 그리고 아우구스티누스는 성사관습이 '구두계약'과 같은 사건이나, '사회규약과 동일한 것으로' 파악하고 있다. 아우구스티누스의

『성사론』에 대한 랑프랑의 분석은 제14장에서도 진행되고 있다. 랑프랑은 제14장에서 다양한 존재를 분석하여 자기 나름대로의 성사관습을 제시하고 있다. 랑프랑은 베렝가르의 성사관습비판에 대해서도 다시 언급하고 있다. 랑프랑은 성사관습의 빵과 포도주가 성사관습라는 의식과 절차를 거치면서 크리스트의 몸이 되고, 크리스트의 피로 변화되는 것처럼 베렝가르가 기술함으로써 아우구스티누스의 『성사관습의 존재이론』을 신앙의 원리로 인용하고 있다는 것이다.

그러나 랑프랑은 성사관습에 다음과 같이 접근하고 있다. 즉, 성사관습은 크리스트에 대한 존재이다. 성사관습의 빵과 포도주는 신의 의지를 담게 되는 경우, 크리스트의 살과 피인 것이다. 여기서 크리스트의 살은 물론 빵 이면에 숨겨져 있다. 그래서 성사관습에서는 크리스트의 살을 빵으로 받게 되는 것이다. 또한 성사관습의 빵은 이제 크리스트의 살로서 지각의 인식작용으로 인식되고 정신의 인식작용으로 파악될 수 있다. 그래서 성사관습의 빵과 포도주는 크리스트의 몸으로서 눈으로 볼 수도 있고, 손으로 만져볼 수도 있게 된다. 크리스트의 몸과 피인 빵과 포도주는 성사관습에서 은총과 덕목, 그리고 고매한 권위로 충만 되도록 만드는 '존재의 표지로 인식되는 것'이다. 성사관습의 빵과 포도주에 대하여 다음과 같이 지적하고 있다. 또한 성사관습에서 빵은 부서지게 된다. 그러나 성사관습의 빵은 구원을 받으려는 인간에게 나누어주기 위하여 부서지게 되는 것이다. 랑프랑의 성사관습에서는 인간을 구원하기 위해서, 그리고 인간에게 빵을 나누어주기 위하여, 크리스트가 십자가에 못 박혀 죽은 채 매달려서 피를 흘렸다는 것이다. 따라서 성사관습은 십자가에 못 박혀 죽은 채 매달려서 피를 흘리는 크리스트의 모습을 재현하게 되는 것을 '나타낸다는 것'이다.

대교황 그레고르도 랑프랑과 같은 사건의 재현 의미로 성사관습을 언급하고 있다. 즉, 빵을 먹고 포도주를 마시는 것을 십자가에 못 박혀 죽은 채 매달려서 피를 흘리는 크리스트의 모습을 재현하기 위한 성사관습라고 대교황 그레고르는 지적하고 있다. 그리고 대교황 그레고르는 크리스트의 이런 모습을 재현함으로써 회개관습과 순결을 상기시켜 주기 위한 존재로서 성사관습을 언급하고 있다. 그러나 대교황 그레고르는 크리스트의 모습을 재현하여 회개관습과 순결을 상기시키기 위한 성사관습이 표상을 모방하고 있다고 해서 '계약'이 성립된 것은 아니라고 강조하고 있다. 대교황 그레고르의 이런 성사관습은 크리스트의 모습을 재현시킴으로써 체험으로 과거의 사건을 재생시킨다는 의미를 포함하고 있다. 대교황 그레고르는 재생의 성사관습으로부터 체험의 인식영역을 찾아내고 있다.

대교황 그레고르는 성사관습에 함축된 체험의 재생과 지식의 중요성을 암시하고 있다. 그런데도 대교황 그레고르는 성사관습을 추구하는 과정에서 현상이나 지식으로 야기된 성사관습의 변화를 제외시키고 있다. 대교황 그레고르는 존재나 사건에서 추리한 성사관습보다는 존재나 사건을 활용하여 성사관습에 접근하고 있다. 대교황 그레고르의 성사관습은 존재나 사건으로 구성되어 있다. 대교황 그레고르의 성사관습을 구성한 존재나 사건에는 크리스트의 탄생, 죽은 채로 십자가에 매달린 크리스트의 모습, 십자가, 크리스트의 부활 등을 포함하고 있다. 그러나 대교황 그레고르도 이들 존재와 사건을 성사관습에 관련 지워 성사관습 자체에 신을 도입하고 있다.

물론, 대교황 그레고르의 성사관습에 도입된 신은 크리스트의 탄생과 죽음, 그리고 부활과 십자가로 구성되어 있다. 대교황 그레고르의 이런 성사관습은 베렝가르의 성사관습과 실제로 관련되어 있다. 베렝가르의 성사관습에서는 크리스트의 살과 피인 빵과 포도주를 매일의 일상생활에서 공급받게 되는 영양소로 인식하고 있다. 이것은 인간이 일상생활에서 범한 죄에 대하여 신으로부터 용서를 받기 때문에 빵과 포도주를 크리스트의 몸과 피로 지칭하게 된다는 것이다.

성사관습의 빵과 포도주는 바로 여기서 존재로 변화되어 크리스트의 몸과 피라는 존재를 지니게 된다. 뿐만 아니라 성사관습의 빵과 포도주는 이런 점에서 크리스트의 몸과 피와 동일한 존재를 지니게 되는 것이다. 거기다 성사관습은 존재의 변화로서 파악될 수 있다. 성사관습은 빵과 포도주의 존재로 구성되고 있다. 이런 성사관습은 '표지가 되는 존재'로부터 발현되고 있다.

신은 성사관습을 맴도는 표지가 될 수 있다. 신표지는 고정된 철도 위를 달려가는 기차의 경우처럼, 성사관습으로 전달되는 관습이라는 궤도 위를 거쳐 전달되고 있다. 이런 점에서 관습은 존재의 모음체인 성사관습을 전달하는 매체인 것이다. 그래서 '소리로 전달되는 성사관습의 표지'는 크리스트의 몸과 피라는 존재를 체험의 인식영역에 공급하고 있다. 성서를 성사관습의 빵과 포도주라는 상징물에 관련지울 수도 있다. 성서를 이와 같이 상징물에 관련 지우는 단계는 상징물이 변화되는 단계에서 언제나 신비를 활용하는 것이 일반 사례이었다. 성서의 성사관습을 분석해 보면, 그 성사관습은 크리스트의 부활이라는 신비를 도입하는 경우에서도 확증되고 있다. 즉, 신비는 크리스트가 무덤으로부터 부활한 이후에 일어나고 있다.

크리스트의 부활이라는 신비 사건이 일어난 다음, 크리스트는 엠마우스에게로 돌아오고 있다. 크리스트는 엠마우스에게로 돌아오던 도

중 두 사람을 만나고 있다. 그러나 이들 두 사람은 부활한 크리스트를 알아보지 못하고 있다. 그런데도 크리스트의 부활을 전달하기 위하여 이들 두 사람에게 크리스트는 자기가 천국으로 올라 갈 사람임을 표지로 알려 주고 있다.

신비를 도입한 성서의 이런 기록내용을 랑프랑의 성사관습에 견주어 볼 수도 있을 것이다. 성서에서 도입하고 있는 신비는 체험의 인식영역과 관련되어 있다. 그러나 랑프랑의 성사관습에 도입된 신비는 인간이면 누구나 겪게 되는 '체험의 인식영역'과 거리가 먼 것이라고 지적할 수도 있다. 랑프랑은 인간이 함께 체험하게 되면서도 세상에서 신비를 찾아내지 못하고, 오히려 신비가 보통 사람의 체험과는 멀리 떨어져서 있다는 의미로서 성사관습을 기술하고 있다.

랑프랑의 성사관습은 제15장에서 대단원에 이르고 있다. 성사관습 논쟁도 15장에서 신을 성사관습의 핵심으로 부각시키면서 절정에 이르고 있다. 랑프랑은 아우구스티누스의 『성사관습의 존재이론』을 인용한 베렝가르의 성사관습비판으로부터 성사관습논쟁을 출발하고 있다. 베렝가르는 보니파티우스 주교에게 보내는 아우구스티누스에 관한 편지에서 아우구스티누스가 성사관습을 다음과 같이 정의하고 있다는 것이다.

즉 크리스트는 신을 포함하고 있다. 크리스트에 포함된 신는 이미 부활에서 모두 표현되고 있다. 또한 크리스트는 일상의 성사관습의식에서 보통 사람들에게도 신의 의지로 전달되고 있다. 베렝가르의 이런 성사관습에 대하여 랑프랑은 다음과 같이 지적하고 있다. 즉, 크리스트는 실제로 신의 의지를 담고 있다. 신는 진정한 표준인간이다. 그래서 신는 십자가에 못 박혀 죽은 채 매달려 있었다. 랑프랑은 이렇게 신이 인간의 죄를 용서해 주고 있다고 지적하고 있다. 그리고 신인 인간은 구세주에게 바치는 인간의 제물이었다. 신인 인간은 또한 '고통받는 자'로부터 '죽어 가는 자'로, 죽은 자나 살아 있는 자 모두에게 죄를 용서해 주고 있다.

성사관습은 신의 이런 업적을 기리며, 축복하는 존재인 것이다. 랑프랑은 따라서 구세주의 살이 곧, 매일 신의 의지라고 지적하고 있다. 구세주의 살은 그래서 매일 사람들이 먹을 수 있도록 부서지고 있다. 그리고 구세주의 살은 성자의 입안에다 성직자가 부음으로써 부서지고 있다. 랑프랑의 성사관습은 크리스트에 대한 신의 의지와 성사관습의식으로 구성되어 있다. 랑프랑의 이런 성사관습은 성사관습라는 존재의 진행단계를 거치면서 표면화시키고 있다는 측면에서 최초의 발원 단계와 최종 단계의 종말 의미를 지니고 있다. 물론 랑프랑의 경우, 성사관습에 도입된 진행과정에서 최초 단계와 최후 종말단계가 동시에 진행될 수 있다면, 타당한 판단기준의 인식작용으로 인식할 수 있는 특정한 신비가 성사관습에 도입되어야 할 것이다. 신비에는 발원지가 있어야 한다. 물론 발원지가 '확실한 신비는 타당한 판단기준의 인식작용도 없이' 크리스트의 몸을 '유일 성사관습'로서 자연히 사람들이 먹을 수 있다는 의미를 내포하고 있다.

여기서 랑프랑의 성사관습은 다시 죄에 연계되고 있다. 크리스트의 몸 전체가 존재의 행위를 거쳐 사람들이 먹을 수 있게 된다면, 크리스트의 영생은 정신의 인식작용으로부터 발생하는 욕망인 식욕을 자극하여 크리스트의 부드러운 몸을 상기시키고 있다. 그래서 크리스트의 몸은 형제 같은 박애심을 자극시키게 된다는 것이다. 또한 성사관습은 십자가에 못 박혀 죽은 채로 매달려 피를 흘리고 있는 크리스트의 모습을 상기시키기 위한 재생을 나타내고 있다. 여기서 랑프랑은 철학의 존재근거를 성사관습에 수용하고 있다고 지적할 수 있게 되었다.

즉, 랑프랑은 물질을 존재의 변화에 연계시켜 특정한 목적물에 적용시키고 있다. 랑프랑은 존재를 성사관습의 변화에 도입하여 빵과 포도주의 존재로써 관습에 일치되는 성사관습의 변화단계에서 재생사건을 상기시키고 있다. 그런데도 성사관습은 빵과 포도주를 외형의 존재로 파악하고 있다. 랑프랑의 이런 성사관습은 존재를 활용하여 성사관습의 변화단계를 보완하고 있다. 랑프랑의 이런 성사관습에 대하여 베렝가르는 예상 밖의 성사관습으로 파악하고 있다. 즉, 크리스트는 혼자서 한 번 고통을 당했다. 그러나 크리스트의 몸은 분리될 수 없다. 따라서 크리스트의 몸도 단 한 번만 고통을 당했다고 보아야 한다는 것이다.

베렝가르의 성사관습은 타당한 판단기준의 인식작용을 이탈하고 있다. 누구나 성사관습에서는 빵과 포도주의 존재를 인정해야만 한다. 그리고 빵과 포도주라는 물질이 다른 성분과 일치되려면 당연히 여러 가지 다른 존재의 모습으로 존재하도록 만들 수도 있다는 사실을 주지해야 한다는 것이다. 구세주는 실제로 신이다. 실재로 신인 구세주는 표준인간의 모습으로 나타나고 있다. 따라서 모든 인간에게 타당한 판단기준의 인식작용은 정신과 육체의 인식작용으로부터 나오고 있다. 이와 마찬가지로, 구세주의 정신작용은 신인 인간의 육체로부터 나온다고 판단할 수 있다. 베렝가르의 이런 성사관습으로부터 독특한 결론을 찾아내게 되었다. 베렝가르는 성사관습을 빵과 포도주라는 물질을 활용하여 인간의 모습과 신의 모습을 일치시켜 특정한 역사사건을 재현시키는 것으로 파악하고 있다.

물론, 베렝가르의 성사관습에서 표준인간의 모습과 신의 모습을 일치시키는 물질의 촉매제는 다름 아닌 신비인 것이다. 베렝가르는 성사관습을 빵과 포도주를 신비와 일치시켜 구성하고 있다. 랑프랑은 베렝가르의 성사관습에서 빵과 포도주에 도입된 중간매체인 신비를 제17장에서 언급하고 있다. 랑프랑은 신비를 성사관습의 존재근거로 활용하고 있다. 그리고 베렝가르는 신비를 물론 빵과 포도주의 존재를 이동시키는 최종 단계로 활용하고 있다. 랑프랑은 저작물 제17장에서 신비를 다루고 있다. 신비는 교황청의 로마 사문회의에서 추기경 훔베르트가 베렝가르를 옹호하던 반론의 핵심이자 베렝가르의 죄목과 관련되어 있다. 랑프랑은 여기에서 다시 베렝가르의 죄목과 관련된 훔베르트의 신비를 지적하고 있다.

랑프랑은 추기경 훔베르트의 신비를 인용한 베렝가르의 회상내용을 다음과 같이 지적하고 있다. 즉, 크리스트는 환생했다. 환생한 크리스트의 모습은 본래의 모습대로였다. 베렝가르가 언급한 크리스트의 환생모습에 대하여 랑프랑은 크리스트가 완벽하게 회상될 수 없는 상태였으나, 기적 사건 때문에 크리스트가 환생할 수 있었다고 지적하고 있다. 그리고 크리스트의 전지전능한 몸인 빵이 기적 사건 때문에 부서지듯이, 크리스트의 몸도 작은 조각으로 부서지게 마련이라고 랑프랑은 강조하고 있다. 랑프랑은 신비에 대한 베렝가르의 성사관습을 모방하여 크리스트가 인간의 모습으로 부활했다고 단언하고 있다. 다시 랑프랑은 신비가 인간을 신앙에 결부시키는 것에 불과한 것으로 판단하고 있다. 그래서 랑프랑은 자기의 힘으로는 도저히 신비문제를 해결할 수도 없다는 것이다. 또한 랑프랑은 인간이 신비문제를 해결하려는 과정에서 혼란을 당하지 않기 위하여 보상심리를 바라는 마음임을 밝히고 있다. 신비는 특히 인간의 눈으로 볼 수도 없고, 신의 의지에 따라 생겨나기 때문에 단순한 현상으로 파악해서도 안된다고 랑프랑은 지적하고 있다.

신는 현재도 인간의 눈앞에 나타나지 않는다. 물론 당시에도 신는 실제로 어떤 존재의 외피 속에 감춰져 있었다. 그런데도 이단자들은 신의 의지로 일어나는 신비를 본 것처럼 밝히고 있다. 랑프랑은 여기서 이단자를 임의 해석자라고 비판하며 철없는 어린아이와 전혀 다를 바 없는 사람들이라고 비웃고 있다. 즉, 그들(이단자)은 신앙의 신비를 타당한 판단기준의 인식작용으로 파악하기를 희망하고 있다. 그래서 그들은 타당한 판단기준의 인식작용이 어디서 나오는 것인지를 전혀 인식하지 못하고 있다는 것이다. 그리고 이단자들은 임의로 성사관습에 접근하고 있기 때문에 말이나 나귀처럼 민첩하지도 못하다고 지적하고 있다. 이단자들은 생각이 깊지 못하여 본능에 따라서 행동하고 있다는 것이다. 이단자는 신을 '타당한 판단기준의 인식작용'으로 파악하지도 않고 '과장된 성사관습'로 성사관습 자체를 확증하지도 않고 있다고 랑프랑은 비판하고 있다. 랑프랑은 이단자들이 성사관습을 오히려 축소시켜 신비 사례를 사라지게 만들고 있다고 불평하고 있다.

그러나 성서의 사건은 과거에 이미 지나갔다. 성서는 구세주의 역할을 신비에 관련되도록 만드는 감각의 인식작용에 대해서도 언급하지 않고 있다. 그래서 신비에 접근할 수 있는 능력도 실제로 성사관습을 통해서 얻은 것과 정신의 인식작용으로 얻을 수 있는 것을 구분하는 데에서 발휘되고 있다. 이미 지적한 바와 같이, 랑프랑은 베렝가르의 성사관습과 훔베르트의 신학을 면밀하게 검토하고 있다. 그런데도 랑프랑은 제18장에서 자기의 성사관습에 대하여 결론에 이르고 있다. 랑프랑은 베렝가르의 성사관습을 조목조목 비판하고 있다. 그리고 랑프랑은 제18장에서 자기의 성사관습에 주의를 집중시키고 있다. 랑프랑은 '성사관습'(18~19절)과 '타당한 판단기준의 인식작용'(20~21절)을 강조한 부분에서, 그리고 뚜르의 스승 베렝가르에 대하여 혐오감을 지닌 부분에서 자기의 성사관습을 표면화하고 있다.

그렇다고 랑프랑의 성사관습이 지금까지 지적한 내용을 버리고 새로워진 것도 아니다. 랑프랑은 제 2권에서 성사관습의 빵과 포도주가 크리스트의 살과 피로 변화되는 것에 대해서나, 크리스트의 실제 모습에 대해서도 이렇다고 지적할 수 있을 정도로 새로운 것은 없다. 그러나 랑프랑과 베렝가르의 성사관습은 빵과 포도주를 존재의 구성원리 측면에서 선명하게 대비시키고 있다. 랑프랑은 베렝가르도 '정통론자 교회의 신앙'과 '이단자의 신앙'을 구분하고 있다고 거듭 강조하고 있다. 여기서 랑프랑도 '고전시대 학문동아리의 성사관습'과 '최근세대 수도자 학문동아리의 성사관습'을 통합하여 보편타당한 성사관습에 결부시키고 있다. 랑프랑은 보편타당한 성사관습의 주체를 정통론자 교회의 신앙으로 파악하고 있다.

즉, 랑프랑은 정통론자 교회의 신앙을 확산시켜야 한다고 주장하고 있다. 랑프랑의 주장은 옛날부터 지속되어 온 정통론자 교회의 신앙을 확산시켜야만 '고전시대 학문동아리의 성사관습'과 '최근세대 수도자 학문동아리의 성사관습'을 통합하여 보편타당한 성사관습을 유지할 수 있는 것으로 암시하고 있다. 그래서 랑프랑은 이단자들도 어쨌든 사도시대의 교회로 돌아가야 한다고 주장하고 있다. 그러나 랑프랑의 성사관습은 바로 이 부분에서 이단자가 배타주의에 빠져 있다고 주장하여 설득력을 상실하고 있다. 랑프랑의 표현대로라면, 이단자의 성사관습은 배타주의에 빠져 있었다. 바로 이들 이단자들은 교회의 본질을 외면하고 새로운 규범을 만들어 실천하고 있다는 것이다.

이들 이단자들과는 다르게 정통론자 교회는 성사관습을 정확하게 파악하여 성사관습에 합당한 규범에 근거하여, 이단자 교회의 추종자들을 추방하기 위한 목적으로 이단자를 줄이고 있다는 것이다. 랑프랑은 이단자들이 '벌'을 외면하고 있다고 지적하고 있다. 그리고 랑프랑은 이단자들이 그림자를 빛으로 잘못 알아차려 그림자와 빛을 정반대로 파악하여 미련하게 승리를 찾아가고 있다고 지적하고 있다.

랑프랑은 현대 인문학의 핵심 주제에 이르고 있다. 현대 인문학의 핵심 주제에서 개인의 창의성과 가능성을 극대화하는 것이다. 인문학의 이런 주제에서 파생되는 현대사회의 결속과 분리문제는 20세기나 21세기에도 학문의 주요한 주제가 될 것임을 부인할 수 없다. 특히, 사회과학에서 언급하는 갈등이론과 세대통합, 그리고 환경보전 문제는 복잡한 이론 때문에 새로운 학문영역을 만들어 내면서 오히려 전문화되어 더욱 심각한 분리요인으로 작용하고 있다.

이제 랑프랑은 개인의 가능성과 창의성을 극대화시키면서 역사학 영역에서의 다수 구성원의 성사관습 문제와 소수 구성원의 성사관습 문제를 제기하고 있다고 하겠다. 이 문제는 바로 '고전시대 학문동아리의 성사관습'과 '최근세대 수도자 학문동아리의 성사관습'을 일치시키는 표현문제에서부터 제기되고 있다. 랑프랑은 성사관습에서 초기 교부들의 성사관습과 최근세대 수도자 학문동아리의 성사관습을 거듭 강조하고 있다. 랑프랑은 성사관습의 근본 교의에서도 빵과 포도주의 '존재'를 크리스트의 살과 피로 변화시키는 것을 성사관습이라고 지적하고 있다. 랑프랑은 또한 신의 전지전능함에 힘입어 황송하게도 신비를 체험하며 살아가고 있다고 주장하고 있다.

여기서 랑프랑은 고전시대 학문동아리의 성사관습과 최근세대 수도자 학문동아리의 성사관습을 접목시키는 접착제로서 신비를 활용함과 동시에 신비의 증거를 첨가시키고 있다. 랑프랑은 신비의 증거를 기록물의 위력에서 찾아내고 있다. 랑프랑은 신비의 증거를 성사관습과 연계시키고 있다. 동시에 랑프랑은 신비의 증거를 정지상태의 자연법칙에서 찾아내고 있다. 랑프랑은 또한 개종을 자연의 운동 원리에 적용시켜 현상을 찾아내고 있다. 랑프랑은 성사관습이 자연을 맑고 깨끗하게 정화시킨다는 취지에서 개종을 '부지런히 노동하는 것'으로 파악하여, '성사관습의 변화'에 대해서도 '개종'이라는 존재를 활용하고 있다. 이것은 정지상태의 자연으로부터 운동상태의 자연으로 변화되는 현상을 창출한다는 의미를 내포하고 있다.

랑프랑도 정지상태의 자연으로부터 탈피하고 있다. 랑프랑은 운동상태의 자연에 접근하고 있다. 랑프랑은 운동상태의 자연에 접근하게 되는 것을 관습법 형태의 성사관습으로부터 찾아내고 있다. 랑프랑은 운동상태의 자연으로부터 성사관습을 법칙의 대비물에 연계시켜 현상에 접근하고 있다. 그리고 랑프랑은 성사관습을 다시 지방민의 규약집에 집약시키고 있다. 랑프랑은 지방민의 규약집을 종족언어의 산물로 파악하고 있다. 이것은 물론 성사관습과 유사한 종족언어가 지방민의 규약집에 투영된 것으로 파악해도 타당할 것이다. 랑프랑은 성사관습을 규약집에 포함시키고 있다. 그리고 랑프랑은 성사관습 자체가 생성된 것이 아니고 종족언어 표현관습을 활용하는 지방민의 규약과 함께 나타난 것으로 파악하고 있다.

성사관습은 물론 신와 관련되어 있다. 그런데도 신와 관련된 성사관습은 존재 역할을 담당하고 있다. 이것은 '너희는 영생의 언어를 지니고 있다'는 크리스트의 지적과도 일치하고 있다. 성사관습에 대한 크리스트의 이런 지적은 성사관습의 존재기능에 대한 지적과 다를 바 없다. 교부들은 성사관습을 외형의 존재로부터 접근하고 있다. 그런데도 교부들은 완벽한 상징물을 결코 수용하지 않았던 것으로 랑프랑은 지적하고 있다. 아우구스티누스는 성사관습과 상징물을 크리스트교도와 관련 지워 언급하고 있다. 아우구스티누스는 성사관습과 상징물을 크리스트교의 기본 골격으로 인식하고 있다. 랑프랑은 아우구스티누스의 이런 언급을 대교황 그레고르의 성사관습과 관련 지우고 있다.

랑프랑은 성사관습의 표상과 상징물을 중시했던 대교황 그레고르의 성사관습에서처럼 실제로 성사관습을 상징물에 일치시켜 오히려 존재의 표상을 선택하고 있다. 랑프랑은 성사관습을 미묘하게 접근하고 있다. 랑프랑은 베렝가르의 성사관습 비판에 대하여 혐오감을 표현하고 있다. 랑프랑의 성사관습 비판에서 명확하게 나타나듯이, 베렝가르의 성사관습 비판에 대한 랑프랑의 혐오감은 성사관습에 대하여 존재 혹은, 비존재로 접근하는 계기가 되고 있었다. 랑프랑은 성사관습에 대하여 존재 혹은 비존재 문제를 교묘하게 배합하고 있다. 성사관습 문제는 역시 정신의 인식작용으로 귀착되고 있다. 성사관습에 대한 정신의 인식작용 문제는 아우구스티누스의 『성사론』으로부터 베렝가르의 인용부분에 이르기까지 정신의 인식작용 문제로 귀착되고 있다.

랑프랑도 아우구스티누스의 『성사론』을 인용한 베렝가르의 성사관습비판 영역을 탈피하지 못하고 있다. 랑프랑의 성사관습도 정신의 인식작용으로 성사관습을 인식하게 된다는 것을 당연하게 수용하고 있다. 그러나 정신의 인식작용으로 성사관습을 인식하게 된다는 것은 성사관습의 실제 모습을 부정하기 위한 것이 아니었다. 랑프랑은 성사관습의 경우를 사례로 제시하고 있다. 랑프랑은 성사관습을 두 가지로 분석하고 있다. 즉, 성사관습은 상징물로서 상기하여 성사관습의 사건을 숭배하게 된다는 것이다. 성사관습으로 상기하여 상징물을 사건으로 숭배하려면, 우선 성사관습은 눈으로 인식 가능한 것도 있다는 것이다. 그리고 다음으로 눈으로 인식할 수 없으면서도 정신으로 접근할 수 있는 성사관습도 있다고 랑프랑은 지적하고 있다. 랑프랑은 눈에 보이는 것과 보이지 않는 것을 전혀 다른 것으로 구분하고 있다. 그리고 랑프랑은 눈에 보이는 것과 눈에 보이지 않는 것 이 두 가지가 전혀 달라야 할 필요성이 있다고 강조하고 있다. 여기서 랑프랑은 정신의 인식작용으로 접근하는 성사관습을 '감각의 인식작용으로 접근할 수 있는 대상'의 동의어로 파악하고 있다. 랑프랑은 여기서 '종류의 부류', '대비물', '표상', '표지', '신비'와 같은 인식영역의 동의어를 성사관습에까지 적용하고 있다. 특히, 랑프랑은 '종류의 부류', 대비물, 표상 등을 이미 사라져 버린 고전시대 학문동아리의 성사관습라고 지칭하고 있다.

또한 여기서 랑프랑은 상징물을 활용하고 있다. 랑프랑은 성사관습이 '표지'와 신비물, 그리고 십자가에 죽은 채로 매달려 있는 크리스트의 고통을 나타내고 있는 것으로 파악하고 있다. 랑프랑은 심오한 인식의 경지에 접근한 베렝가르의 성사관습비판을 다시 인정하고 있다. 베렝가르의 성사관습 비판을 언급한 랑프랑의 성사관습은 용두사미 형식으로 상징물과 언제나 일치시키고 있다. 랑프랑은 한편으로 베렝가르가 성사관습을 전혀 파악하지 못했다고 해서 비판하고 있는 것 같다. 랑프랑은 베렝가르의 이런 성사관습을 비판하기 위하여 『의례관습 관행집』에 활용되고 있는 '종류의 부류'를 지적하고 있다. 여기서 랑프랑은 상징물이 현상보다는 존재에 타당한 성사관습의 연결고리를 내포한 것으로 지적하고 있다. 랑프랑은 성사관습을 정교하게 세분하고 있다. 베렝가르는 성사관습을 아무런 부담 없는 세례로 인식하여 오류에 빠지고 있다. 크리스트는 이미 죽었다. 그래서 크리스트는 세례에서도 존재하지 않는다.

랑프랑은 크리스트를 또한 피로 인식시킴으로써 크리스트의 존재를 부정하지 않고 있다. 그래서 랑프랑은 두 가지 존재, 즉 세례와 성사관습을 단순하게 비교할 수 없다고 지적하고 있다. 성사관습과 세례는 생명을 부여받게 되는 상황을 재현하고 있다. 두 가지 존재는 '성사관습의 인식조건'과 비교될 수도 있다. 그리고 성사관습은 '존재나 사건의 대비물로서 찾아낸 동일한 존재'와도 비교될 수 있다. 랑프랑은 다시 성사관습의 대비물을 활용하더라도 사건이나 존재를 찾아낼 수 없는 스스로를 자책하고 있다.

랑프랑은 스스로를 '촌사람'이나 '무식자'라고 지칭하고 있다. 랑프랑은 '촌사람'이나 '무식자'의 관습을 도입하여 성사관습에 접근하고 있다. 랑프랑이 성사관습의 전거를 제시하는 것은 물론 보편타당한 성사관습을 전제하고 있다. 랑프랑의 이런 성사관습은 동일한 대비물을 반복하고 있는 것처럼 나타나고 있다. 그리고 랑프랑의 성사관습을 분석해 보면, 성사관습의 기반 자체가 공통으로 고전시대 학문동아리의 저작물로부터 찾아낸 성사관습에 근거하고 있기 때문이라고 지적할 수도 있다. 특히, 11세기 유럽사회에서 교회는 주요한 입법기관이었다. 그런데도 고전시대 학문동아리의 성사관습은 교회 입법과정에서 법률논리를 정당화시키는 수단으로 활용되고 있다.

교회는 11세기 유럽세계에서 특정한 법률을 제정하고 있다. 그리고 교회는 타당한 판단기준의 인식작용보다는 고전시대 학문동아리의 성사관습을 훨씬 중요한 입법 자료로서 활용하였다. 그런데도 성사관습 논쟁은 더욱 가열되었다. 특히, 베렝가르는 성사관습 논쟁을 끊임없이 가열시키는 성사관습보다는 고전시대 학문동아리들의 저작물을 더욱 중요시하고 있다. 고전시대 학문동아리들의 저작물에 접근하려는 중세인의 의지로부터 '근대인'은 형성되었다. 근대인은 바로 '개인'이었다. 물론, 저작물의 해석자도 '개인'이었다. 저작물의 해석자는 성사관습의 근거보다는 고전시대 학문동아리들의 저작물로부터 찾아낸 성사관습을 더욱 우월하게 인식하고 있었다. 그리고 저작물의 해석자는 랑프랑이 언급한 '무식자'의 관습에 침잠한 성사관습을 차츰 밀어내고 있었다. 여기서 저작물의 해석자는 '개인'으로서 저작물의 비평원리를 창출하고 있었다. 고전시대 학문동아리들의 성사관습을 비평하는 과정에서도 저작물은 중요한 비평 요소로 인식되었다.

중세 해석자들도 일정한 원칙에 따라서 저작물을 비평하였다. 중세 해석자들도 저작물의 비평원리를 수용하게 되면서 자기의 성사관습을 부풀리고 있었다. 해석자의 성사관습을 과장되게 확대시키는 데서는 존재나 사건의 오류가 나타나고 있었다. 중세 해석자는 다른 한편으로 이미 성사관습의 오류에 빠져 있었기 때문에 성사관습의 존재나 사건을 탈피하지 못하고 있었다. 랑프랑은 존재나 사건에 대하여 해석자의 자율성을 부정하고 있다. 랑프랑은 크리스트의 본질을 신의 말씀으로부터 찾아내고 있다. 물론, 랑프랑이 크리스트의 본질을 찾아낸 신의 말씀은 성사관습을 정당화하는데 활용된 존재이었다. 그래서 랑프랑의 성사관습에서 신의 말씀은 존재 형태를 갖추고 있다. 또한 랑프랑의 성사관습에서 존재형태를 갖춘 신의 말씀은 인간으로 하여금 신을 용이하게 전달토록 보완하고 있다.

그러나 신의 말씀도 성사관습에 지나지 않았다. 성사관습은 또한 해석자의 눈을 벗어나면 상징물에 불과한 것이었다. 거기다 성사관습은 존재나 사건으로 구성되어 있었다. 따라서 11세기 유럽세계의 성사관습은 존재나 사건으로 각색되어 있다는 점에서 '타당한 판단기준의 결과물'이라고 지적할 수 있다. 11세기 유럽세계에서 나타났던 법률규정을 비롯하여 특정한 저작물이나 기록물에 관한 주해서도 실제로 타당한 판단기준의 인식작용으로 창출한 성사관습의 결과물이었다. 그런데도 기록물은 성사관습의 사건이나 존재를 담고 있었다. 최근세대 수도자 학문동아리도 성사관습으로서 기록물을 설명할 수 있었다. 그러나 성사관습은 자체로서 기록물을 대신할 수 없었다. 성사관습은 그런데도 최근세대 수도자 학문동아리에게 성사관습을 전달한다는 효용성을 지니고 있었다. 성사관습의 이런 효용성은 관습에서 제기되는 성사관습 문제보다는 오히려, 전체 크리스트교 크리스트교를 지속시킨다는 결속력 문제를 제기하고 있었다. 성사관습이 관습의 효용성을 제고시켰고, 다른 한편으로 관습의 효용성 때문에 각양각색의 성사관습을 찾아내어 전체 크리스트교의 크리스트교, 즉 중세 유럽세계를 지속시킬 수 있었는지의 문제에 초점을 맞추어 성사관습에 관한 연구가 진행되어 온 것을 부인할 수 없다.

랑프랑은 유럽에 정착해서 정주하던 이동종족의 신앙에 대해서도 언급하고 있다. 랑프랑은 특히 라틴어계 종족과 그리스어계 종족을 비롯하여 아르메니아계 종족들이 특정한 인물의 입으로부터 전해지는 성사관습을 신앙의 증거로 삼고 있다고 지적하고 있다. 랑프랑의 이런 지적은 물론 신의 말씀을 정당화시키려는 의도를 내포하고 있을 뿐만 아니라, 보편타당한 신의 말씀을 찾아내려는 의도까지 내포하고 있다. 랑프랑의 성사관습에서 신의 말씀은 보편타당한 성사관습으로 활용되었다. 그리고 랑프랑의 이런 보편타당한 성사관습은 교회 구성원의 보편타당한 성사관습으로부터 재생되고 있다. 랑프랑의 성사관습에서는 보편타당한 성사관습 때문에 이단자도 생겨나고 있다고 지적하고 있다.

이렇듯이 랑프랑은 성사관습에 근거하여 베렝가르를 이단자라고 비난하고 있다. 랑프랑이 베렝가르를 이단자로 지목한 이면에는 성사관습의 오류가 아니라, 랑프랑의 방식대로라면 크리스트교 사회에서 유지되던 보편타당한 성사관습을 무너뜨리기 때문이라는 의미를 내포하고 있다. 랑프랑은 보편타당한 성사관습을 크리스트교 사회를 유지시키는 기본 골격으로 파악한 반면, 이단자들의 성사관습을 크리스트교 세계의 기본 골격을 무너뜨리려는 해괴망칙한 침입자로 파악하고 있었다. 랑프랑은 이단자를 크리스트교 사회질서에 대한 반역자로 인식하고 있다. 그래서 랑프랑은 이단자의 성사관습을 거부하고 있다. 랑프랑은 이런 취지에서 이단자 출현 사건을 악마의 소행으로 파악했던 것이다.

랑프랑의 성사관습을 분석하는 과정에서 어렴풋이나마 도덕과 윤리의 분리 가능성을 검토할 수 있는 다양한 접근방식을 모색하게 되었다. 크리스트교 세계를 구성하고 있는 성사관습의 기본 골격은 윤리였다. 그러나 크리스트교 사회의 질서를 이끌어 나가기 위한 방향은 도덕을 바탕으로 제시되고 있었다.

제 11 장

구이트문트의 성사관습 비판

제 11 장
구이트문트의 성사관습 비판

구이트문트는 베렝가르의 제자이었다. 구이트문트는 고전시대 학문동아리의 성사관습을 중시하던 베렝가르의 성사관습을 계승했다. 또한, 베렝가르의 성사관습에다 자연으로부터 찾아낸 현상을 첨가시키고 있다. 구이트문트는 랑프랑의 성사관습을 비판하면서도 자연으로부터 찾아낸 랑프랑의 현상에 접근하고 있었다.

구이트문트는 교황 우르반 2세(1088~1099)로부터 총애를 받던 고위성직자였다. 교황 우르반 2세는 구이트문트를 아베르사의 주교직에 1088년 임명했다. 구이트문트는 베렝가르가 성사관습의 표상을 현존의 존재로 파악했기 때문에, 성사관습의 오류에 빠지게 되었다고 자기의 스승 베렝가르를 비판하고 있다. 그러나 구이트문트는 성사관습의 상대성에 접근하고 있다. 구이트문트는 성사관습에 순수하게 접근한 다음 해석자의 성사관습 자체를 분석하고 있다. 구이트문트는 또한 아르저와 같은 수도자 신학동아리 교사들의 사례에서처럼 성사관습 논쟁으로부터 스콜라 철학동아리 논쟁을 예고하고 있다. 구이트문트의 이러한 예상은 정확하게 적중했다. 구이트문트는 성사관습의 이런 변천과정을 예상했다는 측면에서 랑프랑을 훨씬 능가하고 있다. 구이트문트는 성사관습을 스콜라 철학동아리의 존재논리에 접목시킨 전수자요, 수용자의 위치를 차지하고 있다.

성사관습은 11세기에도 미완성 상태로 남아 있었다. 그럼에도 정통론자 교회조직의 성사관습은 변모하고 있었다. 즉, 구이트문트는 11세기에도 미완성 상태였던 성사관습과 후기에 새로운 방향으로 전환된 정통론자 교회조직의 성사관습을 이어주는 교량 역할을 담당하고 있다. 12세기를 경과하면서 기존 학문영역도 변화되었다. 12세기에 이르러 변화하는 학문영역에서 구이트문트는 자연의 상대성을 가지고 11세기 유럽사회의 학문체제에 대하여 다양한 현상 문제를 제기하고 있다. 그런 다양한 현상의 문제를 제기한 구이트문트의 저작물은 3책으로 구성되어 있다. 구이트문트는 『성사관습의 표상이 된 크리스트의 몸과 징표』라는 저작물을 남겨 놓았다.

구이트문트의 이 저작물은 대화록 형태로 저작되었다. 구이트문트는 대화록 형태의 저작물에서 대화 상대자를 로저라는 인물로 선택하고 있다. 구이트문트는 물론 이 저작물에서 정통론자 교회조직의 성사관습을 옹호하고 있었던 것 같다. 구이베르트가 이 저작물에서 정통론자 교회조직의 성사관습을 옹호하는 수도자 신학동아리 교사뿐만 아니라, 베렝가르까지도 소위 이단자들의 성사관습에 넋두리를 빼앗기고 추종하던 인물이었던 것처럼 로저를 등장시켜 묘사하고 있다는 점에서도 정통론자 교회조직의 옹호자라는 이미지를 지적할 수 있을 것이다. 구이트문트는 베렝가르의 인물상과 필체를 최초로 전해주고 있다. 그리고 구이트문트는 자기의 저작물에서 베렝가르를 오만한 성사관습 해석자로 파악하고 있다. 구이트문트는 성사관습의 허구성과 분석방법을 제시해 주고 있다. 구이트문트는 어렸을 적부터 베렝가르의 문하생이었다. 구이트문트가 베렝가르의 어린 문하생으로서 수학하고 있었던 당시, 구이트문트는 베렝가르의 탁월한 능력에 깊은 감동을 받게 되었다. 그래서 구이트문트는 베렝가르 이외의 다른 성사관습 해석자를 거의 거들떠보지도 않았던 인물이었다고 구이트문트의 목격자들은 전하고 있다.

성사관습 논쟁은 프랑스 지역에서 일어났다. 성사관습 논쟁이 프랑스 지역으로부터 나타났던 학문논리라고 해서 완벽할 수는 없다. 대체로 프랑스 지역의 학문논리는 고도의 성사관습을 수용하고 있다. 그런데도 철학의 분석방법에서처럼 프랑스 지역의 학문체제는 고도의 성사관습을 수용하면서도 당시 상당한 결함을 드러내고 있다. 프랑스 지역의 이런 학문특성을 구이트문트도 정확하게 파악하고 있다. 구이트문트는 기존 성사관습을 꿰뚫고 있다. 그러나 구이트문트는 '신기하고 새로운 성사관습'에 접근하면서 기뻐하고 있다. 구이트문트는 진기한 '학문을 혼자서' 즐기고 있다. 구이트문트의 이런 학문특성은 강연내용에서 공공연하게 나타나고 있다. 즉 "그(구이트문트)는 학문방식을 모방하면서도 강론을 전혀 달리 구성했다는 것이다. 구이트문트는 머리에다 깊숙한 두건을 쓰고서 타당한 판단기준의 인식작용으로서도 선정하지 못하고 있는 것처럼 위장하고 있었다. 그리고 구이트문트는 나즈막한 목소리로 성사관습에 대한 여러 가지 접근방식을 숨기고 있었다."

구이트문트는 성사관습의 접근방식을 청년기의 주요 주제로 삼고 있었다. 베렝가르의 성사관습을 랑프랑이 비판했다는 점을 구이트문트는 부인하고 있다. 구이트문트는 베렝가르가 랑프랑의 성사관습을 비판한 것에 대하여 수치스럽게 여기고 있다고 언급하고 있다. 심지어는 베렝가르의 제자들까지 무척 위축된 상황이었다고 구이트문트는 전하고 있다. 구이트문트 스스로도 베렝가르의 성사관습에 대한 랑프랑의 비판 때문에 청년기의 주제인 성사관습을 면밀하게 분석했다고 언급하고 있다. 베렝가르의 성사관습에 대한 랑프랑의 비판은 베렝가르의 문하생인 구이트문트로 하여금 은사에 대한 복수심으로 불타게 만들었다. 구이트문트는 베렝가르를 신의 의지대로 살아가는 카톨릭 교도로서가 아니라, 다수 크리스트교 구성원으로부터 존경받던 이단자로서 살고자 노력하던 인물로서 묘사하고 있다. 베렝가르에 대한 구이트문트의 이런 시각은 베렝가르보다 성사관습에 대한 목적을 더욱 강하게 드러내고 있음은 분명하다.

구이트문트는 베렝가르의 성사관습을 답습하지 않고 있다. 그리고 구이트문트는 베렝가르의 추종자들과도 단절한 채 성사관습을 새롭게 구성하고 있다. 구이트문트는 스스로 평가하듯이 베렝가르가 어느 정도로 성서에 근거하여 성사관습을 해석했던가의 문제를 제기하고 있다. 구이트문트는 스승인 베렝가르를 두 가지 성사관습, 즉 혼인과 세례를 부정하던 인물이라고 비판하고 있다. 구이트문트는 스승 베렝가르의 성사관습으로부터 야기되는 11세기 유럽사회의 기본 틀을 예리하게 분석하고 있다. 구이트문트는 혼인을 부인한 베렝가르의 성사관습이 부녀자를 매음케 만들었다고 비판하고 있다. 그리고 구이트문트는 세례를 부인한 스승의 성사관습이 결국 유아들까지 지옥에 빠지게 만들었다고 비판하고 있다.

구이트문트는 스승인 베렝가르의 두 가지 성사관습을 부인한 죄목을 뒤집어 씌워 악마의 대변자로 몰아 가고 있었다. 구이트문트의 저작물에서는 어디서나 '이단자의 오류'를 주요 문제로 다루고 있다. 구이트문트는 '이단자의 오류'를 바로잡는 방법을 '정통론자동아리교회의 타당한 성사관습'라고 인식하고 있다. 구이트문트는 성사관습의 오류를 정확하게 간파하고 있다. 구이트문트는 베렝가르가 과거 이단자로 낙인찍혔던 경우처럼 이단자를 재앙으로 간주하여 사람들을 아주 나쁘게 만드는 대명사라고 지칭하고 있다. 구이트문트는 '왜곡된 성사관습'가 정통론자 교회를 혼란에 빠뜨리고 있다고 개탄하고 있다. 정통론자 교회의 파괴자들은 대개의 경우 '왜곡된 성사관습로써' 자기의 특정한 목표를 달성하고 있다고 구이베르트는 지적하고 있다. 왜곡된 성사관습을 따르는 사람의 무리는 타락한 성사관습의 질곡에 빠져 있다고 부언하고 있다.

구이트문트는 타락한 성사관습이 정통론자 교회의 기능을 정지시키는 견인차와 다를 바 없다고 지적하고 있다. 그런데도 이단자라는 최악의 질병은 사방으로 확산되고 있다고 구이트문트는 강조하고 있다. 구이트문트는 이단자의 활동을 일종의 모반행위로 인식하고 있다. 이단자에 대한 구이트문트의 이런 시각은 베렝가르의 성사관습에 대한 주요 과오를 정확하게 지적하고 있는 로저의 머리말에서도 나타나고 있다. 구이트문트는 로저의 머리말 부분에서 빵과 포도주가 '성사관습의 존재까지' 크리스트의 몸과 피로 변화되지 않는다고 지적하고 있다. 구이트문트는 크리스트의 몸과 피라는 '불과 목소리'가 빵과 포도주의 존재를 지칭하는데 불과하다고 언급하고 있다. 그리고 구이트문트는 크리스트의 몸과 피라는 목소리로 존재의 외형과 표상을 떠올리는데 불과하다는 것이다.

구이트문트는 빵과 포도주의 존재가 실제로 크리스트의 몸과 피가 아닌데도 크리스트의 몸과 피라고 부르는 것을 감각의 인식작용으로 포착되는 성사관습의 존재를 활용하여 마음을 속이는 것으로 떠올리고 있다. 구이트문트는 여기서 다시 베렝가르의 성사관습을 언급하고 있다. 즉, 구이트문트는 '크리스트의 살을 보면서' 크리스트를 추리하라고 주장한 베렝가르가 초기 교부 저작물의 원본까지도 왜곡시키고 있다고 지적하고 있다. 구이트문트는 성사관습을 존재의 표상에 관련지우고 있다. 구이트문트는 존재와 표상에 대해서도 성사관습을 적용할 수 있는지를 분석하고 있다.

그러나 구이트문트는 빵과 포도주라는 성사관습의 변화까지 성사관습이 '포함하고 있는지의 여부를 성사관습을 중심으로 비판하려고 시도하고 있다. 구이트문트의 이런 성사관습은 존재를 창조하는 바탕이 자연이라는 관점에서 존재와 자연의 관계를 내포하게 된다고 강조하고 있다. 베렝가르는 탁월한 성사관습 해석자였다. 그러나 성사관습에서 베렝가르라고 해도 완벽할 수는 없었다. 베렝가르는 다수 추종자를 만들었다. 베렝가르의 이들 추종자들이라고 해서 베렝가르와 같은 방식으로 성사관습의 오류에 빠지게 된 것은 아니었다. 베렝가르를 포함하여 추종자들도 성사관습의 공통점을 지니고 있었다. 성사관습에 나타난 이들의 공통점은 성사관습의 빵과 포도주를 포함하여 자연에서 만들어진 '존재까지도' 변화되지 않는다는 것이었다.

그러나 베렝가르의 추종자들은 성사관습에 유입된 빵과 포도주의 본질에 대하여는 서로 다르게 주장하고 있다. 베렝가르의 추종자들은 성사관습의 빵과 포도주에서 크리스트의 몸과 피에 관한 어떤 변화도 사실상 나타나지 않았다고 주장하고 있다. 또한 성사관습에서 제단

위에 있는 빵과 포도주가 '성사관습과 표상'만을 지칭한다고 주장할 수는 없다는 것이다. 베렝가르의 추종자라고 해서 베렝가르와 다르게 성사관습을 주장할 수도 있었다. 베렝가르의 어떤 추종자들은 베렝가르의 성사관습에 나타나고 있는 몇 가지 존재에 대해서는 동의하고 있다. 그런데도 성사관습의 빵과 포도주가 크리스트의 몸과 피의 존재를 전달하고 있다는 것이다. 그러나 크리스트의 몸과 피가 '흡수되거나' 스승 베렝가르의 성사관습에서처럼 '아무도 모르게' 빵이 '만들어지도록' 빵과 포도주에는 크리스트의 몸과 피를 포함하고 있다고 주장하고 있다.

또한 베렝가르의 추종자들은 베렝가르의 성사관습을 대체로 수용하고 있다. 심지어는 베렝가르의 성사관습 비판자들까지도 베렝가르의 성사관습을 쓸모없다고 비판하면서도 성사관습에서 빵과 포도주는 크리스트의 몸과 피로 일부 변화되고, 나머지 일부는 본래의 빵과 포도주의 모습 그대로 남아있는 존재라고 주장하고 있다. 베렝가르의 추종자들과 비판자들을 망라한 이들 성사관습 해석자들은 성사관습 자체를 달리 해석하려는 의도를 지니고 있다. 이들 성사관습 해석자들은 성사관습에서 구세론을 타당하다고 생각하지 않고 있다. 따라서 이들 성사관습 해석자들은 성사관습의 구세론을 나름대로 당연히 여기고 있었다. 이들 성사관습 해석자들은 여러 가지 성사관습의 존재 문제를 제기하고 있었다. 성사관습 해석자들의 여러 가지 성사관습의 문제 중에서도 성사관습에서 빵과 포도주는 완전하게 변화된다고 주장하였다. 그러나 성사관습에서 빵과 포도주는 '크리스트 교도의 공동생활'을 수용하기 위하여 성사관습에 참여하게 되면 빵과 포도주가 살과 피로 환원된다는 성사관습을 주장하고 있다. 그러나 베렝가르의 추종자들은 대개의 경우, 베렝가르의 성사관습과 비슷한 분석방향으로 정통론자동아리교회의 성사관습을 반대하고 있다. 이들 추종자들은 또한 성사관습에서 빵과 포도주가 변화되지 않는 것으로 주장하고 있다.

구이트문트도 빵과 포도주가 전지전능한 신의 의지로 변화된다는 베렝가르의 성사관습을 수용하고 있다. 베렝가르를 포함한 추종자들은 성사관습에서 빵과 포도주가 변형될 수 없다는 입장을 취하고 있다. 그러나 이들 추종자들은 찬미가의 구절을 인용하고 있다. 베렝가르의 추종자들이 인용한 찬미가의 구절은 '구세주는 하고 싶은 것을 무엇이든 하신다'는 가사였다. 구이트문트는 비판자들이 찬미가 구절을 정확하게 파악하지 못하고 있다고 부언하고 있다. 비판자는 물론 신의 전지전능함을 믿지 않는 경우를 언급하고 있다. 비판자가 신의 전지전능함을 믿지 않는다면, 이들 비판자는 성사관습의 빵과 포도주까지 무시하게 된다는 점을 언급하고 있다. 신는 전지전능하다. 그러나 크리스트는 신가 아니다. 그렇다면 빵과 포도주는 신의 의지를 전달하는 존재의 대비물에 불과하다. 빵과 포도주라는 존재의 대비물은 사실상 아무 것도 아닌 존재에 불과하게 된다. 그런데도 신의 의지에 따라서 종류의 부류와 같은 존재와 형태를 창조하게 된다며 성사관습에 접근하고 있다. 단순한 빵과 포도주에 불과한 존재가 성사관습에서 크리스트의 몸과 피로 변화하게 된다는 성사관습을 어떻게 부인할 수 있는가의 문제를 제기하고 있다. 더욱이 베렝가르의 추종자들은 자기들의 성사관습을 옹호하고 있다. 그렇다면 이들 베렝가르의 추종자들은 실제로 성사관습의 빵과 포도주에 대한 성사관습효능을 전혀 인식하지 못하고 있는 것이나 다름없다.

설령 성사관습의 빵과 포도주에 대한 존재확증이 필요할 수도 있다는 것이다. 구이트문트는 성사관습의 빵과 포도주에 대한 존재를 확증하는 데 인간의 심리작용을 활용하고 있다. 인간의 심리작용과 성사관습을 설명하는 과정에서 일상으로 매일 먹게 되는 빵과 마시게 되는 포도주를 사례로 제시하고 있다. 구이트문트는 일상으로 먹는 빵과 일상으로 마시는 포도주의 경우, 아주 자연스럽게 인간의 내장에서 빵과 포도주의 본질까지도 변화되는 경우를 지적하고 있다. 빵과 포도주의 존재는 우리의 배 안에서 영양분을 섭취하게 되면 살과 피로 변화하게 된다. 신의 위력으로 바로 빵과 포도주의 영양분은 살과 피로 변화되고 있다. 신의 위력은 신의 말씀에도 그대로 제시되고 있다. 구이트문트는 신의 위력을 부정할 수 없다고 주장하고 있다. 구이트문트는 이단자를 이교도와 동일시하고 있다. 그래서 구이트문트는 이교도의 신앙원리를 조물주의 소망이라고 지적한 플라톤의 자연법 원리를 인용하고 있다.

인간은 일상으로 빵을 먹고 포도주를 마시고 있다. 이런 빵과 포도주는 크리스트의 몸과 피인 것이다. 빵과 포도주를 인간이 먹는 것은 크리스트의 몸과 피를 먹는 것이다. 성서에서는 인간이 크리스트의 몸과 피를 먹는 것에 대한 성사관습을 제시하고 있다. 또한 성서에는 인간이 크리스트의 몸과 피를 먹는 것이 신의 뜻과 일치하는 것으로 지적하고 있다. 토마스(1224~1274)는 크리스트의 환생을 믿지 않고 있다. 토마스는 크리스트를 자신의 눈으로 볼 수 있고, 크리스트를 손으로 만져서 알게 될 때까지 크리스트의 환생을 믿지 않고 있다. 여기서 토마스는 성사관습을 다시 감각의 인식영역으로 끌어들이고 있다.

즉, 토마스는 환생한 크리스트의 전지전능한 몸을 만져 볼 수만 있다면 인간의 입에서 빵과 포도주를 씹게 될 때, 감각의 인식작용으로서도 구세주를 느껴 본 체험을 말할 수 있을 것이라고 지적하고 있다. 토마스는 사도와 성녀의 체험을 지적하고 있다. 고전시대 학문동아리들은 이미 구세주를 감각의 인식작용으로 체험해 왔다는 것이다. 따라서 성자들이라면 왜 감각의 인식작용으로 구세주를 체험할 수 없겠는가라고 강조하고 있다. '구세주에 대한 체험은 어느 누구도 부인할 수 없다.' 이처럼 어떤 특정인은 이미 크리스트를 체험으로 확증한 바 있다. 따라서 크리스트의 존재에 대한 고전시대 학문동아리의 성사관습은 빵과 포도주가 썩어 부식 당한다고 해서 크리스트의 권능을 저하시킬 수 없다는 의미를 내포하고 있다. 크리스트의 성자는 구원을 받게 된다. 크리스트는 십자가에 매달린 채 고통스럽게 죽어갔으나, 많은 사람을 구원했다. 사람들은 크리스트의 이런 행적 때문에 구원을 받고 있다. 사람들에게는 크리스트가 죽었다는 것이 대단히 중요하다. 이와 마찬가지로, 크리스트의 살과 피를 타당한 판단기준의 인식작용에 따라서 먹는 것은 더욱 중요한 것이다.

『구약성서』에서 인간은 그림자를 먹지 않았다. 『구약성서』에서 인간은 먹어서는 안 될 나무열매를 먹고 죽었다. 그래서 새로운 인간은 죽음을 모면하기 위하여 크리스트의 표상을 먹지 않고, 크리스트의 살을 먹게 되어 있다. 인간은 크리스트의 살을 먹음으로써 생명을 부여받고 있다. 그런데도 크리스트는 나무의 가장자리에 매달려 죽어갔다. 크리스트의 이런 죽음은 이미 『구약성서』의 「이사야 서」 25:6/7에 예언되어 있다. 구세주는 「이사야 서」 25:6/7에서 포도주 축제일을 언급하고 있다. 구이트문트는 「이사야 서」의 성사관습을 예언에 대한 확증으로 파악하고 있다. 사도 바오로를 『구약성서』의 예언을 확증한 인물로 구이트문트는 부언하고 있다.

'크리스트는 온 몸에 신의 은총으로 충만된 채 생존했다'고 바오로는 언급하고 있다. 구이트문트는 사람의 이빨도 신의 작용에 대하여는 아무런 가치도 없는 감각도구에 지나지 않는다고 지적하고 있다. 구이트문트는 다시 「디도 서」 1:15를 인용하고 있다. '우주 만물은 순수한 것에 대해서는 무한히 순수하다'. 구이트문트는 성사관습을 대비물로부터 찾아내고 있다. 즉, 살을 감각의 인식작용으로 인식한다는 것은 당연하나, 살은 쉽게 상처를 받을 수 있을 정도로 약하기 그지없다'. 크리스트는 연약한 살인 것이다. 연약한 살인 크리스트는 과거에도 감각의 인식작용으로 인식될 수 있었다. 또한 크리스트는 현재에도 감각의 인식작용으로 인식될 수 있다. 그리고 크리스트는 쉽게 상처를 받을 수 있는 존재이었다. 크리스트의 '겸손'에는 인간의 구원을 포함하고 있다.

구이트문트도 랑프랑이나 베렝가르와 같은 방식으로 성사관습에 접근하기 위하여 성사관습을 주요한 요소로 제시하고 있다. 구이트문트는 성사관습을 신의 의지에 관련 지우고 있다. 구이트문트는 성사관습을 신의 의지에 따라서 만들어진 것으로 파악하여 성사관습의 빵과 포도주라는 존재를 신의 의지에 반영하기 위한 성사관습의 대비물로 파악하고 있다. 구이트문트는 성사관습을 활용하는 과정에서 빵과 포도주가 어디서부터 신의 의지와 일치되는지의 문제를 제기하고 있다. 구이트문트는 크리스트의 몸을 분리시키게 되는 경우, 크리스트의 몸은 '분리된다'하더라도 성사관습은 축소되지 않는다고 지적하고 있다. 크리스트의 몸에 대한 분리는 '성사관습의 표상을 드러나게 만드는 존재의 대비물'과 같이 나타날 수도 있다고 지적하고 있다.

성사관습의 빵과 포도주는 크리스트의 몸과 피다. 빵과 포도주는 사람의 위장에서 영양분으로 변하여 피 속으로 들어간다. 즉, 크리스트의 몸은 위장에서 잘게 부서지고 있다. 크리스트의 몸은 분리되면서도 성사관습에 참여하는 사람들에게 분배되고 있다. 그런데도 성사관습의 주인공은 크리스트이다. 크리스트라는 성사관습의 주인공은 인간의 마음속에서 분리되지 않고 있다. 성사관습의 실제 주인공인 크리스트가 분리될 수 없는 것은 삼위일체를 분리할 수 없는 것과 마찬가지인 것이다. 또한 크리스트의 삼위일체는 세 부분처럼 나타날 수도 있다. 그런데도 삼위일체는 실제로 하나임을 구이트문트는 강조하고 있다. 크리스트의 몸을 실제로 분리시키는 것을 구이트문트는 성직자의 임무라고 지적하고 있다. 크리스트의 몸을 분리시키는 것이 성직자의 임무이나, 성직자가 크리스트의 몸을 분리시키는 임무를 수행함으로써 신비를 체험하게 된다고 지적하고 있다.

크리스트는 하나이다. 크리스트는 몸의 분리에도 불구하고 하나로 남아 있다. 그래서 크리스트는 신비인 것이다. 신비는 성사관습으로 동화되어 나타난다. 구이트문트는 종족언어 표현관습으로 전달되는 빵과 포도주를 활용하여 크리스트가 하나라는 방식으로 성사관습에 접근하고 있다. 구이트문트의 이런 성사관습은 신에 일치되고 있다. 구이트문트는 소리의 성사관습을 존재의 도구로 파악하고 있다. 성사관습은 소리라는 외피를 걸치고 있다. 그러나 소리라는 성사관습의 외피는 마음의 인식력을 제고시킬 뿐만 아니라, 성사관습을 확증시켜 마음의 인식작용으로 인식케 만들고 있다. 구이트문트는 1,000명 정도의 사람들이 듣게 되는 소리를 성사관습의 인식 사례로 지적하고 있다. 즉, 1,000명 정도의 사람들이 있다고 가정할 때, 1,000여명의 사람이 소리를 듣게 된다면 각자에게 기이한 성사관습을 전달하게 될 것이라고 가정하고 있다. 사람들은 소리를 듣고서 각자 소리의 성사관습을 마음속으로 포착하고 있다. 신는 인간의 소리인 성사관습을 통하여 기적 사건을 베풀게 된다고 구이트문트는 부언하고 있다. 신는 수 천명의 사람에게 귀로 들을 수 있는 소리의 신비를 전달할 수 있는 능력을 지니고 있다는 것이다.

성자도 소리라는 성사관습의 외피로 신비를 전달하고 있다. 신비는 인간에 따라서 서로 다르게 다가가게 된다는 것이다. 인간들 중에는 나약한 인간도 있고, 가식에 차 있는 인간도 있으며, 경우에 따라서는 단순하고 한시형의 인간도 있을 수 있다고 지적하고 있다. 구이트문트는 이들 인간들이 각자의 결함 때문에 신비를 완벽하게 포착할 수 없게 된다고 지적하고 있다. 신은 인간에 따라서 다양한 신비를 체험토록 만들고 있다. 신의 소리로 전달되는 성사관습에서도 나타날 수 있다. 그리고 신의 존재는 감각의 인식작용으로 느낄 수도 있다. 신는 영원한 말씀으로 존재하고 있다. 신의 영원한 말씀은 크리스트의 살에서 전달되는 신비를 믿지 않으려는 사람에게는 들리지 않는다. 따라서 크리스트의 신비를 믿지 않으려는 사람들은 영원히 없어져야 한다고 구이트문트는 강조하고 있다. 그러나 신비는 성사관습을 거쳐 전달되고 있다. 성사관습은 신비로 포착되고 있다. 성사관습은 신비로서 빵과 포도주의 가치를 회복시키고 있다. 구이트문트는 성사관습에 접근하여 가치를 만들어 냄으로써, 빵과 포도주의 가치를 회복시키는 권한을 위임받고 있는 것처럼 성사관습에 접근하고 있다. 그러나 구이트문트는 오히려 열등한 성사관습을 하나의 신비로 만들어 내고 있다.

우선 구이트문트는 성사관습에 접근하여 지나칠 정도로 이런저런 가치를 부여하기를 거부하고 있다. 구이트문트는 '심지어 『마태복음』의 「솔로몬 서」에서도 모든 것을 해석할 수는 없었다'라는 구절을 인용하며 지나친 성사관습을 무시하고 있다. 이어서 구이트문트는 하물며 하찮은 인간이 어찌 모든 것을 설명할 수 있겠는가라고 지적하며, 성사관습의 확대를 무익한 것으로 애써 강조하고 있다. 구이트문트는 성사관습에서 감각과 정신의 인식영역을 명확하게 구분하고 있다. 그리고 구이트문트는 저작물에 등장하는 로저라는 인물을 통하여 시각의 영역과 성사관습의 영역을 완전히 구분하고 있다. 로저는 시각에서는 분리된 것이 마음에서는 하나로 있을 수 있느냐의 문제를 제기하고 있다. 로저는 본질이 하나인 것이라도 인간의 시각에는 분리되어 있는 것처럼 보일 수도 있다는 것이다. 구이트문트는 성사관습을 시각이나 마음으로 파악하지 않으면 안된다고 주장하고 있다.

크리스트는 존재하고 있다. 크리스트는 '변화되기'를 원하고 있다. 그래서 크리스트는 작용하고 있다. 그래서 크리스트는 감각의 인식작용으로 인식될 수 있는 '성사관습의 존재'를 파악하려는 사람들에게는 하나로 나타날 수 없다고 구이트문트는 지적하고 있다. 그런데도 성서에서는 감각의 인식작용을 부당한 것으로 파악하여 여러 가지 사례를 지적하고 있다. 성서에서 마리아 막다레나는 크리스트의 무덤가에서 울고 있다가 크리스트를 보았다고 한다. 그런데 처음에는 크리스트를 누구인지 알아보지 못했다고 언급하고 있다. 크리스트의 존재는 성서에서 끊임없이 문제로 제기되고 있다. 『누가 복음서』에서도 크리스트를 눈으로 볼 수 없게 되어 있다고 지적하고 있다. 크리스트의 존재는 크리스트가 눈으로 인식되느냐 정신으로 인식되느냐의 문제라고 강조하고 있다.

크리스트가 나타났음에도 크리스트를 볼 수 없었던 것은 정신의 인식작용이 눈을 감고 있었기 때문이라는 것이다. 정신의 눈과 육체의 눈이라는 두 가지 눈을 구이트문트는 언급하고 있다. 아담은 육체의 감각으로 파악할 수 있도록 눈을 뜨고 있었다. 아담은 정신의 눈을 뜨고, 육체의 눈을 감고 있었다. 그래서 아담은 크리스트를 볼 수 있었다. 이것은 아담이 정신의 눈으로 존재를 파악하고 있다는 것이기도 하다. 누구나 쓴맛을 단맛으로 판단하는 사람에 대하여 그 사람을 건강하다고 말하지 않는다고 부언하고 있다. 이와 마찬가지로 영원한 것을 미미한 것으로 파악하거나 미미한 빛을 치료약으로 오인할 수는 없다는 것이다.

성사관습은 여기서 '시각과는 반대로 작용하고 있다. 성사관습은 일상에서 거의 언제나 감각의 인식작용으로 인식되고 있다. 일상 생활에서 감각의 인식영역에 들어와 있는 성사관습도 고전시대 학문동아리들이 철학을 일상생활에서 체험하여 이끌어 내던 것처럼 일상의 체험이 들어 있다는 것이다. 그래서 흔히들 성사관습을 일상생활에서 평범하게 가르침을 주고 있는 것으로 오해하기 쉽다고 지적하고 있다. 보에티우스는 구이트문트의 성사관습에서처럼 성사관습과 감각의 관계를 언급하고 있다. 구이트문트는 감각의 인식영역에 관한 보에티우스의 언급을 지적하고 있다. 구이트문트는 가장 거대한 존재와 가장 작은 존재를 보게 될 때, 실수를 가장 저지르기 쉽다는 보에티우스의 지적을 부언하고 있다.

성사관습의 빵과 포도주도 전체 맥락에서 보에티우스의 경우처럼 지적하면 존재를 활용하여 성사관습을 확정하게 되는 경우, 본래부터 감각의 인식작용으로 확인될 수 없었다. 여기서 구이트문트는 감각에 대한 보에티우스의 지적을 다음과 같이 활용하고 있다. 어떤 여자에게 남자 애인이 있다고 가정하고 있다. '여자를 좋아하는 애인의 눈에는 심지어 매춘부까지도 제 눈에 안경처럼 아름답게 보이지 않겠느냐 말이다!'고 지적하고 있다. 인간의 귀도 사람의 귀이기 때문에 사람의 인식영역을 벗어날 수 없다고 지적하고 있다. 사랑의 노래는 음탕한 자들에게 매력을 느끼도록 만들고 있다. 그러나 냉정하고 정확한 판단력을 지닌 사람은 사랑의 노래를 하찮게 여길 수도 있다는 것이다.

존재에 대한 호기심은 감각의 인식영역을 탈피하고 있다. 신앙도 호기심이나 매력의 경우처럼 정신의 인식작용에까지 이르려면 도달할 수 있게 되고, 신앙에 이르면 수도자 학문동아리가 된다고 구이트문트는 지적하고 있다. 그리고 신앙에 이르러 수도자 학문동아리가 되면 마음의 양식을 빵과 포도주로서 공급받을 수 있게 된다고 지적하고 있다. 마음의 양식을 빵과 포도주로서 공급받게 되면 인간은 성숙단계에 이르게 된다는 것이다. 인간은 성숙단계로부터 완성단계로 다시 변화하게 된다. 인간은 성숙단계에 이르면 정신의 완성단계, 즉 장년기에 이르게 된다고 구이트문트는 언급하고 있다. 인간은 장년기에 접어든 정신의 완성단계에서 나타나는 존재를 감각의 인식작용으로 파악하게 된다는 것이다. 인간의 감각으로 파악하게 되는 존재를 성사관습라고 구이트문트는 언급하고 있다.

성사관습의 이런 기적 사건은 정신작용의 변화를 거쳐 감각의 인식영역에서 감지하게 된다는 것을 흔히들 상상조차 할 수 없다고 구이베르트는 지적하고 있다. 그러나 믿는 자와 믿지 않는 자는 다같이 거기서 동일한 배를 타고 있는 손님인 것이다. 구이트문트는 기적 사건의 인식영역과 다시 감각의 인식영역에 들어와 있는 표상의 관계에 대하여 성사관습문제를 제기하고 있다. 혹자가 성사관습에서 빵과 포도주와 같은 존재의 변화를 자연에서 발생한 적이 없다는 이유로 성사관습 자체를 부정하는 경우도 있음을 구이트문트는 환기시키고 있다. 구이트문트는 모세의 요술 지팡이가 악마의 요술법으로 변화했다고 기록된 성서구절을 인용하며, 성사관습에 나타난 빵과 포도주의 변화를 받아들이도록 권고하고 있다.

인간도 마음의 벽을 갖고 있다. 즉, 인간의 마음은 어떤 장소에서 단번에 완벽하게 변화된다는 것을 다른 장소에서, 그리고 서로 다른 시각에서 변화가 어떻게 일어날 수 있는 경우를 상상해 보도록 권고하고 있다. 인간은 성사관습의 이런 변화를 신비라고 지칭한다는 것이다. 그러나 이런 신비가 어떻게 그것도 모든 사람들에게 동시에 일어날 수 있겠는가. 그러나 크리스트의 신비는 모든 사람을 향하여 일어나고 있다. 신비의 소리는 한 곳에서 울려 나오지 않는다. 신비의 소리는 정신의 인식작용으로부터 울려나오는 소리보다 강하지도 못하다. 정신의 소리보다 강하지도 못한 신비의 소리는 정신의 인식작용으로 확산되어 우리를 하나로 만들고, 다시 우리의 자손들에게까지 확산되고 있다. 신비의 소리가 확산된 사례는 창조 그 자체를 지적하고 있다. 여기서 구이트문트는 창조에 대하여 성사관습문제를 제기하고 있다.

인간은 창조를 설명할 수 없다. 그러나 인간은 창조를 믿고 있다. 구이트문트는 창조과정 조차도 알 수 없으나, 창조가 이루어진 이후 창조가 어떻게 이루어졌는지를 알아낼 수 있는 사람은 없다고 지적하고 있다. 존재나 사건을 해석하지 않고서는 성사관습도 있을 수 없다는 것이다. 현재 해석하지 않고 존재하는 성사관습은 과거에도 해석하지 않고 존재했다고 부언하고 있다. 구이트문트는 지금까지 해석되지 않은 성사관습을 현재 존재하지 않는 것으로 파악하고 있다. 구이트문트는 존재하는 성사관습에 대해서도 언급하고 있다. 설혹 성사관습이 해석으로 존재한다고 하더라도, 현재의 존재 그 이상으로 만들어질 수 없다고 지적하고 있다. 창조도 성사관습의 경우와 다를 바 없다는 것이다. 창조의 작용원리를 설명하기 위해서는 지금까지 창조되어 있는 것은 존재하고 있는 것과 존재하고 있지 않은 것 사이에 위치한 중간의 어떤 것이 될 수 없는 원리와 다를 바 없다고 부언하고 있다.

구이트문트는 존재와 비존재의 중간 존재를 부정하는 성사관습이 두 가지 존재와 상태 가운데 있다면, 이미 존재하고 있는 것이라고 강조하고 있다. 여기서 구이트문트는 실제로 언젠가 이미 만들어져 있는 것을 만들어지고 있는 중이라고 하는 진행상태의 문제를 다시 제기하고 있다. 구이트문트는 진행상태에 관하여 출발점이 없는 것을 존재한다고 지적할 수 없다는 것이다. 창조물로서 만들어지고 있는 것을 마음으로 믿지 않고, 게다가 인식까지 되지도 않는 것이라니 참으로 놀랍기 그지없다고 구이문트는 탄식하고 있다. 사람이라면 누구나 인식과정에서는 혼란을 일으킬 수 있다고 부언하고 있다. 그래서 구이트문트는 존재의 출발점을 다시 검토해 보도록 권고하고 있다. 그러면 존재와 그 성사관습의 관계가 어떻게 진행된 것인지를 파악할 수 있다는 것이다.

구이트문트는 저작물 제1권을 마무리하면서 빵과 포도주에 대한 존재의 변화문제를 순수한 성사관습의 문제로 결론짓고 있다. 성사관습에서는 인간의 창조를 네 가지 방법 중 한 가지로 권고하고 있다는 것이다. 첫째로, 인간은 아담의 경우처럼 남자도 여자도 아닌 것으로부터 창조되는 경우를 언급하고 있다. 둘째로는, 인간이 남자와 여자로부터 창조되는 경우를 지적하고 있다. 셋째로는, 여자가 이브의 경우처럼 어떤 동정의 남자로부터 창조되는 경우로 기술하고 있다. 그리고 넷째로, 남자가 크리스트의 경우처럼 동정녀의 몸에서 창조되는 경우를 기술하고 있다. 이 네 가지 창조방법 중에서 누구도 남자와 여자의 몸에서 남자가 창조되었다고는 언급하지 않고 있다는 것이다. 여기서 구이트문트는 인간의 창조는 매일 일어나고 있는 일이라고 생각해서 창조에 대하여 흔히들 관심을 갖지 않는다고 지적하고 있다.

그러나 구이트문트는 인간의 창조과정을 정거장에 비유하고 있다. 성사관습에서는 어떤 정거장으로부터 다른 정거장이 생겨날 수도 있다는 존재가 가능하다고 언급하고 있다. 여기서 구이트문트는 비 남자의 몸에서 태어난 남자나, 동정의 남자인 아담으로부터 태어난 이브의 경우를 지적하고 있다. 구이트문트는 크리스트의 출생에 대하여 아담과 이브의 존재를 창조 사례로 제시하고 있다. 구이트문트는 관습의 경우처럼 자연의 출생과 반대되는 것으로 파악하고 있다기보다는, 오히려 아담의 입장에서 이브의 출생경우가 반대되는 것으로 파악하고 있다.

성사관습에서는 창조과정이 나타날 수 있다. 성서에서는 네 갈래의 창조과정을 존재로 제시하며, 성사관습의 빵과 포도주에 대한 변화원리를 네 가지 방향에서 언급하고 있다. 구이트문트는 성사관습의 빵과 포도주에서 일어날 수 있는 한 가지 변화를 설명하는 과정에서 창조된다는 것을 아무 것도 없는 비존재로부터 실체에 접근하고 있다. 성서에서는 성사관습의 빵과 포도주에 대한 성사관습을 두 번째 창조과정, 즉 변화원리로 파악하고 있다. 두 번째 창조의 이런 변화원리는 남자와 여자의 관계에서 태어난 여자를 체험보다는 존재의 산물로 파악하고 있다. 이런 창조의 변화원리는 모든 존재 자체가 성사관습 때문에 비존재로 돌아갈 수도 있다는 것이다.

창조에 대한 세 번째 변화원리는 자연과 기적 사건의 작용으로 실제로 존재하고 있는 존재의 경우에 대하여 적용할 수 있다. 이런 창조의 변화원리는 이브의 경우처럼 동정의 남자로부터 태어난 여자에 대하여 자연과 기적 사건으로 창조물에 접근하고 있다. 창조에 대한 네 번째 변화원리는 성사관습 사례에서와 마찬가지로 창조물에 접근하고 있다. 성사관습과 같은 창조의 변화원리는 크리스트의 경우처럼 동정의 여자 몸에서 태어난 남자의 창조에 적용되고 있다. 물론 이 창조과정에서는 이미 성사관습의 빵과 포도주에서 나타났듯이 존재와 비존재를 전혀 다른 성사관습의 변화로 인식하고 있다고 하겠다. 구이트문트는 다시 성사관습의 제단을 언급하고 있다. 구이트문트는 성사관습에서 제단 위의 빵과 포도주를 표상으로, 아니면 '보편타당한 성사관습'로 파악해야 하는지의 문제를 제기하여 접근하고 있다. 구이트문트는 라드베르트의 성사관습에서처럼 존재를 철학의 분석방법을 활용하고 있다. 따라서 구이트문트의 성사관습은 존재 근거를 대단히 복잡하게 혼합했다. 그런데도 구이트문트의 성사관습은 다시 표상과 '보편타당한 성사관습'로서 존재의 해답을 제시하고 있다. 구이트문트는 성사관습에서 손으로 만져서 알 수 있는 것을 표기하지 않고 있다. 그리고 구이트문트는 존재를 활용하여 성사관습에 접근하고 있다.

구이트문트는 그런데도 베렝가르의 성사관습에서 중시되고 있던 존재의 활용을 반대하지 않고 있다. 구이트문트는 성사관습에 근거하여 존재에 접근하는 것을 반대하고 있다. 구이트문트는 한편으로 존재를 랑프랑의 성사관습에서와는 다르게 수용하고 있다. 구이트문트는 존재에 대하여 특정한 위치를 부여하지 않고, 오히려 위치부여를 유보하고 있다. 여기서 구이트문트는 다시 베렝가르의 성사관습을 비판하면서 아우구스티누스의 『성사관습의 존재론』에 대하여 언급하고 있다. 구이트문트는 베렝가르가 성사관습을 '표지'나 '표상'으로 인식했음에도 아우구스티누스의 『성사관습의 존재론』에서는 언급되지 않고 있다고 지적하고 있다. 구이트문트는 성사관습에서 나타나는 '표지'와 표상을 일종의 존재로 파악하고 있다.

구이트문트의 성사관습은 성사관습의 빵과 포도주를 '표지'나 표상이라는 존재로 파악하고 있다. 구이트문트는 빵과 포도주를 성사관습 의식을 충족시키는 필요조건으로 인식하고 있다. 그래서 구이트문트는 성사관습을 과거의 사건을 상기시키기 위한 추모행사나 과거 모습의 재현과정에 대한 근거로 파악하고 있다. 구이트문트는 성사관습을 거치면서 과거의 사건을 추모하고 과거의 모습을 존재에 근거하여 상기시키고 있다고 부언하고 있다. 구이트문트는 추모와 재현과정에서 다 감정을 개재시키고 있다. 구이트문트의 성사관습에서는 감정을 감정 자체로 인식하고 있다. 구이트문트의 성사관습에서는 감정을 '표지'에 관련 지우고 있다. 구이트문트는 크리스트의 몸과 피를 재현하여 성사관습을 상기시키려는 존재로 파악하고 크리스트의 몸과 피를 빵과 포도주의 감정표지로 인식하고 있다. 그리고 존재의 표지는 성사관습을 만들어 내고 있다. 성사관습은 크리스트의 모습과 정신에 근거하고 있다. 크리스트의 모습은 정신의 인식작용을 이끌어 내고 있다. 성사관습은 이런 점에서 『구약성서』에서 언급하는 봉헌기도와는 다르다고 지적하고 있다. 그리고 성사관습을 글자그대로 '금지하고 허약한 것'으로 인식해도 안된다고 구이문트는 부언하고 있다. 크리스트는 '성사관습에서 크리스트'라고 부르게 되면 '찬양하기 위한 표지로서 찬양자의 존재로 완성되고 있다'. 구이트문트는 여기서 아우구스티누스의 『성사관습 존재론』에 관하여 언급하고 있다.

구이트문트는 성사관습의 표상을 단순한 존재로 파악해서는 안 된다고 지적하고 있다. 성사관습에서는 표상을 정신작용의 결과로 파악하고 있다. 성사관습의 표상은 존재를 포함하고 있다. '표상에 함축된 존재'는 성사관습의 몸을 과거 사건의 표상으로 인식하게 되는 존재에 대하여 오류라고 지적하고 있다. 역사사건도 성사관습 때문에 오류에 빠질 수도 있다고 부언하고 있다. 여기서 구이트문트는 성사관습의 근본 취지, 즉 과거 사건의 회상에 연계시키고 있다.

성사관습은 과거의 사건을 회상시켜 주고 있다. 성사관습은 십자가에 못 박혀 죽은 채 피를 흘리며 매달려 있는 크리스트의 모습을 마음속에 상기시켜 주기 위한 존재를 지니고 있다는 것이다. 그래서 구이트문트는 성사관습을 '신의 표지'로 인식하고 있다. 성사관습은 물론 '신의 보호'와 관련된 '존재의 표지'나 '표상'을 내포하고 있다. 구이트문트는 성사관습의 표지를 다시 고전시대 학문동아리의 성사관습에 연계시키고 있다. 즉, 어디에서 '성사관습을 언급하고 있는가'를 구이트문트는 「이사야 서」에서 찾아내고 있다. 그리고 구이트문트는 「이사야 서」의 성사관습 언급 부분을 성사관습의 전거로 제시하고 있다. 구이트문트는 이렇게 다음과 같은 두 가지 표준 성사관습을 제시하게 되었다. 구이트문트는 표준 성사관습에 따라서 고전시대 학문동아리의 성사관습을 읽고 성사관습에 접근하게 된 부류를 '문장해독자'로 지칭하고, 성사관습을 보고 들어서 성사관습에 접근하게 된 부류를 '성사관습 체험자'로 지칭하고 있다. 어쨌든, 이 두 부류의 성사관습 해석자는 공히 고전시대 학문동아리의 체험에 바탕을 두고 성사관습에 접근하고 있다. 그리고 이 두 부류의 성사관습 해석자는 체험을 성사관습의 근거로 선택하고 있다고 하겠다.

제 12 장

자연, 성사관습, 체험의 관계

제12장
자연, 성사관습, 체험의 관계

구이트문트는 논쟁점이 되고 있는 성사관습과 체험의 문제를 제기하고 있다. 성사관습에 대한 구이트문트의 이런 태도는 성자유골을 다루고 있는 구이베르와도 유사한 일면을 지니고 있다. 구이트문트와 구이베르의 성사관습에서 제기된 존재의 핵심문제는 성사관습에 대한 확증이었다. 물론 성사관습에서 제기된 존재의 확증 문제는 유럽 인문학의 기본 틀을 형성하는 실증 즉, 표준체험과 표준인물 문제와도 관련되어 있다. 그리고 성사관습의 확증문제는 학문상에서 다양한 학문의 분류관행과 밀접한 관련성을 지니고 있음도 부인할 수 없다. 성사관습은 이런 점에서 복잡한 특성을 지니지 않을 수 없다. 어떤 시대의 지식인이든 최근세대 수도자 학문동아리의 당면 과제를 해결하기 위해서는 당대의 사회성격과 조류에 알맞게 다수의 지배논리를 창출하게 되었을 것이다.

구이트문트도 성사관습에 접근하여 당대의 지식인 사회를 잠재워야 하는 당면과제를 부여받고 있었다. 구이트문트의 당면과제는 표준체험을 제시하며 표준인물을 설정하기 위해서는 성사관습을 확증하지 않을 수 없었을 것이다. 구이트문트에게 부여된 성사관습의 이런 당면과제를 구이베르라고 해서 외면할 수 없었다. 구이베르도 구이트문트의 경우처럼 성사관습에 한정시켜 성사관습의 전후 관계를 파악한 토대 위에서 빵과 포도주의 존재를 활용하여 엮어나가고 있었다. 구이베르는 구이트문트의 성사관습을 활용하고 있다. 구이베르는 정통론자동아리교회의 성사관습에 대하여 타당한 근거를 제시하고 있었다. 그러나 구이베르는 고전시대 학문동아리들의 성사관습과 그 포괄성을 지적하지 못하고 있다. 성사관습의 포괄성을 지적했다는 측면에서 구이베르는 구이트문트의 호적수가 아니었다. 구이베르는 베렝가르의 성사관습을 엄밀하게 분석하지도 않고, 베렝가르의 성사관습을 크리스트교동아리 구성원의 성사관습나 다를 바 없이 이단자의 성사관습으로 일단 매도하고 있다. 여기서 성사관습에 대한 크리스트교동아리 구성원의 접근방법은 성사관습을 감각의 인식작용으로 파악할 뿐만 아니라, 성사관습을 보거나 소리로서 듣고서 접근한다는 의미를 내포하고 있다. 크리스트교동아리 구성원의 성사관습은 '성사관습'와 '표상', 그리고 '표지'에 기초하고 있다.

수도자 학문동아리의 성사관습은 이단자의 성사관습을 출현시키고 있었다. 수도자 학문동아리의 성사관습은 크리스트교동아리 구성원들을 매혹시키고 있었다. 물론 크리스트교동아리 구성원들은 교육을 받지 못했을 뿐만 아니라, 글자 해독력도 갖추지 못한 상황이었다. 그런데도 크리스트교동아리 구성원은 수도자 학문동아리의 성사관습을 추종하여 이단자로 전락하게 되었다. 구이베르도 크리스트교 구성원을 성사관습으로서 매혹시키고 있었다. 구이베르의 성사관습도 구이트문트의 성사관습처럼 두 가지 존재 문제를 제기하고 있다. 구이베르의 성사관습에서는 빵과 포도주에 접근하여 성사관습의 존재문제가 우선 제기되었다. 그리고 성사관습의 존재를 확증하기 위한 방법상의 문제도 제기되었다. 구이베르의 성사관습에서는 이 두 가지 문제가 그저 막연하긴 하지만 마음의 작용과정에서 하나로 일치되고 있었다는 것이다. 구이베르는 성사관습의 빵과 포도주가 실제로 없어지지 않고 있다. 그런데도 빵과 포도주는 없어진 것처럼 보인다는 것이다.

구이베르의 성사관습은 자기를 비판한 구이트문트의 성사관습에로 기울고 있다. 후기에 이르러 성사관습논쟁에 대한 주석자들은 구이트문트의 성사관습을 비판한 구이베르의 성사관습으로부터 새로운 성사관습이 나타나게 되었다고 언급하고 있다. 그러나 구이베르와 구이트문트가 서로의 성사관습을 비판하던 주장은 구성상에서도 현저한 취약점을 안고 있다. 특히 이들 성사관습 해석자는 성사관습의 구성원리를 자연으로부터 찾아내는 과정에서 논리상의 취약점을 드러내게 되었다. 구이트문트의 성사관습은 아르저(1050?~1121?)의 경우처럼 교회법률의 해석과정에서 오류에 빠지고 있었다. 당시 성사관습 해석자들은 성사관습에 대하여 교회법률의 타당성 문제를 제기하고 있었다. 아르저는 물론 당시 탁월한 교회법률 해석자였다.

적법한 성사관습 문제가 제기되자, 11세기 유럽사회는 두 가지 방향으로 전개될 거대한 지식운동의 소용돌이에 휘말려 들고 있었다. 적법한 성사관습의 여부를 둘러싸고 전개된 두 가지 방향의 지식운동은 학문과 자연영역에서 경험론과 실증론으로 전개되었다. 구이트문트의 성사관습은 도래하게 될 경험론의 영향으로 자연현상을 분석하려는 실증론의 흐름에 편승하고 있었다. 여기서는 이런 방대한 주제를 완벽하게 분석할 수 없었다. 그러나 자연과 현상의 주제는 약간 전문 지식운동 영역을 벗어나 있다고 하더라도 성사관습의 변화라는 거대한 흐름을 분석하는 것이 타당하리라 믿게 되었다. 이런 점에서 구이트문트의 성사관습은 목적상에서도 대단히 중요한 위치를 차지하고 있다. 특히, 구이트문트와 유사한 부류의 성사관습은 빌헬름, 아랑, 위그로부터 개인주의와 합리주의를 싹틔우고 있었다.

구이트문트는 선험을 중요하게 인식하고 있다. 구이트문트는 감각의 인식작용 보다는 선험에 초점을 맞추어 성사관습에 접근하고 있다. 구이트문트는 살아난 크리스트를 보고나서야 크리스트의 환생을 확신하게 되었다는 토마스의 언급내용을 인용하고 있다. 구이트문트는 성자 토마스의 이런 언급내용에 근거하여 크리스트의 존재를 지각의 표지로서가 아니라 정신의 인식작용으로 인식된 존재의 표지라고 지적하고 있다. 크리스트는 여기서 지각의 인식작용으로 인식하기 위한 표지이다. 그리고 크리스트의 표지는 지각의 인식작용으로 인식하여 구원을 받게 될 예비단계라는 것이다. 성사관습은 제 1 실재와 제 2 존재가 신의 의지로 변화되도록 예정되어 있다고 언급하고 있다. 구이트문트의 이런 성사관습에 대하여 히라리우스(300?/325~367?)는 성사관습을 '존재의 변화'로서가 아니라, '현상의 변화'로서 파악해야 한다고 주장했던 것으로 지적하고 있다.

구이트문트는 성사관습을 체험에 비유하여 접근하고 있다. 구이트문트의 성사관습에서 성사관습을 체험으로 비유하기 위한 도구는 바로 지식이었다. 구이트문트의 성사관습은 지식의 역할을 강조하고 있다. 구이트문트는 성사관습의 신비까지도 '체험에서처럼' 성사관습과 유사하다고 주장하고 있다. 구이트문트는 자기의 이런 성사관습을 베렝가르도 수용하지 않았을 것이라고 부언하고 있다. 구이트문트는 성사관습을 감각의 인식작용으로 인식해서는 안된다는 것이다. 구이트문트의 이런 성사관습에 비하여 베렝가르는 시각의 인식작용으로 인식되는 물질을 체험에서 존재의 표지로 인식할 수 없다는 것이다. 그래서 구이트문트는 성사관습에서 베렝가르가 성사관습의 오류에 빠지게 되었다고 주장하고 있다. 근대사회를 이끌어 갈 '합리'와 '개인'의 기본 골격에 접근하게 되었다. '합리'와 '개인'의 기본 골격에 접근하기 이전 단계는 성사관습에서 비롯되었다. 성사관습에 체험을 수용하려는 시각은 근대사회의 기본 틀을 찾아낼 체험 위주의 '합리'와 '개인'의 발견으로 이어지고 있었다. 그렇다고 구이트문트의 성사관습이 '개인'과 '합리'의 발견과 직결되었다고 볼 수는 없다. 구이트문트의 성사관습은 성서와 고전시대 학문동아리의 성사관습을 중시하고 있었다. 구이트문트의 이런 성사관습은 체험을 수용하는 과정과 직결되지 않았다.

구이트문트의 성사관습은 성서와 고전시대 학문동아리의 성사관습을 중시하여 오히려 체험을 수용하던 배경과는 반대되게 나타났음도 부인할 수 없다. 구이트문트는 『크리스트의 몸과 징표에 관하여』라는 저작물을 3권으로 집필했다. 구이트문트의 이 저작물은 고전시대 학문동아리의 성사관습에 접근한 저작물의 목록에 가깝다고 지적할 수 있다. 구이트문트의 저작물은 초기 성자와 교부들의 손으로 집필된 전기 저작물의 내용까지 포함하고 있다. 구이트문트는 성사관습을 무턱대고 믿으려고 접근하지도 않았다. 구이트문트는 성사관습 접근방법을 라틴어 해독자의 인식능력에 일치시키고 있다. 구이트문트도 존재의 대비물을 활용하여 성사관습에 접근하고 있었다. 구이트문트는 성사관습의 '존재'를 전혀 존재하지도 않는 '표상'에 연계시키고 있었다.

구이트문트는 성사관습의 빵과 포도주가 신의 의지와 다를 수도 있다고 지적하고 있다. 구이트문트는 신비를 인식하려면 '신비를 발현시키는 성사관습을 완전히 배제하고' 신비를 바라보아야 한다는 암브로시우스의 지적을 인용하고 있다. 구이트문트는 그래서 돌이나 어린양과 같은 존재가 크리스트의 존재를 증명하는데 활용되고 있다고 지적하고 있다. 그러나 돌이나 어린양은 존재를 전달하기 위한 표상에 지나지 않는다는 것이다. 표상은 여기서 감각의 인식작용으로 존재를 전달하고 있다. 감각의 인식작용으로 전달되는 성사관습의 표상은 당연히 성서에 근거해야만 한다. 성사관습의 표상은 감각의 인식작용으로 파악될 수 있으나, 저작물로부터 전거를 찾아낼 수 있어야 한다. 그래야만 성사관습의 표상은 경우에 따라서 기적 사건의 증거로 채택될 수 있다는 것이다. 구이트문트는 다시 성사관습의 표상을 성사관습에 연계시키고 있다. 구이트문트의 이런 성사관습은 구이베르의 성사관습에서 중점을 두고 있던 존재의 증거와 다를 바 없다고 하겠다.

구이트문트와 구이베르는 공통으로 성사관습으로부터 존재 문제를 제기하고 있다. 그런데도 성사관습에서 제기된 존재문제는 자연을 현상으로 파악하려는 12세기의 저작물에서 공감대의 폭을 확대해 가고 있었다. 성사관습 논쟁자들의 관심도 저절로 자연으로 옮겨가고 있었다. 자연을 존재에 관련시킨 해석자들은 성사관습과 그 표상을 주제로 선택하여 고전시대 학문동아리와 교부의 저작물로부터 유용한 성사관습을 찾아내고 있었다. 성사관습 논쟁은 철학분야에서도 자연에 대한 분석방법을 새롭게 부각시키고 있었다. 철학분야에서 시도된 자연의 새로운 분석방법은 타당한 판단기준의 인식작용에 근거하여 고전시대 학문동아리의 성사관습으로부터 전거를 찾아내려는 방향으로 변화되었다. 특히, 구이트문트는 성사관습의 빵과 포도주가 인간의 체내에서 어떻게 변화되고 있는가를 분석하고 있었다. 인간의 체내에서 일어나는 빵과 포도주의 변화를 분석하는 과정에서 구이트문트는 의학원리를 자유롭게 활용하고 있었다.

그러나 구이트문트 이외의 해석자들은 자연을 구이트문트와는 정반대로 활용하였다. 이들 해석자들은 원소와 조화물의 존재, 그리고 우주의 기원 문제를 성사관습에 결부시키고 있었다. 성사관습 해석자들도 12세기에 이르자, 자연영역에까지 성사관습을 관련시켜 고전시대 학문동아리의 성사관습에 담겨 있던 존재나 사건을 부활시키고 있었다. 12세기에 해석자의 이런 자연발견에 힘입어 성사관습은 변화되었다. 그러나 자연의 변화는 쉽게 성사관습에 일치되지 않았다. 자연변화는 보편타당한 성사관습을 향하여 변화되었다. 물론 보편타당한 성사관습은 그리스어와 아랍어로부터 새로이 번역된 라틴어 저작물에 접근하려는 시각에서도 나타나고 있다. 보편타당한 성사관습은 성사관습의 존재를 타당한 판단기준의 인식작용으로 찾아내려는 시각에서도 생겨났다. 보편타당한 성사관습과 존재에 대한 타당한 판단기준의 설정은 실제로 11세기 사회구성원들에게 라틴어관습의 중요성에 대하여 공감대를 광범위하게 형성하게 되었다.

중세 유럽사회는 라틴어 해독자의 증가에 힘입어 수도자 학문동아리와 일반 사회구성원의 성사관습으로 이분화 되었다. 그런데도 라틴어관습은 두 사회를 결속시키는 중심요소로 변모하였다. 중세 유럽세계에서 라틴어 표현관습이 확산됨에 따라서, 존재나 사건을 타당한 판단기준의 인식작용으로 파악하기 위하여 수도자 학문동아리의 성사관습을 더욱 중요하게 인식하게 되었다. 보편타당한 성사관습의 탐구와 타당한 판단기준의 인식작용은 11세기 유럽사회의 변화뿐만 아니라, 성사관습에 새롭게 접근하려는 시도로 이어졌다. 11세기 유럽사회의 이런 변화는 지식이 성사관습을 낳는 수단으로 인식하도록 만들었다. 11세기 유럽세계는 지식을 구성 핵의 원형질로 변형되었다. 지식이 11세기 유럽세계의 구성 핵으로 자리 잡기 시작하자, 성사관습 해석자들 사이에서도 성사관습과 같은 특정한 주제를 존재나 사건으로 구성하려는 경향이 나타나게 되었다.

11세기 유럽세계에서 나타난 존재나 사건의 인식변화는 저작물의 성사관습을 주제로 설정하려는 방향으로 진행되었다. 특히, 중세 유럽사회의 이런 변화는 '지방민'과 함께 '일반 크리스트교동아리 구성원' 사이에서 '타당한 판단기준'의 인식문제를 야기했다. 저작물의 성사관습은 고전시대 학문동아리의 성사관습을 타당한 판단기준의 인식작용에 대한 동의어로 통용되었다. 그러나 지방민과 크리스트교 구성원 사이에서 타당한 판단기준의 인식작용에 대하여 동의어로 통용되던 저작물의 성사관습은 점차 타당성을 상실했다고 해서 배제되기 시작했다. 저작물의 성사관습이 크리스트교 구성원 사이에서 타당성을 상실하게 되자, 존재나 사건에는 체험의 인식작용이 첨가되었다. 물론 성사관습에도 체험의 인식작용으로부터 터득한 존재나 사건이 결부되었다.

체험의 인식작용은 성사관습에도 영향을 미치기 시작했다. 체험의 인식작용은 존재나 사건에 대하여 새로운 성사관습 문제를 제기하게 되었다. 체험의 인식작용으로부터 제기된 성사관습 문제는 성사관습을 검증하는 방향으로 전개되었다. 성사관습을 검증하는 존재의 중간 매체는 체험의 인식작용이었다. 그리고 체험에서 터득한 성사관습의 검증문제는 자연현상에 근거하여 존재나 사건을 평가하는 방향으로 진행되었다. 최근세대 수도자 학문동아리의 체험은 자연환경의 산물이었다. 최근세대 수도자 학문동아리의 체험에서 찾아낸 보편타당한 성사관습과 타당한 판단기준의 인식작용도 자연환경의 산물로서 근대인의 과학으로 이어지고 있었다. 특히, 법률이나, 조각, 그리고 예술 영역에 투영된 최근세대 수도자 학문동아리의 자연관은 지금까지의 수많은 연구 성과물에서 검토된 바 있다. 여기서 다시 12세기 초반기까지 최근세대 수도자 학문동아리의 자연관과 관련된 모든 연구 성과물을 일일이 검토할 필요는 없으리라고 본다. 여기서는 현재까지 연구가 진행되고 있거나 논쟁의 여지가 남아 있는 빌헬름, 아랑, 위그의 저작물을 중심으로 12세기 유럽사회의 새로운 결사모형을 분석하고자 한다.

실제로 성사관습의 빵과 포도주는 상징물 문제를 제기하게 되었다. 상징물 문제를 내포한 성사관습은 자연과 체험의 인식작용에 결부됨으로써 지식으로 전환되었다. 상징물이 지식으로 옮겨가게 되자, 성사관습은 상징물에 대한 비판논리와 함께 중세인의 자연관과 일치될 수 있었다. 여기서는 상징물과 성사관습에 대하여 분석한 저작물 중에서도 빌헬름과 아랑, 그리고 위그의 저작물을 선택하게 되었다. 우선 빌헬름은 『세상의 근본원리』를 저작했다. 아랑은 『자연 현상론』을 저작했고, 위그는 『디다스카리콘』을 저술했다. 이들 세 수도자 신학동아리 교사는 서로 거의 비슷한 시대를 살아가고 있었기 때문에 저작물의 구성 원리에서도 성사관습과 최근세대 수도자 학문동아리의 성사관습을 일치시켜 자연관에 이르기까지 복잡한 성사관습의 혼합과정을 섬세하게 제시하고 있다. 그리고 이 세 수도자 신학동아리 교사는 과학의 발견원리를 성사관습에 수용하여 종족언어의 성사관습을 어느 정도 탈피하고 있다. 빌헬름은 『세상의 근본원리』를 제11권에서 최근세대 수도자 학문동아리의 성사관습으로 어느 정도 정확하게 구성하였다. 『세상 구성원리』의 제11권은 『성자들의 징표에 관하여』이다. 빌헬름은 『세상 구성원리』 제11권에서 구세주를 자연계 현상에 따라서 확정된 것으로 파악하고 있다. 그럼에도 빌헬름은 성사관습에 접근하려고 시도했던 구이베르를 포함한 다른 해석자의 시각을 거의 벗어나지 못하고 있던 상황이었다.

빌헬름은 성사관습의 구성상에서도 기존의 성사관습 해석자들과 유사한 체제와 방법으로 성사관습에 접근하고 있다. 빌헬름은 지식으로 접근하고 있다. 빌헬름은 성사관습을 지식으로 파악하여, 성사관습을 현상처럼 눈으로 보이는 것과 보이지 않는 것으로 분리하고 있다. 신는 인간에게 불완전하게 인식되었다. 신는 일상에서 예술과 같은 실천의식을 전제하고 있다. 신에 대한 실천의식은 성사관습에 포함되어 있다. 중세 유럽사회에서 성사관습의 기본 틀은 신에 대한 실천의식을 지식으로 인식하여 성사관습은 실천의식의 구성 핵으로 자리잡고 있었다.

신에 대한 실천의식은 성사관습을 자연에 접근시키면서 성사관습으로 인식되었다. 최근세대 수도자 학문동아리는 자연 질서를 인식코자 시도하여 지혜로 확증하고 있다. 그리고 그렇게 확증한 자연 질서를 '신의 지혜'에 다시 귀속시켰다. 최근세대 수도자 학문동아리는 또한 지혜로 확증한 자연질서로부터 만물에 생명력을 부여하는 성사관습을 다시 신의 지혜로 포장하고 있다. 신에 대한 최근세대 수도자 학문동아리의 이런 시각과 자연 질서관은 일상생활에서 '예정'개념을 찾아내려는 방향으로 작용하였다. 최근세대 수도자 학문동아리는 신의 지혜를 활용하였다. 최근세대 수도자 학문동아리는 신의 예정에 접근하여 지혜에 이르렀다. 최근세대 수도자 학문동아리가 신의 지혜에 이르게 됨으로써 '신'에게 도달하게 되었다. 최근세대 수도자 학문동아리는 스스로 신에 도달하게 되었다는 표지로 성사관습을 활용하고 있다. 최근세대 수도자 학문동아리에게 성사관습의 빵과 포도주는 신에게 도달했다는 징표로 인식되었다. 그리고 성사관습의 이런 징표는 크리스트의 십자가를 회상시키는 인식기능을 담당하고 있었다.

최근세대 수도자 학문동아리는 크리스트의 모습을 회상시키기 위하여 '성사관습과 신의 이미지'를 신의 지혜처럼 전혀 다른 방법으로 표현했다. 이것은 성사관습조차도 변화시키는 요인으로 작용하였다. 이제 신의 지혜는 자연의 움직임과 관련될 수 있는 계기로 작용하였다. 이런 관점에서 성사관습에서 활용되는 존재의 대비물 분석도 어렵지 않게 되었다. 최근세대 수도자 학문동아리는 상상력을 활용하여 신의 지혜에 이르게 되었다. '신의 지혜'는 상상력의 인식영역으로부터 파생되었다. '신의 지혜'는 또한 특정 영역에서 고도화된 자연위주의 성사관습을 파생시키게 되었다. 신는 물론 전지전능함의 상징물로 인식되었다. 최근세대 수도자 학문동아리에게 전지전능한 신은 '권력', '지혜', '언어 구사력'을 갖추고 우주를 운용했다고 빌헬름은 지적하고 있다. 빌헬름은 '능력'과 지혜, 그리고 언어 구사력을 세 사람으로 지칭하고 있다. 그리고 이 세 사람은 성사관습에서 '지방민의 종족언어 관습으로' 전지전능한 신의 지혜를 원용했다는 것이다.

신의 지혜든, 인간의 지혜든, 지혜는 성사관습의 모습으로까지 변화되었다. 빌헬름의 성사관습에서는 박식함을 결여하고 있다. 빌헬름은 성사관습을 관습으로 통용되는 크리스트교동아리 구성원의 질서로 파악하고 있다. 관습으로 전달되는 질서는 상징물을 기본골격으로 구성되었다. 그러나 질서의 핵심에 자리잡은 상징물이 아닌 성사관습에 따라서 새로운 성사관습을 다시 구성하고 있다. 11세기 유럽사회에서는 성사관습의 존재에 대하여 정확한 성사관습을 추구하게 되었다. 빌헬름은 성사관습나 교리의 관습으로도 아버지가 자식을 낳지 않고 스스로의 본능대로 자식을 낳은 것으로 기록되어 있다고 지적하고 있다. 빌헬름의 지적대로라면 성사관습은 지식을 담고 있었다. 지식을 담고 있는 성사관습에서도 종족언어 표현관습으로 전달되는 존재의 대비물은 성사관습처럼 흔히들 통용되었다. 빌헬름은 여기서 우주 원소를 글자와 같다고 지적하고 있다.

빌헬름은 글자가 서로 분리되면 음절로서는 어떤 존재도 전달할 수 없게 되는 것처럼, 우주의 원소도 서로 분리되면 어떤 존재도 지닐 수 없다는 것이다. 그리고 글자의 철자가 음절을 구성하게 되는 것처럼 개인의 원소도 서로 혼합되어 인체를 구성하게 된다고 지적하고 있다. 그러나 소리는 전달됨과 동시에 없어지게 된다. 소리로 전달되는 성사관습도 소리의 중단과 함께 없어지게 된다. 성사관습도 소리의 소멸과 같은 원리를 지니고 있다. 성사관습은 외형상으로 빵과 포도주의 존재로 구성되어 있다. 그러나 빵과 포도주는 시간이 경과하면서 소리처럼 없어지게 된다. 빌헬름은 무식자의 우주인식을 언급하고 있다. 여기서 무식자는 지방민의 종족언어 표현관습으로 성사관습을 파악하는 지방민을 의미하고 있다. 빌헬름은 지방민의 종족언어 표현관습으로 성사관습을 전달받게 되는 무식자인 '지방민'은 감각의 인식작용으로 터득하여 우주를 인식하게 된다고 지적하고 있다.

빌헬름은 성사관습의 원소에 관해서 언급하고 있다. 빌헬름은 보이는 것과 보이지 않는 것으로 구분하며, 존재의 원소를 장황하게 탐색하고 있다. 빌헬름은 보이지 않는 존재의 원소를 '성사관습의 구성물'로 지칭하고 있다. 그리고 보이는 원소를 '성사관습의 구성물'로 지칭하고 있다. 어쨌든, 빌헬름은 성사관습의 원소를 존재나 현상의 골격으로 파악하고 있다. 그리고 빌헬름은 성사관습 원소의 동질성을 동일한 소리에 견주어 설명하고 있다. 성사관습원소는 소리와 같은 동질성을 지니고 있다. 소리는 음절의 일치로 귀의 각막을 진동하여 성사관습을 전달하고 있다. 음절의 일치로 소리가 성사관습을 전달하게 되는 경우처럼 흙을 사례로 제시하고 있다. 흙은 물에서 분리된다. 흙이 물에서 용해되더라도 흙에서 더 이상 작게 분리될 수 없는 원소는 사라지지 않는다. 흙의 원소는 소량으로 감소하는데 불과하다. 그리고 흙의 원소가 감소하는 양은 성사관습을 전달하는 소리의 음절에서 형용사와 명사가 담당하는 역할관계에 비교될 수 있다.

빌헬름은 이와 같이 만물로부터 타당한 판단기준을 찾아낼 수 있다고 부언하고 있다. 빌헬름은 타당한 판단기준의 인식작용을 찾아내기 위하여 성사관습에 얽매이지 않았다. 그리고 다른 성사관습 해석자들처럼 성사관습을 더욱 복잡한 존재로 얽어매지도 않았다. 빌헬름의 성사관습에서 타당한 판단기준은 존재와 현상, 존재와 사건, 그리고 저작물의 성사관습과 불가분의 관계를 맺고 있다. 빌헬름의 성사관습에서는 창조에 이르는 보편타당한 성사관습까지도 신화의 산물로 간주하고 있다. 빌헬름의 이런 시각은 『플라톤의 주석모음집』에서도 반복되고 있다. 빌헬름이 저작한 『플라톤의 주석모음집』은 주노의 지적처럼 중세 철학영역에서 주요한 위치를 차지하고 있다. 빌헬름은 『플라톤의 주석모음집』에서 카르키디우스가 번역했을 뿐만 아니라, 해석까지 첨부한 티마에우스의 법칙까지 해독하여 자연현상의 신비를 알아내게 되었다고 지적하고 있다.

빌헬름은 『플라톤의 주석모음집』에서 플라톤의 임무를 자연의 정의보다는 자연현상의 실증으로 파악하고 있는 것처럼 암시하고 있다. 이것은 지식을 활용하여 창조와 해석을 분석하고 있는 점에서도 확증되고 있다. 빌헬름은 인간의 탐구심을 분석하는 과정에서 창조와 해석 사이에다 지식의 형평을 허용하여 신비를 자연현상이라고 지적하고 있다. 그리고 빌헬름은 『세상의 근본원리』를 간략하게 철학의 정의라고 언급하고 있다. 『세상의 근본원리』를 철학이라고 정의한 것은 빌헬름의 실천의식이 자기의 학문영역에까지 파급되어 있음을 의미한다고 하겠다. 빌헬름이 플라톤의 주석집에서 언급한 『세상의 근본원리』는 인간의 인식능력이 미치는 인식범위를 의미하고 있다. 『세상의 근본원리』는 확정된 세상의 위치에서 판단기준의 인식작용으로 찾아낸 '지식의 조합물'로 인식되고 있다.

빌헬름은 티마에우스의 법칙에 관하여 언급하고 있다. 즉, 티마에우스는 플라톤의 저작물을 정확하게 파악하지 못하고 있다. 티마에누스의 이런 오류는 플라톤이 애매하게 저술해서 빚어진 것이 아니라고 지적하고 있다. 플라톤의 저작물에 대한 티마에누스와 같은 오류는 플라톤에 대한 해독자들이 저작물에 담긴 자연현상의 원리를 파악하지 못하고 있었기 때문에 빚어지고 있다는 것이다. 빌헬름은 초기 주해가들로 하여금 플라톤의 저작물을 주해토록 한다는 것을 어려운 일이었다고 부언하고 있다.

빌헬름은 창조의 경우를 성사관습과 자연현상의 일치 사례로 제시하고 있다. 수도자 신학동아리 교사들이 창조를 해명하려면 창조에 대하여 언급하고 있는 다양한 분야의 저작물을 검토해야 된다는 것이다. 특히, 다양한 학문영역에서 정의한 창조를 분석하고, 거기에 활용된 창조의 증거자료를 다시 한번 살펴야 한다고 지적하고 있다. 여기에는 각 분야의 학문을 성사관습의 특성처럼 분류하고 있다는 의미를 내포하고 있다. 각 분야의 학문은 성사관습으로 구성되어 있었다. 현존의 보편타당한 성사관습은 존재나 사건을 기본 골격으로 구성되었다. 그리고 현존하는 존재나 사건은 성사관습으로 구성됨으로써 타당성을 부여받을 수 있게 된다는 것이다. 자연은 하나의 질서가 아니라는 것이다. 자연에는 여러 가지 질서가 존재하고 있으며, 다시 자연의 질서는 수많은 성사관습의 존재로 구성되어 있다고 빌헬름은 부언하고 있다.

빌헬름은 자연을 한 권의 책이 아니라 여러 권의 책이라고 주장하고 있다. 한권의 책은 타당한 판단기준의 인식작용으로 찾아낸 성사관습의 존재로 구성되어 있으나, 여러 권의 책인 자연은 보편타당한 성사관습을 지닌 원죄와 그 원리에 따라 작용하는 존재로 구성되어 있다고 지적하고 있다. 빌헬름은 자연에는 자연을 구성하고 있는 원리만큼이나 음미하고 탐구해야 할 현상이 존재하고 있다고 강조하고 있다. 빌헬름은 자연을 해독하고, 탐구하기 위하여 현상을 발견대상의 존재로 설정하고 있다. 자연으로부터 해독하고, 음미하며, 탐구하고 발견하기 위한 대상의 존재를 찾아낸다는 것은 플라톤의 분석대상을 해독자 입장에서 존재나 느낌으로 전달되는 성사관습의 존재로서 다시 구성해 보려는 의도를 내비치고 있다. 빌헬름의 경우처럼 자연에서 인간은 감각의 인식작용으로 파악하려는 자료로 옮겨가고 있다. 이와 마찬가지로 자연에서 인간은 눈에 보이는 것으로부터 눈에 보이지 않는 것으로 옮겨가고 있다. 인간의 인식력은 눈에 보이는 사건이나 존재로부터 눈에 보이지 않는 현상이나 질서로 표면상으로나마 옮겨가고 있다. 빌헬름은 여기서 성사관습을 탐구하려고 시도하고 있다. 또한 빌헬름은 현대 학문에서 끊임없이 추구하고 있는 이론에 관하여 언급하고 있다.

빌헬름은 이론을 곧 성사관습의 존재나 현상이라고 지적하고 있다. 빌헬름은 이론이라는 성사관습의 존재나 현상을 신의 의지에 따라서 탐구하여 인식해야 되는 것으로 파악하고 있다. 인간이 탐구하여 인식해야 할 이론은 자연에 포함되어 있는 성사관습의 현상과 사건을 구분하기 위한 인식기반이 되고 있었다. 빌헬름의 이런 인식기반은 아랑에게로 이어지고 있다. 특히, 아랑은 『자연현상에 관하여』에서 빌헬름과 거의 유사하게 현상과 존재에 대하여 분석하고 있다.

아랑의 『자연현상에 관하여』도 플라톤의 저작물과 관련되어 있다. 아랑은 특히 여신 이면에 담겨있는 상징물을 언급하고 있다. 지금까지 연구자들은 플라톤의 해석론을 플라톤의 이론으로 구체화시키는데 관심을 두고 있다. 연구자들은 여신에 대한 표현기법과 인식영역이 어떤 상징물과 관련되고 있는 지를 주로 분석하고 있다. 그러나 아랑은 처음부터 존재나 사건과 저작물의 관계를 강조하고 있다. 아랑은 자연법칙을 지나치게 남용하고 있다고 지적했다. 아랑은 자연법칙의 남용행위를 마음으로부터 우러나오는 감정에 대한 '질서계열'로 인식하여 자연법칙의 남용행위 자체를 성사관습에 대한 모독행위와 대비시키고 있다. 아랑은 자연현상을 명목에 근거한 것으로 인식하고 있다. 명목에 근거한 자연현상은 자연으로부터 누리게 되는 은총이나, 성사관습에서 지켜야 하는 관행과 절차, 그리고 혈통이 고귀한 사람 등으로 구성할 수 있다는 문제를 제기하고 있다.

여기서 아랑은 문법상에서 발생하는 성사관습의 오류를 변태 성행위자로 인식하고 있다. 왕성한 성욕자는 성행위에서 수동형의 부류로서 타락하게 된다고 지적하고 있다. 인간이라는 말은 성행위에서 주어와 보어의 관계라고 지적하고 있다. 그런데도 인간이라는 말의 문법은 주어와 보어의 성사관습 법칙처럼 지나치게 '확산되고 있다'. 문법으로 전달되는 성사관습 법칙처럼 성행위도 언젠가 자연법칙에 어긋나게 되어 있다. 문법으로 전달되는 존재 법칙이 실제로 자연법칙에 어긋나는 성행위의 유형이라 하더라도, 사랑이라는 문법과 성사관습라는 문법에 어긋나지 않게 분류되도록 되어 있다.

그리고 인간은 스스로의 인격을 부정하고 있다. 성행위처럼 스스로의 인격을 부정하는 인간의 성사관습에 대해서는 '성문법률'(*lex*)과 정확한 표상에 서로 연계시켜 인간의 성사관습을 따로 평가하게 되어 있다. 고전시대 학문동아리의 성사관습나 성사관습 해석자는 간통자와 다를 바 없다고 강조하고 있다. 신나 성사관습에 대한 간통자는 성행위의 욕구충족에 절대로 만족하지 않는다는 것이다. 이들 해석자도 간통 자가 성행위에 만족하지 않는 것처럼 '순수학문의 관행'에 만족하지 않게 마련이라고 지적하고 있다. 아랑은 이런 해석자가 실제의 성사관습을 잊어버리고 단순하게 신나 성사관습에 대한 수식어구를 나열하는데 만족하고 있을 수도 있다고 부언하고 있다. 아랑은 수식문구를 늘어놓으며, 새로운 성사관습을 찾아내어 기존 성사관습을 새로 구성하지 못하는 해석자를 현실 세례관습을 타락시키는 표상으로 지목하고 있다.

아랑은 인간을 '성사관습의 농간 자에 불과한 것으로 평가하고 있다. 그리고 아랑은 성사관습에서 존재의 일관성을 상실한 부분에 대해서도 언급하고 있다. 아랑은 자연법칙을 파악하지 못한 데서부터 무지할 정도로 지식을 포기하게 된다고 강조하고 있다. 아랑은 자연법칙을 파악하기 위한 지식의 인식문제를 발명과 연계시키고 있다. 그리고 아랑은 신의 인간창조도 발명에 관련 지워 언급하고 있다. 아랑은 인간의 생김새를 어머니의 태아에서부터 어김없이 특징 지워지는 것으로 지적하고 있다. 아랑은 태아에서 이미 확정되어 있는 인간의 생김새 문제를 성사관습의 대비물에까지 확대시키고 있다. 아랑은 성사관습의 대비물도 이미 감각의 인식작용에 축적되어 있는 존재의 조합체로서 인간의 생김새가 이미 태아에서 확정되어 있는 것처럼 고정되어 있다고 지적하고 있다. 아랑의 이런 지적은 성사관습의 대비물이 감각의 인식작용이나 언어로 전달되는 존재, 즉 관습의 지배를 받게 된다는 의미를 내포하고 있다.

아랑은 다시 성사관습의 대비물을 관습의 산물로 설명하기 위하여 소리의 음성을 표상의 사례로 제시하고 있다. 사람이면 대개의 경우 꿈을 꾸고 있다. 꿈속에서 사람은 언제나 자연을 불가항력으로 인식하게 마련인 것이다. 그리고는 머리를 숙이고 어떤 소리의 존재가 심성에 작용하면 그 소리의 존재가 여신의 음성으로 듣게 되는 것처럼 느끼게 된다고 아랑은 부언하고 있다. 이어서 사람은 인식작용과 미리 연계되어 있는 원형의 소리를 음성으로 전달하고 있다고 아랑은 강조하고 있다. 아랑도 정통론자동아리교회의 성사관습에 대하여 깊은 관심을 표명하고 있다. 당시 성사관습 해석자들은 대개의 경우 보편타당한 성사관습을 상실한 채 12세기 철학자들의 분석방법을 답습하며 성사관습 논쟁에 참여하고 있었다. 물론, 정통론자교회도 성사관습 논쟁에 깊숙이 휘말려 들고 있었다. 그런데도 정통론자 교회는 과거의 현상으로 복귀할 것과 표상을 주장하고 있다.

정통론자 교회는 타당한 표상을 주장하는 성사관습 해석자들 때문에 깊은 혼란에 휘말리고 있었다. 정통론자 교회의 이런 혼란상황에서 아랑의 『자연현상에 관하여』라는 저작물은 자연의 여신 문제를 다시 제기하고 있다. 자연의 여신이 등장하게 되자, 자연과 그 외피는 개개의 존재를 창출하며 정성스럽게 그 존재를 축적물로서 새로운 관습의 갈래를 구분지우고 있다. 이제, 중세 유럽세계에서 저작환경도 자연을 발견대상으로 인식하는 분위기로 조성되었다. 특히, 자연을 여성으로 파악할 때 최초의 여성이 수도자 신학동아리 교사로 등장하는 순간이었다. 그리고 자연은 문자 그대로 여성이자 수도자 신학동아리 교사였으며, 자연은 완벽한 저작물이었다. 그러나 자연은 감각으로 인식하여 축적된 성사관습의 존재를 인간의 성사관습에다 담아둔 축적물에 불과했다.

자연은 인간의 감각영역에 한정되어 있었다. 그러나 자연과 인간의 대화는 비참한 운명의 개작 자를 수 없이 만들어 내고 있었다. 자연과 수도자 신학동아리 교사의 대화는 기존 저작물을 개작하는 동기로 작용하였다. 이제 성사관습도 새로운 단계로 전환될 운명을 맞이하고 있었다. 성사관습을 단순한 존재로 파악하거나, 성사관습이 오묘한 신비를 만들어 사람을 신비에 빠져들게 한다는 해석자들도 새로운 방향으로 성사관습에 접근하지 않을 수 없었다. 자연과 성사관습 해석자의 대화는 곧 성사관습을 바꾸어 내고 있었다. 시인은 머리와 이마, 피부와 두 눈, 코와 입술, 턱과 이, 심지어는 동물의 뿔에서도 감명을 받고 있었다. 과거의 성사관습은 보이지 않는 존재로부터 보이는 존재로 진행되었다. 이번에는 눈에 보이고, 손으로 만져서 알 수 있는 것이 최우선 대상으로 등장하고 있었다. 동시에 저작물도 자연과 성사관습의 존재로서 복잡하게 얽히고 설킨 모습으로 구성되었다.

자연과 성사관습의 존재모습은 저작물의 내용으로 편입되었다. 저작물의 내용에는 자연의 머리띠와 속옷, 그리고 겉옷까지 포함되었다. 그리고 자연의 머리띠나 속옷, 그리고 겉옷에도 발명모형으로 각각의 의미를 찾아내어 그 전거를 첨가시키고 있었다. 그런데도 최근세대 수도자 학문동아리는 자연 자체에 대하여 불안한 심리상태를 드러내고 있다. 특히, 중세 수도자 신학동아리 교사의 불안한 심리는 성사관습의 빵과 포도주를 시각이나 감각의 인식작용으로 인식하는 과정에서 더욱 뚜렷하게 감지되고 있다. 시인은 아란이라는 여자를 가공하고 있다. 그런데도 시인은 성사관습의 대비물을 활용하여 존재나 사건을 찾아내고 있다. 물론 시인이 성사관습의 대비물을 활용하여 찾아낸 자연의 존재는 종족언어로 전달되어 타인에게서 새로운 실천동기를 부여하고 있었다. 아랑은 가공의 존재를 종족언어로 전달하여 동시에 실행에 옮기는 것으로 묘사하고 있다.

그러나 아랑은 도덕과 지식을 구분하고 있다. 아랑은 도덕과 지식을 구분하면서도 도덕과 과학을 지식으로, 그리고 종족언어 표현관습으로 전달함과 동시에 지식을 기록물의 관례로 축적하고 있었다. 지식에 대한 아랑의 활용형태는 기적극의 사건처리에서 뚜렷이 나타나고 있다. 아랑은 기적극의 사건을 전개시키는 과정에서도 성사관습의 역할을 대단히 중요하게 인식하고 있다. 아랑은 또한 기적극에서 순수한 철학동아리 문제를 해결하는데도 신비를 도입하여 신비의 중요성을 주지하고 있다. 아랑의 기적 사건극은 성사관습 논쟁에서 해결하지 못한 신학이나 철학문제까지도 신비를 활용하여 대단원에 이르는 것으로 표현하고 있다. 아랑의 기적극에서 베누스는 히멘과 함께 살고 있다. 그러던 어느 날 베누스는 히멘과의 보금자리를 떠나 안티가무스를 쫓아 나서게 되었다. 아랑의 기적극에는 게니우스도 등장하고 있다. 게니우스는 자연을 제단으로 여기고 있다. 그리고 게니우스는 거짓과 진실의 양면성을 띠고 있다.

아랑의 기적극에서 게니우스는 법률을 해석하여 사랑하는 사람을 떠나가는 사람들에게 파문을 선고하고 있다. 아랑의 기적극은 법률의 생명력인 법률조항을 무시하고 성문의 성서구절로 돌아오고 있다. 아랑의 기적극은 최종 단원을 알맹이도 없고 근거도 없는 철학내용으로 가득 채우고 있다. 기적극의 최종 단원에서 아랑은 성사관습의 대비물을 활용하여 내세상을 분위기에 어울리게 그려내고 있다. 아랑의 기적극에서 존재의 대비물을 활용하여 내세상에 접근하던 성사관습으로부터 실천하게 된다는 방식으로 성서구절을 해석하고 있다. 아랑은 성사관습 논쟁을 못마땅하게 인식하고 있다. 물론 아랑이 성사관습 논쟁에서 이득을 본 것도 아니었다. 그런 탓인지는 모르지만 아랑은 성사관습 논쟁으로부터 야기되는 성사관습의 문제점을 전혀 파악하지 못하고 있다. 아랑은 자연을 새로운 탐구대상으로 파악하고 있다. 그리고 아랑은 자연을 저작물처럼 읽으면서 새로운 독해꺼리를 읽어내기 위하여 자연에 이르는 새로운 접근방법을 기적극에서 암시하고 있다. 자연에 대한 독해 문제는 위그의 손으로 넘어가고 있다.

위그는 2세대에 걸쳐 진행된 자연의 개요를 순수하게 제시하고 있다. 위그는 자연의 순수한 개요를 『디다스카리콘』이라는 저작물에 옮겨 놓고 있다. 위그는 자연을 성사관습의 출발점으로 선택하고 있다. 위그는 성사관습에서 나타난 자연이 아니라, 인간이 찾아낸 자연으로서 자연을 인식하고 있다. 따라서 신학의 성사관습조차도 자연에서 입증하여 해석해야 한다는 것이었다. 위그는 자연과 인간의 관계를 개인의 창의성 문제까지도 접근하고 있었다. 위그는 세례관습을 타락한 것으로 인식하고 있다. 자연도 또한 타락한 세례관습에 있다는 것이다. 타락한 세례관습의 자연은 인간으로 하여금 창의성을 발휘하지 못하도록 만드는 장애물이었다. 이런 자연은 지극히 간단한 사건조차도 인간의 능력으로 해결할 수 없도록 만들어 놓았다는 것이다.

인간이면 누구나 인간으로서 능력의 한계를 잘 알고 있다는 것이다. 그런데도 인간은 성과를 찾아내기 위하여 성사관습의 탐구의지를 불태우고 있다고 언급하고 있다. 또한 개인의 능력을 계발하기 위하여 성사관습의 탐구의지를 끊임없이 불태우고 있다는 것이다. 누군가는 절대자의 사건을 너무나 역겹게 인식하고 있다고 지적하고 있다. 그래서 절대자 사건이 아닌 그 이하에서 일어나는 사건에 대해서는 귀조차 기울이지 않는다고 언급하고 있다. 그러나 위그는 사람이 '알고 있는 것'도 아니고, '알기를 원하지 않는 것'도 아닌 것을 모두 동일한 것으로 인식하지 않고 있다. 위그는 알지 못하는 것을 의지박약으로부터 생겨나는 것으로 그리고, 알기를 원하지 않는 것을 의지의 손상으로부터 생겨나는 것으로 지적하고 있다.

자연은 두 번째 사람, 즉 알기를 원하지 않는 사람도 보편타당한 성사관습에 이를 수 있도록 능력을 부여했다고 위그는 언급하고 있다. 그러나 재능을 타고난 사람이라 하더라도 능력과 헌신에서 커다

란 차이를 드러내게 된다는 것이다. 위그의 시각에서 가장 가치 있는 사람은 목마르게 굶주리며, 입을 것도 못 입으면서 열심히 일하는 사람이라고 강조하고 있다. 게다가 지식을 탐구하려면 누구나 가장 가치 있는 사람의 길을 걸어야 한다고 부언하고 있다. 가장 가치 있는 사람이 가고 있는 길은 '독서'와 '명상'으로 일관된다고 부언하고 있다. 위그의 저작물에서는 훈계하는 스승의 모습과 학식을 갖춘 수도자의 모습이 수도자에 대한 핑계나 구실형식으로서 지식의 중요성을 언급하고 있다. 위그는 지식을 향상시키는데 가장 중요한 것으로 개인의 재능을 지적하고 있다. 뿐만 아니라, 지식의 활용방안을 스스로 깨닫는 것 또한 개인의 재능 못지 않게 중요하다고 강조하고 있다.

인간의 내면이 사고하여 해석할 수 있는 인식능력과 관련되어 있는 것은 아니라고 부언할 수 있다. 타당한 판단기준의 인식작용은 신을 해석하는데 필요한 표상과 유사한 것이다. 타당한 판단기준의 인식작용과 신에 대한 표상과의 관련성은 개인의 의지가 작용하는 정도에 따라서 다르게 나타날 수도 있다. 위그는 여기서 교묘하게 아우구스티누스의 『성사관습 존재론』을 수용하고 있다. 위그는 아우구스티누스의 『성사관습 존재론』을 교묘하게 수용하여 지식을 진보형의 탐구대상으로 인식하고 있다. 보다 상세하게 지적하면, 위그는 지식을 활용하면 인간이 진보할 수도 있다는 가능성을 이미 예언하고 있다. 위그는 지식의 창출과정을 성사관습의 지혜에 연계하고 있다. 즉 위그는 '성사관습의 지혜가 인간으로 하여금 자기 스스로를 알아차리도록 깨우쳐 주고 있다'고 강조하고 있다.

위그는 중세 유럽세계에서 상식모형을 바꾸어 나가고 있다. 중세 유럽세계에서는 지식의 축적과정을 거치면서 상식모형도 변화되었다.

즉 중세 유럽세계에서도 인간의 존엄성은 상식모형에 자리 잡고 있다. 중세 유럽사회에서 나타난 인간의 존엄성은 현대사회에서도 인간 본연의 가치로 지칭되는 개인의 창의성과 가능성을 향하여 새로운 성사관습을 수용하고 있었다. 인간의 이런 존엄성은 개인의 존재 기반을 마련하기 위한 자기 의식과 우주원리를 알아내기 위한 자기의 탐구 의식과도 밀접한 관련을 맺었다. 어떤 존재든 형성과정에서는 형체를 지닐 수 없다. 그런데도 형체 없는 자연현상의 형성행위는 본래부터 인간의 성사관습이 닿을 수 있는 소우주 해석에서부터 출발했다. 형체 없는 자연 현상의 형성 행위는 소우주 해석과정에서 찾아낸 존재근거가 되었다. 물론 인간은 소우주 해석과정에서 찾아낸 존재근거를 인식과정에서 다시 모방했다.

인간은 보편타당한 성사관습을 자연 영역을 배경으로 추구했다. 인간의 보편타당한 성사관습은 자연 현상의 운동모습을 모방하는 것이었다. 중세세계에서도 인간의 인식 활동은 보편타당한 성사관습의 모방에서부터 출발하여 그 함축의미에서 현상을 찾아내기 위하여 인식 영역으로 옮겨갔다. 인간은 보편타당한 성사관습의 존재 근거로서 사건 현상을 상상력의 논리에 연계하여 자연의 존재 근거를 읽고 명상하면서 점차 자기로부터 떨어져 있는 자연에 대하여 일종의 보상 형식으로 다시 접근했다. 본래부터 인간이나 존재의 생성 행위(원현: 원주, 단자)는 불안정한 심리상태에서 진행되었으나 인간이 불안정한 심리상태를 점차 벗어나면서 새로운 개체 모습으로 복귀하여 자기 개체 현상을 파악한 다음 자연에 대한 일종의 보상 형식으로 확장했던 것이다.

본래의 생성 행위인 단자는 여기서 신의 존재 근거인 신비라는 영원한 변화로 둔갑하여 영원한 존재를 부여받게 됨과 동시에 시각과 감각의 존재 근거와 현상과 일치해갔다. 위그도 이와 유사하게 영혼의 인식 문제를 제기했다. 위그의 시각에서 인간의 영혼은 성사관습으로 최종 존재가 아니고, 표상을 인식하여 현상까지 파악하게 된다는 것이다. 위그는 인간의 영혼을 손으로 만져서 알 수 있는 것으로 파악하고 있다. 그러나 손으로 만져서 알 수 있는 인간의 영혼은 손으로 만져서 알 수 없는 잠재력을 갖고서 만물의 현상을 형성시킨다고 지적하고 있다. 여기서는 인간의 영혼이 두 가지 방향으로 작용하고 있다. 인간의 영혼에 대한 위그의 두 가지 해석원리는 지식을 반복시키며, 동시에 지식으로써 지식을 정화시키고 있다는 것이다.

위그는 지식을 다시 『세상의 근본원리』와 관련 지우고 있다. 위그는 지식을 세상의 근본 원리로 구성된 존재와 현상으로 지칭하고 있으나, 지식의 구성요소 또한 세상의 근본 원리로 조합된 존재와 현상이라고 언급하고 있다. 그러나 위그는 지혜와 지식을 확연하게 구분하고 있다. 즉 지혜는 지식을 불안전하게 반영하고 있는 것으로 파악하고 있다. 지혜는 계획이나 모형의 경우처럼 타당한 판단기준의 인식작용에 귀속되어야 한다고 언급하고 있다. 지혜는 고전시대 학문동아리의 성사관습에서도 나올 수 있다. 또한 저작물에 장차 기록될 존재와 현상의 잠재력을 갖추고 있다. 지혜의 원천은 신의 말씀이며, 신의 말씀은 지혜를 만들어 내는 원천 중의 원천이라고 지적하고 있다. 여기서 위그는 인간의 생활과 지혜의 관계를 설명하고 있다. 인간의 생활이 거의 언제나 불완전하듯이 인간의 생활에서 나오는 지혜 역시 불완전하여 결함을 지니고 있음을 강조하고 있다.

지혜는 인간의 생활에서 닥쳐오는 장애물을 극복하도록 인간의 정서를 완화시키고 있다. 인간의 모든 활동과 존재는 현재생활에서 극복해야 할 결함을 완화시키고 있다. 또한 인간의 활동은 현재생활의 결함을 극복하기 위하여 존재나 현상을 개조시키고 있다는 것이다. 위그는 존재와 현상을 불완전한 것으로 파악하고 있다. '지식과 도덕이나 규범'은 오히려 존재나 사건의 불완전한 현상을 개조시키고 있는 것으로 지적하고 있다. 위그는 지식과 도덕의 현상을 규범에 관련지워 현재 생활의 결함 때문에 파생되는 지혜를 정화시킬 수 있는 것으로 파악하고 있다. 지식과 도덕이나 언어규범은 인간이 신와 현상을 닮아가려는 의지로부터 성사관습의 타당성을 부여받게 되는 것으로 설명하고 있다. 이것은 인간의 운명과 인간의 원소를 설명하는 위그의 지적에서도 나타나고 있다. 인간은 태어날 때부터 이미 사형선고를 받고 태어난다. 흔히들 이것을 운명이라고 지칭하고 있다.

제 13 장

맺음말로서 에필로그

제 13 장
맺음말로서 에필로그

인간의 운명은 죽음이다. 그리고 인간의 운명은 죽음과 함께 영원한 원소로 돌아가는 것이다. 여기서 죽음의 운명과 영원한 성사관습의 원소는 인간의 존재를 설명하는 출발점이 될 수 있다. 그러나 인간의 운명과 인간의 영원한 원소는 저작물로 편집된 정전과 서로 연계되고 있는 것이다. 저작물로 편집된 정전은 지식과 도덕, 그리고 규범을 추구하려는 인간의 본능 때문에 독서와 연구로써 찾아낸 지식으로 구성되어 있다. 위그는 정전을 '과학'과 관련시키고 있다. 독서와 연구는 '과학'을 수용하게 된다는 것이다. 그러나 과학이 인간의 머리속으로 들어와 박히게 되면 과학은 도덕과 활동을 정당하게 지켜나갈 수 있는 잠재력으로 변화된다고 위그는 설명하고 있다. 과학의 이런 속성 때문에 인간은 지식을 응용하게 된다는 것이다. 뿐만 아니라, 인간은 지식의 이런 응용 역할 때문에 과거 에덴동산에서 저질러 놓은 인간의 과오를 상기하여 뉘우치게 되도록 촉진하게 된다고 위그는 부언하고 있다.

위그는 현대 인문학의 골격을 예언하고 있는 것이나 다름없다. 현대 인문학의 임무는 개인의 가능성과 창의력을 극대화시키는 것이다. 그래서 인문학의 핵심에는 인간의 존엄성이 자리잡게 된다고 하겠다. 위그의 주요 관심사는 현대 인문학에서 추구하는 인간의 존엄성을 살아 숨쉬게 만들어 개인의 가능성과 창의력을 극대화하려는 의지를 '과학'과 도덕, 지식과 윤리를 활용하여 성사관습의 존재와 현상으로 표명하려는 의도를 내포하고 있다. 위그는 '인문학'과 논리학의 기원을 주요한 관심대상으로 설정하고 있다. 그리고 위그는 신과 인간의 결속관계에 대한 성사관습의 당위성을 인간의 존엄성으로 제시하고 있다. 위그는 인문학과 논리학의 출발점 문제를 당대의 수도자답게 현재의 존재와 현상문제로부터 성사관습의 기원에 이르는 일관성을 찾아내기 위하여 보에티우스의 저작물을 활용하고 있다.

위그는 고전시대 학문동아리 중에서는 보에티우스를 최초로 소리로 전달되는 성사관습의 존재와 현상을 인식하여 지식과 구분하기 시작한 인물로서 지적하고 있다. 즉, 위그는 '소리의 존재와 현상, 성사관습의 지식'을 구분하는 출발점을 보에티우스에게서 찾아내고 있다. 그러나 논리학의 기원은 '우주작용의 존재근거'로부터 시작되었다고 설명하고 있다. 따라서 논리학은 '소리로 전달되는 강론' 또는 '타당한 판단기준의 인식작용'을 의미할 수도 있다는 것이다. 거기다 논리학은 '타당한 판단기준의 인식작용과는 다른 성사관습으로 형성된 지식'일 가능성도 있다고 위그는 부언하고 있다. 자연현상을 탐구하려면 논리학과는 다른 방식으로 구성된 저작물을 활용해야 할 것이라고 지적하고 있다.

논리학이든 인문학이든 공통으로 타당한 판단기준의 인식작용에 근거를 두고 있었다. 타당한 판단기준의 인식작용에 근거를 둔 논리학은 소리로 전달되는 존재와 글자로 전달되는 존재의 해석론을 동시에 포함하고 있다. 인문학과 논리학은 공히 기록물 형식에 필수 불가결하다고 지적하고 있다. 그러나 논리학은 언어(기록언어와 종족언어)로 전달되는 존재나 소리의 존재에 근거하고 있으면서도, 문법이 기본 골격을 구성하게 된다고 지적하고 있다. 중세 유럽사회는 새로운 존재를 창안하고 있다. 중세인은 성사관습과 저작물을 일치시키고 있다. 중세 유럽사회에서 성사관습과 저작물의 일치형태가 새로운 결속도구로 등장하자, 기록물의 성사관습은 관습과 규범을 서로 분리시키는 양상을 드러내고 있다. 또한 성사관습과 저작물의 일치는 상징물을 저작물의 성사관습영역으로 편입됨과 동시에, 라틴어 표현관습을 종족의 성사관습 영역으로 다시 편입하고 있었다. 그러나 과거에는 '종족언어와 기록물의 성사관습을 분리하지 않고' 혼용하고 있었다.

11세기까지만 하더라도 '성사관습'으로 통용되는 상징물과 저작물을 위한 학문은 출현하지 않고 있었다. 당시에는 물론 '학문원칙'도 존속하지 않고 있었다. 오늘날과 같은 모습의 학문은 관습과 관례, 규범과 라틴어관습 속에 파묻혀 외형을 드러내지 않고 있었다. 당시까지만 하더라도 모든 학문은 시각이나 촉각, 그리고 후각과 미각, 그리고 청각의 인식작용에 파묻혀 기술처럼 활용되며 존속하고 있었다. 중세 유럽세계에서도 학문변화는 그 효용성으로부터 일어났다. 모든 학문이 성사관습의 모습을 갖추지 못하고 있었지만, 학문 자체는 서서히 실제의 효용성을 중시하는 방향으로 변화되고 있었다. 학문이 효용성 위주로 변화된 사례는 저작물에서도 지적될 수 있다. 당시 저작물에도 규칙과 교육방법을 끌어들이고 있었다.

물론 이들 규칙과 교육방법은 고전시대 학문동아리의 성사관습으로부터 발췌되었다. 저작물에 규칙과 교육방법이 도입되면서 학문은 효용성 위주의 존재로 전환되었다. 학문은 정전의 출현과 함께 존재의 모습을 띠기 시작했다. 물론 학문이 존재의 모습을 띠게 된 내용에는 『성사관습의 변화와 자연현상』이 저작물 형식으로 체제화되고 있었던 데 연유하고 있다. 중세 유럽사회는 지루한 느낌도 지닐 수 있다. 그러나 중세 유럽세계는 지루한 느낌을 떨치기에 충분할 정도로 급격한 변화를 거듭하면서 새로운 모습으로 태어나고 있었다. 오늘날을 살아가는 현대인으로 하여금 중세인처럼 살아보라고 한다면 현대인은 당장 희망은커녕 절망조차 느낄 수 없을지도 모른다. 그런데도 중세인은 종족언어 표현관습과 라틴어 표현관습, 그리고 규범과 존재를 축적하며 고전시대 학문동아리의 지혜를 자기네의 현실에 활용하고 있었다. 중세인은 또한 학문의 출현기를 맞이하여 서임권 논쟁이나 천동설이 아닌 지동설을 알아내게 되었다. 중세인은 학문관행에 이르기까지 복잡한 결속과정을 거치고 있었다. 성사관습 논쟁이라는 세상변화를 거치면서도 내면으로는 '개인'과 '합리'의 위대한 유산을 창출하게 되었다. 중세인은 종족언어로부터 존재를 찾아내고 있었다. 중세인은 또한 글자로 전달되는 저작물의 존재와 보편타당한 성사관습을 타당한 판단기준의 인식작용에 일치시키고 있었다. 이어서 중세인은 자연에서 현상을 인식하여 발견대상으로 받아들이고, 지금까지의 존재와 성사관습, 그리고 판단기준의 인식작용을 한데 묶어 연계시키고 있었다.

구이트문트와 구이베르는 성사관습을 활용하여 성사관습의 존재 문제를 제기하고 있었다. 성사관습의 존재에 대하여 제기된 구이트문트와 구이베르의 문제는 위그에게 넘어가 타당한 판단기준의 인식작용에다 자연 현상까지도 편입시키고 있었다. 성사관습의 존재와 현상 문제에 대한 위그의 모범 답안은 이 장의 중심 주제라 지적할 수 있다. 여기서는 이 장의 중심 주제의 요지를 다시 한 번 강조하면서 지금까지의 분석을 마치고자 한다. 위그는 『기적극 모음집』의 중간 부분에서 성서의 성사관습을 언급하고 있다. 특히 위그의 『기적극 모음집』 제2부에서 진행된 성서의 성사관습 부분에서 신의 의지를 설명하고 있다. 신은 "성사관습의 존재를 지니고 있을 뿐만 아니라, 신의 존재 표상을 가지고 설득력을 부여하고 있다"고 부언하고 있다. 위그의 이런 분석은 신의 존재 관습을 언급한 어떤 해석자에게서도 찾아 볼 수 없던 부분임이 틀림없다. 그러나 신의 존재에 대한 위그의 이런 설득력은 자연 한계를 뛰어 넘을 수 없었다. 철학가는 자연 한계를 뛰어 넘지 못하게 되자, 신의 존재관습으로 전달되는 성사관습만을 주장하고 있다.

그러나 위그는 인간의 실천의식을 활용하여 신의 의지를 다시 제시하고 있다. 여기서 위그는 성사관습으로 전달되는 신의 의지에다 신의 존재 표상을 첨가하면서 표상과 소리 관습의 관계를 현상으로 명쾌하게 설명하고 있다. 위그는 '소리 관습'을 성사관습으로 전달하는 신의 존재와 그 의미를 모방하는 현상, 그리고 자연 등을 일치시키는 중간 매체로 인식하고 있다. 위그는 소리의 성사관습을 소리 관습 영역에 포함하고 있다. 위그는 '인간의 소리'를 소리 관습의 존재로 파악하고 있다. 소리 관습은 또한 성사관습의 존재와 현상을 포함한 인간에 대한 '신의 목소리'까지 포함하고 있다고 위그는 지적하고 있다.

그러나 신의 목소리가 아닌 단순한 사람의 목소리는 일단 입 밖으로 나오면 사라지기 때문에, 신의 목소리가 성서에 기록되어 있듯이 인간의 단순한 목소리는 기록될 수 없어 이내 사라지게 된다고 설명하고 있다. 위그는 신의 목소리를 창조와 연계시키고 있다. 위그는 목소리를 지식의 표지로 파악하고 있다. 지각의 인식작용으로 파악되는 존재라는 소리관습의 표지는 '본래부터 신의 의지로부터 생기게 되는 타당한 판단기준의 인식작용'인 것이다. 위그는 소리와 인식작용의 관계를 시간과 영속의 관계로 파악하고 있다. '마음의 작용으로부터 생기는 타당한 판단기준의 인식작용'은 성사관습의 존재에서 파생되고 있다. 성사관습은 목소리에서 우러나오는 발음을 활용하여 소리의 존재를 더욱 명백하게 전달하고 있다.

위그는 신의 존재와 자연을 일치시키는 과정에서 시각의 인식작용을 활용하고 있다. 위그는 자연이 구세주의 마음속으로부터 발산되고 있는 것으로 파악하고 있다. 그래서 위그는 자연이 시각의 인식작용에 나타나지 않는다고 해도 자연을 눈으로 인식해야 한다고 지적하고 있다. 자연은 성사관습의 존재와 소리 현상의 생명력을 지속시킬 수 있기 때문에 살아 있는 것으로 파악해야 한다고 주장하고 있다. 위그는 또한 성사관습을 신에서 파생된 지식으로 파악하고 있다. 성서, '성사의 소리 관습', '지각의 인식작용으로 축적된 존재와 소리 현상', 존재나 사건에 대한 '타당한 판단기준의 인식작용', 보편 '타당한 성사관습' 등을 찾아내기 위하여 성서를 연구해야 한다고 위그는 강조하고 있다.

'열등한 수준의 박식자'는 성서를 연구할 수도 없다. 열등한 박식자는 신의 성사관습을 체험하고 성서를 연구해야 한다는 것이다. 위그는 자기 자신을 신의 성사관습에서 존재와 현상의 중간자로 파악하고 있다. 신의 말씀을 알려주는 소리는 성사관습과 성서나 정전에서 배제되어 있다. 인간이 지상에서 머물고 있는 동안 지상에서 인간의 임무는 독서하고 명상하여 신의 말씀을 인식작용에 일치시키는 것이다. 위그는 '타당한 판단기준의 인식작용'을 자연에서 전후관계를 고려하듯이 성사관습의 존재와 현상에 대한 전후관계를 분석하여 근거로 삼아야 한다고 지적하고 있다. 위그는 11세기의 성사관습 해석자들과 함께 성사관습과 자연의 확고한 연결고리를 '타당한 판단기준의 인식작용'으로 파악한 성사관습의 존재와 현상으로 지적하고 있다.

위그와는 반대로 빌헬름이나 아랑 부류의 성사관습 해석자는 자연을 인식작용에 결부하여 체험에 바탕을 두고 성사관습의 존재와 현상을 찾아내고 있었다. 빌헬름이나 아랑과 같은 부류의 이론가들은 존재와 현상을 성사관습에 일치시켜 자연에서 성사관습의 존재와 행동을 분리하고, 전문 지식을 고정된 성사관습의 존재로 인식하여 성사관습을 행동으로 실천하려는 대상으로 파악하고 있었다.

찾아보기

저자약력

지은이 **이원근**(李源根)

[약력]
고려대 사학과 학사, 석사, 박사
국립 경상대학교 사학과 교수

[논문]
해석논리의 출현과 상징물의 변화(박사학위논문)

[저서]
상징물과 중세 유럽사회(중문)
서양중세 세계의 역사(탑북스)

저자와의
협의하에
인지생략

서양중세문화비밀캐기[4]-성사와 문화

2016년 9월 7일 1판 1쇄 인쇄
2016년 9월 20일 1판 1쇄 발행

저 자 이 원 근
발행인 김 광 식
조 판 아 람 기 획

발행처 07285
서울특별시 영등포구 선유로3길 10, 617호
도서출판 **탑 북 스**
등 록 2009.12.21 제 2016-000101 호
전 화 02)365-2223 팩스 02)365-2224

정가 16,000 원
ISBN 979-11-87343-07-3-93920